高等职业教育物流类专业新形态教材

物流信息技术与应用

主　编　黎　聪　黄丽霞

副主编　闫初宇　梁小孟　马梦远

参　编　易　美　莫桂芳　刘珮妤　郭嘉露

　　　　刘　倩　覃毅康　刘心心　何道新

　　　　陈秋燕　黄炳宏　曾伟霞　覃晓薇

机械工业出版社

本书系统地介绍了物流信息技术的基础知识及其应用，全书共分九个项目，主要内容包括物流信息技术基础、物流信息采集技术、物流定位与导航技术、状态感知与执行技术、无线通信技术、互联技术、数据存储与处理技术、智能分析与计算技术、数据交换与共享技术等。本书采用项目引领、任务驱动的形式组织编写，通过"任务背景""任务要求""任务实施""任务评价"等环节完成任务训练，并以"拓展训练"来巩固任务内容，每个项目后以"课后练习"来检验学习效果。同时，本书配有电子课件等教师用配套教学资源。

本书可作为高等职业院校、应用型本科院校的物流工程技术、现代物流管理、采购与供应管理、智能物流技术、供应链运营等相关专业用书，也可作为物流从业人员的培训和参考资料。

图书在版编目（CIP）数据

物流信息技术与应用 / 黎聪，黄丽霞主编 . -- 北京：
机械工业出版社，2024.6. -- ISBN 978-7-111-75987-4

I. F253.9

中国国家版本馆 CIP 数据核字第 2024XZ2159 号

机械工业出版社（北京市百万庄大街 22 号　邮政编码 100037）
策划编辑：董宇佳　胡延斌　　责任编辑：董宇佳
责任校对：张爱妮　李　杉　　封面设计：马若濛
责任印制：郜　敏
中煤（北京）印务有限公司印刷
2024 年 8 月第 1 版第 1 次印刷
184mm×260mm · 13.25 印张 · 310 千字
标准书号：ISBN 978-7-111-75987-4
定价：45.00 元

电话服务　　　　　　　　网络服务
客服电话：010-88361066　　机 工 官 网：www.cmpbook.com
　　　　　010-88379833　　机 工 官 博：weibo.com/cmp1952
　　　　　010-68326294　　金 书 网：www.golden-book.com
封底无防伪标均为盗版　机工教育服务网：www.cmpedu.com

前　言

物流信息技术的快速发展和广泛应用，正深刻改变着现代物流行业的运作方式和效率。随着信息技术的不断创新和智能化水平的不断提升，物流行业正迎来一场全面的数字化转型和智能化革命。物流信息技术的应用，为物流企业提供了更高效、更可靠、更智能的运作方式，为全球供应链的畅通和优化提供了强有力的支持。

在过去的几年中，物流信息技术取得了巨大的进步和突破。数据分析与计算预测、数据交换和共享、数据安全和隐私保护、实时监控和跟踪、自动化和智能化以及用户体验和可视化等方面的创新，使物流信息技术具备了更强大的功能和应用潜力。这些特点使得物流企业能够更好地管理和控制货物的流动，提高运输效率，减少成本，降低风险，并提供更好的服务质量和客户体验。

党的二十大报告指出："推动战略性新兴产业融合集群发展，构建新一代信息技术、人工智能、生物技术、新能源、新材料、高端装备、绿色环保等一批新的增长引擎。构建优质高效的服务业新体系，推动现代服务业同先进制造业、现代农业深度融合。加快发展物联网，建设高效顺畅的流通体系，降低物流成本。"可见，物流信息技术在物流中的地位越来越重要。

随着物流行业的不断发展和全球供应链的日益复杂化，物流信息技术在物流行业中发挥越来越重要的作用，推动物流行业的发展和变革。同时，物流信息技术的应用也面临一些挑战，如技术难题、数据安全和隐私问题、人才培养等。因此，我们需要加强技术研发和创新，加强数据安全和隐私保护，培养更多的物流信息技术人才，以应对未来物流行业发展的机遇和挑战。

本书紧跟物流信息技术的发展趋势，全面介绍物流信息技术的特点、职能和应用，以及其在物流行业中的发展前景和挑战。本书重点介绍了物流信息采集技术、物流定位与导航技术、状态感知与执行技术、无线通信技术、互联技术、数据存储与处理技术、智能分析与计算技术以及数据交换与共享技术等方面的创新和应用案例。通过深入了解物流信息技术的最新发展和应用，能够更好地把握物流行业的发展趋势，帮助企业进行数字化转型和智能化升级提供有益的参考和指导。

本书的特色主要体现在以下几个方面：

（1）本书秉承"厚德树人，强技立业"的精神，融入社会主义核心价值观和党的二十大精神，在潜移默化中培养学生的爱国主义情怀、职业认同感、精益求精精神、团队协作精神和创新创业意识等。

（2）本书顺应"三教"改革要求，以任务为导向，充分利用现代化信息技术，扩充书本学习资源。本书配有完善的课程教学资源，不仅方便教师实行线上、线下混合式教学，而且可以激发学生自主学习的积极性，让教师教学更方便、学生学习更有趣。

（3）本书对接"1+X"职业技能等级标准，将物流专业相关职业技能等级证书的新技术、新规范、新要求融入相应项目中，使学生所学知识和技能紧跟行业发展。

（4）本书基于项目化教学形式编写，由浅入深，图文并茂，理论与实践相结合。每个项目以案例为导入，让学生初步了解相关物流信息技术在实际中的应用，并带着问题学习，激发学生的学习积极性。每个项目又分为若干个任务，每个任务都安排了相关技术的任务实训，让学生进行实践操作，更好地帮助学生掌握物流信息技术的实际应用，达到更好的教学效果。

（5）本书的教学实训考虑了不同学校的实训条件差异，最大限度地满足不同学校的实训要求。

在本书编写过程中，编者参考了大量的文献资料，利用了部分网络资源，引用了一些专家、学者的研究成果和一些公司的案例，在此对这些文献的作者和相关专家表示诚挚的感谢。

由于编者水平有限，书中难免存在不足之处，敬请读者批评指正。

编　者

目 录

项目一　物流信息技术基础

项目目标

知识目标
✧ 掌握物流信息技术概念。
✧ 能概述常用的物流信息系统及其特点。
✧ 能列举常用的物流信息技术及其特点。
✧ 能列举物流信息技术的应用场景。
✧ 了解物流信息技术的发展方向及发展前景。

技能目标
✧ 能根据企业提供的信息需求，为企业选取合适的物流信息技术。
✧ 初步具备物流信息技术的应用技能。

素质目标
✧ 通过理解物流信息技术及其特点，培养创新意识和科学精神。
✧ 通过了解物流国内外的应用现状及发展前景，坚定历史自信。
✧ 通过分小组合作调研，培养团队合作精神。

案例导入

信息技术开创物流企业经营管理的新篇章

上海××物流管理公司不同于普通的物流公司，它更像一个资源整合的物流平台，在此平台上，有着众多加盟的物流公司。经历了高速的发展后，高效管理与控制成本是该公司面临的两大难题。2009年，为了突破发展瓶颈，该公司与中国电信展开合作，成功打造了一个物流企业公共服务平台，3 000多家加盟公司在信息化平台的辅助下，逐步实现了与世界先进物流体系的完美接轨。

该公司过去采用传统的经营方式，常出现信息不及时、不对称的问题，为此，其有针对性地采取了措施。下面是两个具体实例。

实例1：司机接单问题

问题：如果有业务到来，公司就要给司机一个一个地打电话，等最终找到一个空闲的、可以拉货的司机，往往已经打了十几通电话，货物周转慢、话费支出高；同时，司机也会抱怨，有时候一个电话没接到或者别人先接到电话，一单生意就没有了。

措施：公司给 1 000 多名司机配备了新的对讲机。业务管理员说，现在一有业务，只需按一个键，就可以通知到所有持对讲机的司机，所有司机可以同一时间分享货运信息，符合运货条件的司机也能及时做出回应，通信资费可以定制，大大降低了通信成本，节约了运营成本。

实例 2：货物与人员的安全问题

问题：过去，一旦发生货物丢失，遗失货物很难找回，大家互相推诿责任，无法准确地知道是哪个环节出了错；此外，运货人员对一些突发事件不知道怎么处理，就会耽误时间。

措施：公司建立 GPS 平台，利用监控软件，将取货地点、送货地点、行驶路线等调度指令信息发送到装有 GPS 终端的车辆，司机的车辆可根据公司相关指令信息立即进行工作，简洁、高效。而公司的调度员能利用 GPS 对车辆进行集中、统一、系统化的管理。对客户来说，选择有 GPS 终端的车辆能随时查询车辆及货物的位置信息。该公司还在车辆上安装了两个无线摄像头。一个摄像头用于监控车辆行驶前方的路面状况。若有事故发生，公司的后台调度员能通过无线摄像头看到现场情况，根据具体情况，提醒司机做好安全防范措施，调度其他车辆。另一个摄像头安装在货运车厢内部，专门用于监控货物。在整个运输途中如果后台监控人员在视频中看到有人无故打开货舱门或随意移动货物，会立刻提醒司机进行检查。如果货物被盗，无线视频录像也能为追回货物及调查取证提供一手资料。此外，公司要求运货司机对现场发生的实时情况进行拍照并将照片实时发送到管理平台，为公司对现场操控带来了方便，成为公司决策事务的重要依据，真正做到事故取证精准化。

除了这两个典型实例，该公司还利用平台中的"公路物流""物流通""综合配货"等一系列功能，对全体工作人员进行 GPS 定位，提供语音和数据服务。公司通过信息化平台，利用条码技术和射频识别（Radio Frequency Identification，RFID）技术对货物进行管理，发布公司的最新动态、政策及各种安全质量规范信息；公司的培训项目直接通过电信网络及时发布到每名司机的手机终端上，极大提高了工作效率，节约了成本。

这些举措使公司的直接经济效益在短短 2 年内提升了 153%，公司的规模扩大 30%，迎来了公司新的发展阶段。

思考：

1. 上述案例中，信息技术在该公司发展中发挥了哪些作用？
2. 该公司采用了哪些典型的信息处理技术？物流信息为什么要采集信息技术去处理？

任务一　物流信息认知

任务目标

通过此任务学习，掌握物流信息的相关概念，理解常用的物流信息的特点、作用；同时，培养爱岗敬业、努力奋斗的职业精神。

相关知识

一、物流信息相关概念

（一）数据与信息

在数据处理中，我们经常会遇到数据与信息这两个概念，并且往往无法对它们进行有效区分。比如"从广西配送 20 吨水果至厦门，使用载重 22 吨的货车"，其中哪些表示数据，哪些表示信息？事实上，数据与信息有着不同的含义，它们既有联系又有区别，在此有必要首先讨论数据与信息的概念和关系。

1. 数据

数据是指描述客观事物的符号记录，是未经加工的原始材料，通常以数字、文字、图形、图像等形式存在。数据是物流信息化的基础，通过对数据的采集、传输、存储和处理，可以生成有用的物流信息，为物流企业的运营和管理提供支持。

在物流领域，数据的来源非常广泛，包括货物的运输路线、运输时间、温度、湿度、重量等信息，车辆的位置、速度、油耗等信息，仓库的库存、进出货记录等信息，以及客户的订单、支付记录等信息。这些数据可以通过物流信息系统等技术手段进行采集和传输，然后存储在数据库中，供物流企业进行加工处理和分析。

物流企业通过对物流数据的加工处理，可以生成有用的物流信息，如货物的实时位置、运输状态、预计到达时间等。这些信息可以帮助物流企业实现货物的实时监控和追踪，提高物流效率和服务质量。此外，物流企业还可以通过对物流数据和信息的分析，了解物流市场的趋势和变化，制定相应的物流策略和决策，提高物流运营的效益和竞争力。

2. 信息

信息在现代社会中起着重要的作用，它在科学、技术、媒体、通信等领域都扮演着重要的角色。随着信息技术的发展，信息的获取、处理和传递变得更加方便和迅速，对人类的生活和工作产生着深远的影响。

在信息理论中，信息被定义为减少不确定性或增加知识的内容。信息的量可以通过信息熵来衡量，熵越高表示信息的不确定性越大，熵越低表示信息的确定性越高。但到现在，还是很难对它给出基于基础科学层次的信息定义，到目前为止，围绕信息定义出现的说法已不下几百种。虽然从不同角度对信息的理解各有差异，但是可以得出以下结论：信息是表现事物特征的一种普遍形式；信息是数据加工的结果；信息是系统有序的度量；信息是表现物质和能量在时间、空间的不均匀分布；信息是数据的含义，数据是信息的载体；信息是帮助人们做出决策的知识。

根据以上关于信息的描述，可以认为信息具有以下特征：

（1）可度量性。信息可采用某种度量单位进行度量，并进行信息编码。例如恒温仓库的温度是 20 摄氏度，其中的"摄氏度"就是对温度值进行度量的标准单位。

（2）可识别性。信息可采取直观识别、比较识别和间接识别等多种方式来把握。例如通过比较识别，可以发现 A 仓库的货物储存量大于 B 仓库。

（3）可转换性。信息可从一种形态转换为另一种形态，如自然信息可转换为语言、文字和图像形态，也可转换为电磁波信号或计算机代码。

（4）可存储性。信息是可以存储的，如各种类型的磁盘或芯片是存储信息的物理介质。

（5）可处理性。人脑是最佳的信息处理器，人脑的思维功能可以进行决策、设计研究、发明、改进等多种信息处理活动。计算机也具有信息处理功能，各种类型的数据库软件是操作信息存储和处理的管理接口。

（6）可传递性。信息的传递是与物质和能量的传递同时进行的。语言、表情、动作、报刊、书籍、广播、电视、电话都是人类常用的信息传递方式。例如，EDI 软件可以将供应链各参与单位的物流数据（如出库单）进行传输。

（7）可再生性。信息经过处理后，可以其他形式再生。例如，自然信息经过人工处理后可用语言或图形等方式再生成信息；输入计算机的各种数据文字等信息，可用显示、打印、绘图等方式再生成信息。

（8）可压缩性。信息的压缩性是指能够对信息进行统计、综合和概括。例如，生产型企业可以将一年的生产状况用几项经济指标来高度概括。

（9）可利用性。信息具有一定的时效性和可利用性。

（10）可共享性。信息具有一定的扩散性，因此可以共享。例如，在使用车辆 GPS 定位系统时，运输车辆的定位信息可以传输给监控中心，并与公司的相关部门进行共享。

3. 数据与信息的关系

数据和信息是密切相关但又有所区别的概念。数据是信息的基础，而信息是对数据的加工和解释。数据可以被看作是信息的原材料，而信息则是对数据进行加工和转化后的结果。数据本身没有意义，只有在经过加工和解释后，才能成为有用的信息。举个例子，假设有一组数字：5，3，7，2，9。这些数字本身只是数据，没有明确的含义。但是，如果我们对这些数字进行排序，得到 2，3，5，7，9，那么排序后的结果就是信息，它传达了这些数字的顺序关系。

因此，数据和信息是相互关联的概念，二者的关系如图 1-1 所示。通过对数据进行分析和处理，可以从中提取出有用的信息，帮助人们做出决策、获取知识和理解事物。

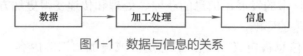

图 1-1　数据与信息的关系

（二）物流信息

1. 物流信息的定义

物流信息（Logistics Information）是反映物流各种活动内容的知识、资料、图像、数据文件的总称。它包括了物流运输、仓储、包装、装卸、流通加工等各个物流环节中产生的数据和信息，是整个物流活动顺利进行必不可少的重要因素。

通常物流信息包含的内容和对应的功能可从狭义、广义两方面来考察：

（1）狭义的物流信息。从狭义范围来看，物流信息是指与物流活动（如运输、仓储、包装、装卸、流通加工等）有关的信息。在物流活动的管理与决策中，如运输工具的选择、运输路线的确定、在途货物的追踪、仓库的有效利用、最佳库存数量的确定、订单管理、对客户服务水平的提高等，都需要详细而准确的物流信息，因此物流信息对运输管理、库存管理、订单管理等物流活动具有支持保证的功能。表 1-1 即为狭义的物流信息中的"货物运输单"。

表 1-1　货物运输单

日期	运输起始点	运输货物	运输重量	运输费用	车牌号	备注

　　（2）广义的物流信息。从广义的范围来看，物流信息不仅指与物流活动有关的信息，而且包括与其他流通活动有关的信息。例如，零售商根据市场需求预测和库存情况编制订货计划，向批发商或生产厂家发出订货信息。批发商收到订货信息后，在确认现有库存水平能满足订单要求的基础上，向物流部门发出配送信息；如果发现库存不足，则马上向生产厂家发出订单。生产厂家则视库存情况决定是否组织生产，并按订单上的数量和时间要求向物流部门发出发货配送信息。所以广义的物流信息不仅包括与物流活动直接相关的信息，而且包括与其他流通活动相关的信息。广义的物流信息不仅能起连接整合从生产厂家经过批发商和零售商最后到消费者的整个供应链的作用，而且在应用现代信息技术（如 EDI、EOS、POS、Internet、电子商务等）的基础上能实现整个供应链活动的效率化。某网站物流信息平台如图 1-2 所示。

图 1-2　某网站物流信息平台

2. 物流信息的特点

　　同其他领域的信息相比较，物流信息除具有信息的一般特征外，还表现出以下特点：

　　（1）信息量大。物流信息随着物流活动以及商品交易活动展开而大量发生。多品种小批量生产和多频度小批量配送使库存、运输等物流活动的信息大量增加。随着企业间合作倾向的增强和信息技术的发展，物流信息的信息量也越来越大。

　　（2）种类多。物流信息不仅包括企业内部的信息（如供应物流、生产物流、销售物流信息以及库存信息等），而且包括企业间的信息和与物流活动有关的基础设施的信息。另外，物流系统与其他系统如生产系统、供应系统、通信系统和交通运输系统等密切相关。为了高效率地完成物流活动，必须大量收集、传送和处理这些物流系统外的相关信息，这就使得物流信息的来源越发多样化。

（3）动态性强。动态性主要体现为物流信息的更新速度快。多品种小批量生产、多频度小批量配送和利用 POS（Point of Sale，销售时点管理）系统的即时销售使得各种作业活动频繁发生，从而要求物流信息更新的速度越来越快。

（4）标准化。物流信息的标准化和物流标准化是提高整个社会物流服务水平的基础，是发展物流的必然要求。例如，由联合国欧洲经济委员会（UN/ECE）制定颁布的《行政、商业和运输用电子数据交换规则》（EDIFACT）是目前较为通用的 EDI 国际标准之一；EPCglobal 组织于 2007 年颁布的 EPCIS 标准是关于 EPC（Electronic Product Code，产品电子代码）的全球统一标准。

3. 物流信息的作用

物流信息经过收集、传递、存储、处理、输出等操作后成为物流活动决策和作业的依据，对整个物流活动起着指挥、协调、支持和保障的作用，具体表现在以下几个方面：

（1）沟通和协调作用。物流系统是涉及多个行业、多个部分、多个群体的经济大系统，系统内部正是通过各种指令、计划、报表、凭证、广告、商品情况等物流信息，建立起各种纵向和横向的联系，沟通生产厂家、批发商、零售商、物流服务商和消费者，响应和满足各方的需求。因此，物流信息是物流活动各环节和参与者之间沟通的桥梁。

（2）引导和优化作用。物流信息随着物资、货币及物流当事人的行为等信息载体进入物流供应链中，同时反馈信息也随着信息载体反馈给供应链上的各个环节。这些物流信息及其反馈情况的一个重要作用就是引导供应链结构的调整和物流布局的优化，协调人、财、物等物流资源的配置，使供需之间平衡，促进物流资源的整合和合理使用等。

（3）管理和控制作用。通过移动通信、计算机信息网、电子数据交换（EDI）、全球定位系统（GPS）等技术实现物流活动的电子化，如货物实时跟踪、车辆实时跟踪、库存自动补货等，用信息化代替传统的手工作业，从而实现物流运行、服务质量和成本等的管理与控制。

（4）缩短物流链作用。为了应对需求波动，在物流供应链的不同节点上通常设置库存，包括中间库存和最终库存，如零部件、在制品、制成品的库存等，这些库存增加了供应链的长度，提高了供应链成本。如果能够实时地掌握供应链上不同节点的信息，如掌握在供应管道中，什么时候、什么地方、多少数量的货物可以到达目的地，就可以发现供应链上的过多库存并进行缩减，从而缩短物流链，提高物流服务水平。

（5）辅助决策方案作用。物流信息是制订决策方案的重要基础和关键依据。物流管理决策过程本身就是对物流信息进行深加工的过程，是对物流活动发展变化规律性认识的过程。物流信息可以协助物流管理者评判物流战略和物流实施策略可选方案的优劣，做出最有利的选择。例如车辆调度、库存管理、设施选址、资源选择、流程设计以及有关作业比较和安排的成本收益分析等均是在物流信息的帮助下才能做出的科学决策。

（6）支持战略计划作用。作为决策分析的延伸，物流战略计划涉及物流活动的长期发展方向和经营方针的制定，如企业战略联盟的形成、以利润为基础的顾客服务分析等。作为一种更加抽象的决策，它是对物流信息进一步提炼和开发的结果。

（7）价值增值作用。物流信息本身是有价值的。在物流领域中，流通信息在实现使用价值的同时，其自身的价值会呈现增长的趋势，即物流信息本身具有增值特征。一方面，物流信息是影响物流的重要因素，它把物流的各个要素以及有关因素有机地组合并联结起来，以形成现实的生产力并创造出更高的社会价值。另一方面，在社会化的大生产条件下，生产过程日益复杂，物流诸要素都渗透着知识形态的信息，信息真正起着影响生产力的现实作用。

企业只有有效地利用物流信息，才能使生产力中的劳动者、劳动手段和劳动对象形成最佳的结合效果，产生放大效应，使经济效益出现增值。

二、物流信息标准化

随着物流信息技术不断地创新和发展，制定一套符合现代物流需求的标准对于物流信息技术的健康发展极其重要。物流信息标准化是指制定一套标准化的物流信息交换规范，以便不同的物流系统之间能够互相通信和交换信息。这些标准可以涵盖物流信息的格式、内容、数据元素、数据交换协议等方面，以确保不同物流系统之间的信息交换的一致性和可靠性。

物流信息标准化的好处包括：

（1）提高物流信息交换的效率。通过制定标准化的物流信息交换规范，可以减少不同物流系统之间信息交换的复杂性，提高信息交换的效率和准确性。

（2）促进物流信息共享。标准化的物流信息交换规范可以促进不同物流系统之间的信息共享，减少信息孤岛，提高物流信息的可见性和透明度。

（3）降低物流成本。标准化的物流信息交换规范可以降低物流信息交换的成本，减少因为信息交换不兼容而导致的重复工作和错误，提高物流效率和降低物流成本。

（4）改善物流服务质量。标准化的物流信息交换规范可以改善物流服务质量，提高物流服务的可靠性、准确性和及时性，增强客户满意度和信任度。

在实践中，物流信息标准化可以通过制定国家或地区的物流信息标准、行业标准或企业内部标准等方式来实现。这些标准的制定和应用可以促进物流信息的标准化和互通，进一步推动物流信息技术的发展和创新。我国的物流信息标准体系如图 1-3 所示。

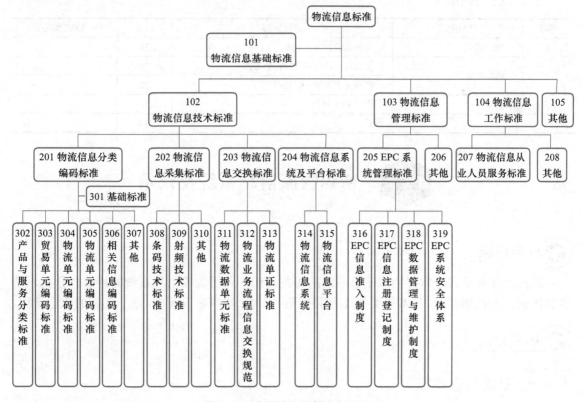

图 1-3　我国的物流信息标准体系

任务训练

一、任务背景

登录京东、顺丰、EMS 或德邦等快递企业的官网，查找并整理其主营业务说明，例如速递业务和物流业务；登录中国物流学会、中国物流与采购联合会或各个省的物流与采购联合会网站，查找并整理近期的物流新闻；登录锦程物流网、中国物通网或中国物讯网等物流综合平台，查找并整理相关的物流信息，模拟选定合适的物流专线、车辆以及货源。

二、任务要求

根据搜索到的信息，提交一份 PPT，并在课堂上展示。

三、任务实施

（1）以个人为单位，通过实地调研、图书查阅、网络查找等相关手段，收集相关信息，利用机房电脑或者个人电脑，整理资料。

（2）查找所在地至某指定地的物流专线、车源信息和货源信息，整理出该类信息，并对收集的信息进行评估，模拟选定合适的物流专线、车辆以及货源。

（3）选择合适的 PPT 模板，最终形成一份 PPT 报告。

四、任务评价

序号	评价内容	评价标准	分值	完成情况
1	确定需求	分析正确、条理清晰	30	
2	确定方案	正确选用合适的资料收集方式	20	
		形成文字方案，叙述得当	20	
3	成果	形成 PPT 报告	30	
	合计		100	

初识物流信息系统及技术

任务目标

通过此任务学习，掌握物流信息系统的相关知识，熟悉物流信息系统的特点、分类、功能等知识，掌握物流信息技术的类别及应用手段；同时，培养艰苦奋斗、敢于创新的职业精神。

相关知识

一、物流信息系统

物流信息系统是人员、计算机硬件、软件、网络通信设备、物流智能化技术及其他办公设备组成的人机交互系统，其主要功能是进行物流过程中各环节的数据采集、传输、处理和应用。它集成了物流管理、物流跟踪、资源调度、供应链协同等功能，旨在提高物流效率、降低成本、优化资源利用和提升服务质量。

（一）物流信息系统的特点

物流信息系统是借助信息技术和通信技术，对物流活动进行全面管理和优化的系统，能够提供全面、准确、实时的物流信息支持，促进物流活动的高效运作和优化。具体来说，物流信息系统具有以下几个特点：

1. 数据整合和共享

物流信息系统能够整合来自不同环节和部门的物流数据，包括运输、仓储、包装、装卸、流通加工等各个方面的数据。同时，它也能实现数据的共享，使得相关的利益相关方可以共同访问和使用物流信息，提高协同效率。

2. 实时监控和跟踪

物流信息系统能够实时监控和跟踪货物的位置、运输状态和交付进度等信息。通过传感器、GPS 等技术，可以实时获取货物的位置数据，并将其反馈到系统中，以便物流管理者和客户随时了解货物的动态。

3. 预测和优化

物流信息系统可以通过数据分析和算法模型，对物流活动进行预测和优化。通过对历史数据和实时数据的分析，系统可以预测运输时间、货物需求量、最佳路线等信息，并提供相应的优化建议，帮助物流管理者做出决策。

4. 自动化和智能化

物流信息系统借助自动化和智能化技术，实现物流活动的自动化和智能化。例如，系统可以通过自动化仓库管理系统，实现货物的自动存储和取货；通过智能调度系统，实现运输车辆的智能调度和路径规划，提高运输效率和降低成本。

5. 数据安全和隐私保护

物流信息系统注重数据的安全性和隐私保护。通过采用安全的数据传输和存储技术，设置加密和权限管理机制，确保物流信息的安全性和保密性，防止数据泄露和滥用。

6. 用户体验和可视化

物流信息系统注重用户体验，提供友好的界面和交互方式，使用户能够方便地使用系统进行操作和查询。同时，系统还可以通过可视化的方式展示物流信息，如数据地图、数据分析图表等形式，使信息更加直观和易于理解。

（二）物流信息系统的分类

物流信息系统可以根据功能和应用领域的不同进行分类。这些分类方式并不是相互独立的，很多物流信息系统可以同时具备多种功能。此外，随着技术的不断发展，物流信息系统的分类也在不断演变和扩展。以下是几种常见的分类方式：

1. 运输管理系统

运输管理系统（Transportation Management System，TMS）是用于管理和优化运输活动的物流信息系统。它包括路线规划、运输资源调度、运输成本管理、运输跟踪和监控等功能，能够帮助物流管理者实现运输活动的高效和准时交付。

2. 仓储管理系统

仓储管理系统（Warehouse Management System，WMS）是用于管理和优化仓储活动的物流信息系统。它包括库存管理、入库出库管理、仓储设备控制、货物跟踪和配送等功能，能够帮助物流管理者实现仓储活动的高效和准确。

3. 供应链管理系统

供应链管理系统（Supply Chain Management，SCM）是用于管理和优化整个供应链活动综合性物流信息系统。它涵盖了供应商管理、生产计划、库存管理、物流配送、客户关系管理等方面的功能，能够帮助企业实现供应链的协调和优化。

4. 物流可视化系统

物流可视化系统通过数据分析图表、数据地图等可视化方式展示物流信息，使得物流活动更加直观和易于理解。它可以实时显示货物的位置、运输状态、交通拥堵情况等信息，帮助物流管理者和客户随时了解物流活动的动态。

5. 物流大数据分析系统

物流大数据分析系统利用大数据技术和分析算法，对物流数据进行深入分析和挖掘，提供决策支持和优化建议。它可以通过对历史数据和实时数据的分析，预测需求、优化路线、降低成本等，帮助物流管理者做出更准确和有效的决策。

（三）物流信息系统的功能

物流信息系统是物流系统的神经中枢，它作为整个物流系统的指挥和控制系统，具有以下功能：

1. 信息处理功能

（1）数据的收集和输入。物流数据的收集首先是通过收集子系统从系统内部或者外部将数据收集到预处理系统中，并整理成系统要求的格式和形式，然后再通过子系统输入物流信息系统中。

（2）信息的存储。物流信息系统的存储功能就是要保证已得到的物流信息能够不丢失、不走样、不外泄、整理得当、随时可用。无论哪一种物流信息系统，在涉及信息的存储问题时，都要考虑到存储量、信息格式、存储方式、使用方式、存储时间、安全保密等问题。

（3）信息的传输。物流信息在物流系统中，一定要准确、及时地传输到各个职能环节，否则信息就会失去其使用价值。

（4）信息的处理。物流信息系统的最根本目的就是要将输入的数据加工处理成物流系统所需要的物流信息。只有得到了具有实际使用价值的物流信息，物流信息系统的功能才能发挥出来。

（5）信息的输出。信息的输出是物流信息系统的最后一项功能，信息的输出必须采用便于人或计算机理解的形式，在输出形式上力求易读易懂、直观醒目。

2. 事务处理功能

物流信息系统能够从事部分日常性事务管理工作，如账务处理、统计报表处理等。同时，它能将部分人员从烦琐、单调的事务中解脱出来，既节省了人力资源，又提高了管理效率。

3. 预测功能

物流信息系统不仅能实测物流状况，而且能利用历史数据，运用适当的数学方法和科学的预测模型来预测物流的发展。物流规模、物流服务水平与区域经济包括经济规模、经济结构、市场运作状况是密切相关的，通过这些相关因素可以对物流发展做出宏观和微观的预测，可以是整个物流规模的预测，也可以是一个库存量、运输量的预测。

4. 计划功能

物流信息系统针对不同的管理层提出不同的要求，能为各部门提供不同的信息并对其工作进行合理的计划与安排，如库存补充计划、运输计划、配送计划等，从而有利于保证管理工作的效果。

5. 控制功能

物流信息系统能对物流系统的各个环节的运行情况进行监测、检查，比较物流过程实际执行情况与计划的差异，从而及时地发现问题。然后再根据偏差分析其原因，采用适当的方法进行纠正，保证系统预期目标的实现。同时，控制过程也是协调工程。

6. 辅助决策和决策优化功能

物流信息系统不但能为管理者提供相关的决策信息，达到辅助决策的目的，而且可以利用各种半结构化或结构化的决策模型及相关技术进行决策优化，为各级管理层提供各种最优解、次优解或满意解以及可行解，以便提高管理决策的科学性，合理利用企业的各项资源，提高企业的经济效益。

二、物流信息技术

物流信息技术是指利用现代信息技术手段，对物流运作过程中的各个环节进行全面的信息化管理和控制，以提高物流效率、降低物流成本、提高物流服务水平和客户满意度的技术手段。

物流信息技术的核心是将物流运作中的各种信息进行数字化、网络化和智能化处理，实现信息的实时获取、传递、分析和应用。通过物流信息技术，企业可以实现对物流运作过程的全面监控和管理，优化物流资源配置，提高物流运作效率和准确性。

根据物流信息技术的功能以及特点，常见的物流信息技术主要有物流信息采集技术、物流定位与导航技术、状态感知与执行技术、无线通信技术、互联技术、数据存储与处理技术、智能分析与计算技术、数据交换与共享技术。

（一）物流信息采集技术

在过去物流信息的管理中，大多数企业多以单据、凭证、传票为载体，通过手工记录、电话沟通、人工计算、邮寄或传真等手段，对物流信息进行采集、记录、处理、传递和反馈。这种处理物流信息的方式不仅容易出现信息采集速度慢、差错率高的现象，还会导致信息传递过程复杂、信息滞后，使得管理者对物品在流动过程中的各个环节难以统筹协调和系统控制，更无法实现对物流系统的优化和实时监控，最终使得物流系统运作效率低，大量的人力、物力、资金被浪费。而解决这个问题的关键是实现企业信息化管理。实现企业信息化管理的第一步就是迅速、准确地采集信息。现代化物流信息采集技术的出现满足了现代化物流企业对信息采集的要求。

物流信息采集技术是指利用一定的识别装置，通过被识别物品和识别装置之间的接近活动，自动地获取被识别物品的相关信息，并将信息提供给后台的计算机处理系统来完成相关后续处理的一种技术。信息的采集是企业整个物流信息系统的基础，它的效率和准确率直接影响企业的决策。常见的物流信息采集技术有：

（1）条码技术。条码是一种将数字和字符编码成一组条纹和空白的技术。通过扫描条码，可以自动识别物品的信息，例如商品名称、价格、生产日期等。条码技术广泛应用于商品管理、库存管理和物流配送等方面。

（2）射频识别技术（RFID）。RFID是一种通过无线电信号实现物品识别和跟踪的技术。通过在物品上安装RFID标签，可以实现对物品的实时跟踪和监控。RFID技术广泛应用于物流配送、库存管理、生产流程控制等方面。

（3）磁卡与IC卡技术。磁卡技术应用了物理学和磁力学的基本原理，通过磁条记录信息，通过读卡器读写信息。IC卡也称智能卡、智慧卡、微电路卡或微芯片卡等，它是继磁卡之后出现的又一种信息载体，是一种集成电路卡，常常采用RFID技术与支持IC卡的读卡器进行通信。

（4）图像识别与处理技术。图像识别与处理技术具有数据量大、运算速度快、算法严密、可靠性高、集成度高、智能性高等特点。现在，通信、广播、计算机、工业自动化、国防工业，甚至印刷、医疗等领域的发展无一不与图像识别与处理技术的进展密切相关，各种图文管理系统在国民经济各部门得到了广泛的应用，并逐步深入人们的生活。

（5）OCR技术。OCR技术最初的目标是识读被称作"特殊字体"的字符，与条码不同的是，这些字符能够被人类识读。通过阅读器扫描或识读，这项技术可以实现高速、非键盘地把"特殊字体"形式的信息输入计算机系统。

（二）物流定位与导航技术

物流定位与导航技术是指利用各种技术手段对物流运输过程中的车辆、船舶、飞机等进行实时定位和导航的技术。这种技术可以帮助物流企业实现对运输过程的实时监控和管理，提高物流活动的效率和可靠性。以下是一些常见的物流定位和导航技术：

（1）GNSS技术。全球导航卫星系统（GNSS）目前全球主要有美国的GPS、俄罗斯的GLONASS、中国的BDS和欧盟的Galileo。通过GNSS技术可以实现对物流运输过程中的车辆、船舶、飞机等进行实时定位和导航，物流企业可以实现对运输过程的实时监控和管理，提高物流活动的效率和可靠性。

（2）GIS技术。地理信息系统（GIS）是以地理空间数据为基础，采用地理模型分析方法，提供多种空间和动态的地理信息，为地理研究和地理决策服务的计算机技术系统。GIS在计算机硬件、软件系统支持下，对整个或部分地球表层（包括大气层）空间中的有关地理分布的数据进行采集、存储、管理、运算、分析、显示和描述。

（3）室内定位技术。室内定位是指在室内环境中实现位置定位，主要采用无线通信、基站定位、惯导定位、动作捕捉等多种技术集成形成一套室内位置定位体系，从而实现人员、物体等在室内空间中的位置监控。

（4）区位传感器技术。区位传感器是一种通过感知物体周围环境的方式实现物体定位和导航的技术。通过在物流运输过程中安装区位传感器，可以实现对车辆、船舶、货物等的实时定位和导航。

（5）车联网技术。车联网是一种将车辆与互联网相连接的技术，可以实现车辆的实时监控和管理。通过车联网技术，物流企业可以实现对运输车辆的实时定位和导航，提高物流活动的效率和可靠性。

（6）航空导航技术。航空导航技术是指在航空运输过程中使用的导航技术，包括雷达导航、惯性导航、卫星导航等。通过航空导航技术，物流企业可以实现对飞机的实时定位和导航，提高物流活动的效率和可靠性。

（三）状态感知与执行技术

状态感知与执行技术是指利用各种传感器和执行器对物流运输过程中的状态进行感知和控制的技术。这种技术可以帮助物流企业实现对运输过程的实时监控和管理，提高物流活动的效率和可靠性。以下是一些常见的状态感知和执行技术：

（1）传感器技术。传感器技术是指利用各种类型的传感器去测量物品周边信息，并将感受到的信息按一定规律变换成为电信号或其他所需形式的信息输出，以满足信息的传输、处理、存储、显示、记录和控制等要求的技术。在工业自动化、航空航天、智能家居、医疗电子等领域，传感器都发挥着至关重要的作用。

（2）语音识别技术。语音识别技术也称为自动语音识别（ASR），是指利用一定的语音识别设备将人类的语音中的词汇内容转换为计算机可读的输入方式，例如按键、二进制编码或者字符序列等，以实现自动化控制。

（3）机器视觉技术。机器视觉技术是利用机器代替人眼来做测量和判断，通过机器视觉产品将被摄取目标转换成图像信号，传送给专用的图像处理系统，图像系统对这些信号进行各种运算来抽取目标的特征，进而根据判别的结果来控制现场的设备动作。

（4）物流机器人技术。物流机器人技术是一种将机器人应用于物流领域，以实现自动化、智能化和高效化的物流技术。

（四）无线通信技术

无线通信技术是指利用无线电波等技术手段进行通信的技术。在物流领域，无线通信技术可以帮助物流企业实现对运输过程的实时监控和管理，提高物流活动的效率和可靠性。以下是一些常见的无线通信技术：

（1）GPRS/3G/4G 技术。GPRS/3G/4G 技术是一种流行的移动通信技术，可以实现在移动网络上进行数据传输。通过 GPRS/3G/4G 技术，物流企业可以实现对运输过程的实时监控和管理。

（2）Wi-Fi 技术。Wi-Fi 技术是一种无线局域网技术，可以实现在局域网内进行数据传输。

（3）蓝牙技术。蓝牙技术是一种短距离无线通信技术，可以实现在不同设备之间进行数据传输。通过蓝牙技术，物流企业可以实现对运输过程中的设备进行数据传输和控制。

（4）NFC 技术。NFC 技术是一种短距离的高频无线通信技术，允许电子设备之间进行非接触式点对点数据传输和交换数据。

（五）互联技术

互联技术是指利用互联网和其他通信技术将不同的设备、系统和应用连接起来，实现信息和数据的互相交换和共享的技术。在物流领域，互联技术可以帮助物流企业实现对运输过程的实时监控和管理，提高物流活动的效率和可靠性。以下是一些常见的互联技术：

（1）局域网技术。局域网技术通过一系列的硬件设备（如交换机）将有限地理范围内的若干个计算机连接在一起，并通过网络协议（如 TCP/IP）实现数据的传输和通信。

（2）广域网技术。广域网技术是基于远程网开发的，通过一系列的硬件设备（如交换机）将不同地区的计算机连接在一起，并通过远程网实现数据的传输和通信。

（3）物联网技术。物联网技术是指将各种物理设备通过互联网连接起来，实现设备之间的数据交换和共享的技术。

（六）数据存储与处理技术

数据存储与处理技术是指将物流运输过程中产生的大量数据进行存储和处理的技术。在物流领域，数据存储与处理技术可以帮助物流企业实现对运输过程的实时监控和管理，提高物流活动的效率和可靠性。以下是一些常见的数据存储与处理技术：

（1）大数据技术。大数据技术是指利用各种技术手段对大规模数据进行处理和分析的技术。通过大数据技术，物流企业可以对运输过程中的数据进行分析和挖掘，提高物流活动的效率和可靠性。

（2）数据库技术。数据库技术是指将数据进行组织和存储的技术。通过数据库技术，物流企业可以将运输过程中产生的大量数据进行存储和管理，方便对数据进行查询和分析。

（3）数据挖掘技术。数据挖掘技术是指通过各种算法和技术手段对数据进行分析和挖掘的技术。通过数据挖掘技术，物流企业可以从运输过程中的数据中发现规律和趋势。

（七）智能分析与计算技术

智能分析与计算技术是指利用人工智能、机器学习、数据挖掘等技术对物流数据进行分析和计算的技术。在物流领域，智能分析与计算技术可以帮助物流企业更加精准地掌握运输过程中的信息，提高物流活动的效率和可靠性。以下是一些常见的智能分析与计算技术：

（1）云计算技术。云计算技术是指将计算机资源通过互联网进行共享和利用的技术。通过云计算技术，物流企业可以实现对物流各个流程中的数据进行存储和处理，提高数据计算和分析的可靠性。

（2）人工智能技术。人工智能技术是指通过计算机模拟人类智能的方式对数据进行分析和计算的技术。在物流领域，人工智能技术可以帮助物流企业对各个环节的数据进行分析和预测。

（3）仿真模拟技术。仿真模拟技术指通过使用计算机模型和软件来模拟现实世界事件和过程的一种技术手段。

（4）边缘计算技术。边缘计算是指在靠近物或数据源头的一侧，采用网络、计算、存储、应用核心能力为一体的开放平台，就近提供最近端服务。

（八）数据交换与共享技术

数据交换与共享技术是指在物流作业过程中，通过各种技术手段将数据进行交换和共享的技术。在物流领域，数据交换与共享技术可以帮助不同的物流企业、部门和系统之间实现数据的无缝连接和共享，提高物流企业的效率和工作可靠性。以下是一些常见的数据交换与共享技术：

（1）EDI技术。EDI技术是指电子数据交换技术，是一种将结构化的电子数据在不同的计算机系统之间进行交换的技术。在物流领域，EDI技术可以帮助不同的物流企业之间实现数据的无缝连接和共享。

（2）ebXML技术。电子商务扩展标记语言（ebMXL）是由联合国促进贸易与电子商务中心和组织结构化信息发展组织共同倡导的一个全球性电子商务标准。ebXML技术基于XML标准化的全球实现，其目标是提供一个基于XML的开放式的技术框架，使XML能在电子商务数据交换的一致性和统一性方面被使用。

（3）区块链技术。区块链技术是一种去中心化的分布式账本技术，可以实现对数据的安全存储和传输。通过区块链技术，物流企业可以实现对物品的实时追踪和管理，保证数据的安全性和可靠性。

🔄 任务训练

一、任务背景

利用互联网查找关于物流信息采集技术的介绍，根据实训条件，完成条码的打印。相关知识："单个条码制作打印"模块可以打印EAN-13码、店内码等多种条码；"条码批量打印模块"主要用于批量打印店内码；模拟打印时应注意EAN-13码尺寸设计等事项；EAN-13码的结构说明需要在官方网站或相关机构查找。

二、任务要求

查找身边商品的EAN-13条码，利用某条码打印软件（免费版）编辑并生成该条形码，并在中国物品编码中心等官方网站查找到该产品的前置码、厂商代码以及产品项目代码。

三、任务实施

（1）登录某条码打印软件，出现"单个条码制作打印"模块，设置生成EAN-13条码。
（2）点击"条码批量打印模块"批量打印店内条码。

（3）点击"打印预览"按钮，出现模拟打印效果。

（4）打印条码，并将实训过程及成果以 PPT 报告的形式展示出来。

四、任务评价

序号	评价内容	评价标准	分值	完成情况
1	确定需求	分析正确、条理清晰	30	
2	确定方案	正确选用合适的资料收集方式	20	
		形成文字方案，叙述得当	20	
3	成果	形成 PPT 报告	30	
	合计		100	

任务三 了解物流信息技术的应用与发展

任务目标

通过此任务学习，掌握物流信息技术的应用场景，了解物流信息技术的未来发展方向及应用前景；同时，培养自主探索、不断创新的职业精神。

相关知识

一、物流信息技术的应用

物流信息技术已经在物流领域得到了广泛的应用，取得了一定的成效。物流信息技术的一些常见应用场景如下：

（1）货物追踪和管理。通过物联网技术，可以实现对货物的实时追踪和管理，包括货物的位置、温度、湿度等信息的采集和传输。

（2）仓储管理。通过智能仓储系统，可以实现对仓库的实时监控和管理，包括货物的存储和出库，库存的管理和统计。

（3）车辆调度和管理。通过智能调度系统，可以实现对车辆的实时调度和管理，包括车辆的位置、速度、油耗等信息的采集和传输，提高车辆的使用效率和可靠性。

（4）配送管理。通过智能配送系统，可以实现对配送的实时监控和管理，包括货物的配送路线、配送时间、配送人员等信息的管理和统计。

（5）物流数据分析和优化。通过云计算技术和人工智能技术，可以对物流运输过程中的数据进行分析和优化，包括货物的需求预测、运输路线的规划、车辆的调度和运输进度的预测等。

（6）物流信息安全、可信传输。通过区块链技术，可以实现对物流运输过程中的数据的安全、可信传输和管理，包括货物的交易信息、运输路线的记录、车辆的调度和运输进度的确认等。

拓展阅读

共享单车的二维码诈骗

由于共享单车具有还车自由、分布点广、无须担心被盗等优点，其市场规模迅速扩张，然而诈骗行为也随之而来。

在共享单车的使用流程中，最容易发生的安全隐患就是"扫描车辆上的二维码"。犯罪分子根据车辆上原有的二维码尺寸，进行仿制并粘贴覆盖原单车上的二维码，通过假二维码实施诈骗行为。那么假的二维码有哪些特征呢？扫到假的二维码后，手机会出现什么样的界面呢？

一、假二维码的特征

（1）二维码贴在车的显著位置，并附有"扫一扫免费骑单车"等诱导性话语。一般而言，共享单车的优惠服务都是通过它的APP进行推广的。

（2）使用合成纸不干胶或者铜板打印不干胶覆盖在原车的二维码上，而原车的二维码通常是镶嵌或者喷漆在单车上的，仔细辨别是可以观察出来这种合成纸不干胶二维码的。

（3）使用透明不干胶覆盖在原车的二维码上，这种假的二维码是很难通过直接观察辨别出来的，需要用手去触碰，检查二维码的边缘是否有粘贴痕迹，进行区分。

二、扫假码的迹象

（1）二维码上的文字提示你用支付宝或者微信扫描二维码的情况，一定是骗子。扫码后的界面往往是提示你输入消费 / 转账金额。

（2）扫描二维码后，系统提示你"您的APP已过期，请升级后使用"，如果按照它的提示进行升级，往往会在不知不觉中主动下载木马病毒，导致APP密码丢失，网银或者支付宝被盗等情况发生。

（3）扫描二维码后，直接跳出转账界面的，一定是骗子。

三、安全防范措施

（1）不要使用除了单车APP之外的扫码工具扫描单车二维码，尤其是微信、支付宝的扫一扫。

（2）所有发生的骑车费用结算均通过单车APP，无须转账。

（3）扫码后提示你系统升级，或者点击链接领取红包，不要理会并通过系统返回键退出界面。

二、物流信息技术的发展前景

随着我国物流行业的不断发展和政策的支持，物流信息技术得到了越来越广泛的应用和推广。我国政府提出了"互联网＋"和"智能制造"等战略，推动物流行业的数字化、网络化和智能化升级。信息技术的应用有利于推动物流各环节流程再造，提高物流服务时效性、多样性、可靠性；有利于提高物流市场供需匹配效率，提高物流集约化发展水平；有利于强化各类物流基础设施信息互联和业务对接，推动构建协同联动、高效运作的物流基础设施网络，对构建现代物流体系、推动现代物流高质量发展具有十分重要的意义。近年来，我国智慧物流加速发展，为建设现代物流体系提供了有力支撑。集中表现在以下三个方面：

一是新一代信息技术在物流领域加速应用。无人化技术、数字终端、自动分拣等技术装备日益普及，传统物流园区、仓储配送中心等基础设施智慧化改造步伐加快。比如，青岛港等港口企业运用无人化技术实现全自动化作业，实现从传统码头向智慧码头转变。二是物流运行体系数字化、智慧化升级趋势明显。道路货运、即时配送等领域平台企业发展迅速，有效整合分散的存量社会物流资源，物流运行效率显著提升。新一代信息技术装备加速创新应用，促进物流枢纽、物流园区数字化转型和互联互通，有效提升物流基础设施组织化、网络化运行水平。三是智慧物流生态体系初步形成。以网络货运平台为代表的智慧物流生态体系逐步扩围。一批领先的物流企业利用新一代信息技术，整合广大中小企业资源，吸引产业链上下游企业集群发展，并逐步向产业链上游的制造业领域延伸。中小物流企业借助开放型互联网平台降低智慧化发展成本，向"小而专、小而精、小而美"发展。

总之，物流信息技术发展前景广阔，在物流行业中发挥越来越重要的作用，推动物流行业的发展和变革。未来，随着技术的不断创新和应用，物流信息技术的应用将会更加广泛和深入。

 **任务训练**

一、任务背景

利用互联网查找关于物流信息技术从业人员的岗位职责要求，根据实训条件，制作岗位职责说明书，以加强对于物流信息技术的应用和发展的认识。

二、任务要求

在对物流信息技术的应用及发展有一定了解后，编制物流信息技术相关岗位职责说明书，以掌握物流信息技术从业人员的具体岗位职责与任职资格。

三、任务实施

（1）通过网络（特别是招聘网站）搜索引擎，搜集岗位相关信息资料，挖掘物流信息技术应用和发展在其中的体现。

（2）搜集现有的物流信息技术相关岗位职责说明书，收集的样本数量至少为 10 个。

（3）对搜集的信息进行总结、提炼，编制物流信息技术从业人员岗位职责说明书。并将实训过程及成果形成 PPT 报告进行汇报。

四、任务评价

序号	评价内容	评价标准	分值	完成情况
1	确定需求	分析正确、条理清晰	30	
2	确定方案	正确选用合适的资料收集方式	20	
		形成文字方案，叙述得当	20	
3	成果	形成 PPT 报告	30	
	合计		100	

职业素养

中国计算机领域的开拓者、信息技术发展的领航人

倪光南，1939 年 8 月出生于浙江宁波，是中国计算机结构和算法的专家，中国工程院院士，曾任联想集团的首任总工程师。

1981 年，倪光南作为访问研究员到国外学习交流，看到了我国与发达国家在计算机技术上的差距，也深深感受到核心技术自主研发的重要性。面对高薪诱惑，倪光南毅然放弃了留在当地工作的机会，回国继续从事计算机研究。同年，计算技术研究所成立了计算所公司，倪光南加入公司担任总工程师。凭借着多年汉字信息处理技术的积累，接下来的几年时间里，倪光南和他的同事捷报频传——联想式汉字微型机系统（LX-PC）、联想式汉卡等产品在市场上获得了成功。这些产品不仅实现了汉字的输入、显示、打印、存储等功能，还具有联想、纠错、词组、拼音等智能化特点，大大提高了汉字处理的效率和质量。

倪光南是我国计算机领域的开拓者，他用自己的智慧和努力，为中国计算机技术的进步和中国信息技术产业的发展做出了不可磨灭的贡献。他的无私奉献精神令人敬仰，是我们后辈学习的榜样。

课后练习

一、单项选择题

1. 下列关于数据的说法不正确的是（　　　）。

　　A．数据简单地说就是描述客观事物的、可以鉴别的符号

　　B．数据可以是声音

　　C．数据可以被计算机处理

　　D．数据只能由数学算式处理

2. 下列关于信息的说法不正确的是（　　　）。

　　A．信息源于物质和物质的运动

　　B．信息是指数据处理后所形成的对人们有意义的和有用的文件、表格和图形等

　　C．信息能导致某种决策或行动

　　D．信息可以是人们的想象

3. 物流企业采用信息技术最难达到的高度是（　　　）。

　　A．支持企业的经营战略

　　B．提高物流活动的效率

　　C．无须人类参与，完全由机器经营、作业

　　D．增强整个企业经营决策的能力

4. 下列关于物流信息化的说法不正确的是（　　　）。

A. 物流信息化程度越高，企业所消耗的成本越高

B. 物流信息化程度越高，越能推动现代物流的发展

C. 物流信息化是现代物流发展的必然要求和基石

D. 物流信息化是现代物流的灵魂

5. 下列关于物流标准化主要作用的说法不正确的是（　　　）。

A. 物流标准化是物流科学化管理的重要手段

B. 物流标准化可以实现物流企业信息毫无保留的共享

C. 物流标准化可以降低物流成本，提高物流效益

D. 物流标准化是我国物流进军国际市场的通行证

二、多项选择题

1. 数据通常以（　　　）形式存在。

   A. 数字　　　　　　B. 文字　　　　　　C. 图形　　　　　　D. 图像

2. 信息具有以下哪些特点？（　　　）

   A. 可度量性　　　B. 可识别性　　　C. 可储存性　　　D. 可传递性

3. 物流信息标准化有哪些好处？（　　　）

   A. 提高物流信息交换的效率　　　　　B. 降低物流成本

   C. 改善物流服务质量　　　　　　　　D. 促进物流信息共享

三、简答题

1. 简述信息与数据的区别。

2. 如何理解物流信息的概念？

3. 常见的物流信息技术有哪些？

项目二　物流信息采集技术

项目目标

知识目标
◇　掌握条码、射频技术的基本概念和特点。
◇　能列举条码技术的结构、编码原则和分类。
◇　能说出条码、射频的工作原理。
◇　能概述物流条码、射频应用标准及其在物流领域的应用。

技能目标
◇　能根据不同条码的特点，匹配不同条码的适用场景，并准确应用条码识读设备。
◇　能根据射频技术原理，正确应用不同类型的射频识读设备。

素质目标
◇　通过物流信息采集技术的应用，培养自主学习能力和探究精神。
◇　通过理解物流信息采集技术的发展，培养创新意识和科学精神。
◇　通过分小组合作设计物品编码，培养团队合作精神。

案例导入

火车票的条码应用变迁

　　随着信息技术的不断发展，条码在各行各业的应用已非常广泛。1997年，全国铁路系统开始计算机联网售票，启用第二代火车票，如图2-1所示。第二代火车票最下方都有一条长长的条形码，下面还有很多数字，这就是一维条码。由于其存储容量小，只能起到一种标识作用。

　　2009年11月17日，铁道部向全国各铁路局下发了《关于修改部分车票票样的通知》，决定自2009年12月10日起，对全国铁路车票进行升级改版，新版火车票最明显的变化是车票下方的一维条码变成二维条码，增强了火车票的防伪功能，如图2-2所示。

图2-1　第二代火车票

图2-2　第三代火车票

二维条码是近年来国际流行的数据防伪、携带的技术手段，具有储存量大、保密性高、抗损性强、成本便宜等特性。售票系统根据乘客的购票类型，将车次、价格、票号发售车站、乘客信息等利用二维码编制软件生成二维码，印在票面上。进站口检票，检票人员通过二维码识读设备读取信息、辨别车票真伪，提高了工作效率，也避免了人为错误思考。

2011 年 6 月开始，旅客凭身份证即可进站，无纸化时代来临。

思考：

1. 火车票历史变迁中出现了哪些类型的条码？
2. 火车票历史变迁中出现的条码分别有什么优缺点？
3. 身份证无纸化进站，使用了什么技术？

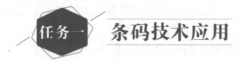

任务一　条码技术应用

任务目标

通过此任务学习，掌握条码的基本概念和特点，熟悉条码技术的定义、结构、编码规则，理解条码的分类；能准确操作条码识读设备，完成相应业务环节；同时，培养自学能力、探究精神、创新意识及团队合作精神。

相关知识

条码技术是在计算机的应用实践中产生和发展起来的一种自动识别技术。由于其输入速度快、准确度高、成本低、可靠性强，因而发展十分迅速。条码技术的出现，不仅在国际范围内为商品提供了一套可靠的代码表示体系，而且为产、供、销等生产及贸易的各个环节提供了通用的"语言"，为实现商业数据的自动采集奠定了基础。

一、条码概述

（一）条码的概念及符号结构

1. 条码的概念

条码（见图 2-3）是利用光电扫描阅读设备识读并实现数据输入计算机的一种特殊代码。条码是由一组规则排列的条、空及其对应字符组成的标记，用以表示特定的信息。"条"是指对光线反射率较低的部分，"空"是指对光线反射率较高的部分。并能够用特定的设备（码扫描器）识读，转换成与计算机兼容的二进制和十进制信息。

6941049760178

图 2-3　条码示例

2. 条码的符号结构

条码的符号结构如图 2-4 所示。

图 2-4 条码的符号结构

（1）空白区。没有任何印刷符或条码信息，它通常是白的，位于条码符号的两侧。空白区的作用是提示阅读器即扫描器准备扫描条码符号。

（2）起始符。条码符号的第一位字符是起始符，它的特殊条、空结构用于识别一个条码符号的开始。阅读器首先确认此字符的存在，然后处理由扫描器获得的一系列脉冲。

（3）数据符。由条码字符组成，用于代表一定的原始数据信息。

（4）校验符。有些码制的校验符是必需的，有些码制的校验符则是可选的。校验符是通过对数据符进行一种算术运算而确定的。符号中的各字符被解码器对其进行同一种算术运算，并将结果与校验符比较。

（5）终止符。条码符号的最后一位字符是终止符，它的特殊条、空结构用于识别一个条码符号的结束。阅读器识别终止符，便可知道条码符号已扫描完毕，阅读器即会向计算机传送数据并向操作者提供"有效读入"的反馈。终止符的使用避免了不完整信息的输入。当采用校验符时，终止符还指示阅读器对数据符实施校验计算起始符，终止符的条、空结构通常是不对称的二进制序列。这一非对称允许扫描器进行双向扫描。当条码符号被反向扫描时，阅读器会在进行校验计算和传送信息前把条码各字符重新排列成正确的顺序。

（二）条码的特点

在信息输入技术中，采用自动识别技术种类很多。条码作为一种图形识别技术与其他识别技术相比具有如下特点：

（1）可靠准确。采用键盘录入数据，误码率为 1/300；利用光学字符识别技术，误码率约为万分之一。而采用条码扫描录入方式，误码率仅为百万分之一，首读率可达 98% 以上。

（2）数据输入速度快。普通计算机键盘录入速度是每分钟 200 字符，而利用条码扫描录入信息的速度是键盘录入的 20 倍。

（3）经济便宜。与其他自动化技术相比，推广应用条码技术所需费用较低。利用条码扫描，依次可以采集几十位字符的信息，而且可以通过选择不同码制的条码增加字符密度，使采集的信息量成倍增加。

（4）自由度大。识别装置与条码标签相对位置的自由度要比光学字符识别（OCR）大得多。

（5）设备简单。条码符号识别设备的结构简单，容易操作，无须专门训练便可使用。

（6）灵活实用。条码符号作为一种识别手段可以单独使用，也可以和有关设备组成识别系统实现自动化识别，还可以和其他控制设备联系起来实现整个系统的自动化管理。同时，在没有自动识别设备时，也可以实现手工键盘输入。

（7）易于制作。条码符号制作容易，扫描操作简单易行。

（三）条码的编码原则

编码是指用一组阿拉伯数字标志商品的过程，这组数字称为代码。国际通用的商品代码（EAN 代码）和北美地区通用的商品代码（UPC 代码）在结构上有所不同。编码是为了进一步用条码符号表示商品，以适应国际、国内市场销售方式的变革，提高商品的竞争力，为建立产、供、销信息系统，提高企业的经济效益奠定基础。商品编码原则如下：

（1）唯一性。唯一性原则是商品编码的基本原则。唯一性是指商品项目与其标志代码一一对应，即一个商品项目只有一个代码，一个代码只标志同一商品项目。商品项目代码一旦确定，永不改变，即使该商品停止生产、停止供应了，在一段时间内也不得将该代码分配给其他商品项目。在我国，同一种商品，往往由不同的厂家生产，确保相同商品必须为同一代码就显得格外重要。

为此，中国物品编码中心做出规定，凡是获准使用他人注册商标的商品，必须采用商标注册者拥有的厂商代码和商标注册者统一编制的商品项目代码。唯一的商品项目代码与厂商代码和国别（地区）代码组配在一起（在 UPC 系统中，商品项目代码与厂商代码和编码系统字符组配使用）就可保证商品的代码标志在一个国家（地区）乃至世界范围内都是唯一的。唯一性是商品编码最重要的一条原则。

（2）稳定性。稳定性原则是指商品标志代码一旦分配，只要商品的基本特征没有发生变化，就应保持不变。同一商品无论是长期连续生产还是间断式生产，都必须采用相同的商品代码。即使该商品停止生产，其代码也应至少在 4 年之内不能用在其他商品上。

（3）无含义性。无含义代码是指代码数字本身及其位置不表示商品的任何特定信息。平常说的"流水号"就是一种无含义代码。在 EAN 系统及 UPC 系统中，商品编码仅仅是一种识别商品的手段，而不是商品分类的手段。无含义使商品编码具有简单、灵活、可靠、充分利用代码容量、生命力强等优点，这种编码方法尤其适合于较大的商品系统。

与无含义代码相对应的是有含义代码，即代码数字本身及其位置能够表示商品特定信息的代码。由于不同种类商品的数量不均衡，而且很难预测新产品的种类与数量，这就给设计有含义代码带来困难。其结果可能是一些商品的代码容量留多了，造成浪费；另一些商品的代码容量留少了，只好占用给其他商品预留的代码。这样一来，有含义代码最终还是变成无含义代码。

当然，如果一个企业的产品种类不多，有固定的编码人员和严格的编码制度，有含义代码也是可以使用的，但不提倡。

（4）全数字性。在 EAN 系统及 UCC 系统中，全部采用阿拉伯数字。

二、条码分类

按照维度，条码可分为一维条码和二维条码。

（一）一维条码

一维条码常用的有 EAN 条码、UPC 条码、EAN-128 条码、二五条码、交叉二五条码、ITF 条码符号、三九条码、九三条码、库德巴条码。

1. EAN 条码

EAN 条码符号有两种版本，即 13 位标准码（又称 EAN-13 码）和 8 位缩短码（又称 EAN-8 码），如图 2-5 和图 2-6 所示。

它们具有以下共同特点：条码符号由一系列相互平行的条和空组成，四周留有空白区，除了表示数字的条码符号外，还有一些辅助条码字符，用作表示起始、终止的定界符和平分条码符号的中间分隔符。

供人识别字符位于条码符号下方，是与条码相对应的 13 位或 8 位数字，采用 OCR-B 字符。

图 2-5 EAN-13 条码　　　　　　图 2-6 EAN-8 条码

EAN-13 商品条码是标准版 EAN 商品条码，即用于表示 EAN/UCC 代码的商品条码。它由 13 位数字组成，分别代表不同的意义，其代码结构有四种类型，如表 2-1 所示。

表 2-1 EAN-13 的四种代码结构类型

结构种类	前缀码	厂商识别代码	商品项目代码	校验码
结构一	X13X12X11	X10X9X8X7	X6X5X4X3X2	X1
结构二	X13X12X11	X10X9X8X7X6	X5X4X3X2	X1
结构三	X13X12X11	X10X9X8X7X6X5	X4X3X2	X1
结构四	X13X12X11	X10X9X8X7X6X5X4	X3X2	X1

在我国，690 ～ 691 的厂商识别码是 7 位，692 ～ 694 的厂商识别码是 8 位，695 目前没有分配。例如，听装健力宝饮料 6901010101098，690 代表中国物品编码中心，1010 代表广东健力宝公司，10109 是广东健力宝公司分配给听装饮料的商品项目代码，8 为该条码的校验码。

2. UPC 条码

UPC 条码是由美国统一代码委员会（UCC）制定的一种码制，有 UPC-A 条码和 UPC-E 条码，如图 2-7 和图 2-8 所示。

图 2-7 UPC-A 条码　　　　　　图 2-8 UPC-E 条码

（1）UPC-A 包括 12 位数字。UPC-A 条码与前置码为"0"的 EAN-13 条码兼容。

（2）UPC-E 由 8 位数字组成，是将系统字符为 0 的 UPC-A 条码进行消零压缩所得。只有当商品很小，无法印刷表示 UPC-A 时，才允许使用 UPC-E 条码。

3. EAN-128 条码

为进一步表示商品的有关信息，有时需要对 EAN、UPC 条码增加补充条码，补充条码采用 UCC/EAN-128 条码符号（简称 EAN-128）表示。EAN-128 条码是唯一能表示 EAN、UPC 标准补充码的条码符号。它是一种连续型、非定长、有含义的高密度代码，如图 2-9 所示。

图 2-9　EAN-128 条码符号

4. 二五条码

二五条码研制于 20 世纪 60 年代后期，用于仓库的分类管理，或标示胶卷包装及机票的连续号等。二五条码有两种单元宽度，它仅用条表示信息，条码字符由规则排列的 5 个条组成，其中两个是宽条，其余是窄条。二五条码是一种非连续型、双向可读且具有自校验功能的非定长条码，如图 2-10 所示。

图 2-10　二五条码

5. 交叉二五条码

交叉二五条码由美国 Intermec 公司于 1972 年发明，初期应用于仓储及重工业领域，标准化后用于储运单元的识别与管理。交叉二五条码是一种高密度条码，如图 2-11 所示。在交叉二五条码中，个别印刷缺陷的存在并不致产生替代错误，它是具有自校验功能的条码。因为从两个方向去识读条码符号都可以成功，所以它是双向刻度条码，由于它可表示不同个数字字符，所以是一种非定长条码。

图 2-11　交叉二五条码

6. ITF 条码符号

ITF 条码是用于储运单元的条码符号，ITF 条码符号有 ITF-14、ITF-16 及 ITF-（附加代码 add-on），它们都是定长型条码。ITF 是英文 Interleaved Two of Five 的缩写。ITF 条码是在交叉二五条码的基础之上扩展形成的用于储运包装上的条码。为适应特定的印刷条件，多数情况下都在交叉二五条码周围加了保护框，如图 2-12 所示。

图 2-12　ITF-14 条码

7. 三九条码

三九条码是 Intermec 公司 1975 年推出的一种条码，能对数字和英文字母等 44 个字符进行编码。由于它具有误码率低、表示字符个数多等优点，在汽车行业、经济管理、医疗卫生及邮政、储运单元等领域应用十分广泛。

三九条码仅有两种单元宽度，它的每一个条码字符由 9 个单元组成，其中 3 个是宽单元，其余是窄单元。由于三九条码为五条夹四空组合而成，存在条码符号间隔，所以是非连续型条码，如图 2-13 所示。三九条码的设计具有较强的自校验功能，所以出现替代错误的概率很小。它的最高密度为 40 个 /25.4mm。

图 2-13　三九条码

8. 九三条码

九三条码于 1982 年推出，是一种密度很高的条码符号，如图 2-14 所示。三九条码有许多优点，但其密度不是很高，这是由其编码方法决定的，所以有些应用三九条码的场合，出现了印刷面积不足的问题，九三条码的设计正是为了解决这一问题。九三条码与三九条码相兼容，主要表现在它们具有相同的数据字符集。九三条码没有自校验功能，为了确保数据安全性，采用了双校验字符，其可靠性比三九条码要高。

图 2-14　九三条码

9. 库德巴条码

库德巴条码是 1972 年推出的，广泛应用于医疗卫生及图书行业，1977 年美国输血协会将库德巴条码规定为血袋标识标准条码。库德巴条码具有双向可读性，在阅读库德巴条码符号时，扫描方向的判定是通过终止符和起始符来实现的。库德巴条码是一种具有强制校验功能的条码，如图 2-15 所示。

图 2-15　库德巴条码

（二）二维条码

一维条码由于受信息容量的限制，通常只能对物品标识，而不能对物品描述。所谓对物品的标识，就是给某物品分配一个代码，该代码只能代表该物品，代码本身并不对该物品进行描述，而该物品具体的描述信息需由与扫描器相连的存有该物品详细信息的数据库来提供。因此一维条码的使用受到很大的限制，在没有数据库或不便联网的情况下就难以使用。二维条码技术正是在一维条码无法满足实际需要的情况下产生的。

二维条码能够在水平和垂直两个方位同时表达信息，具有高密度、高可靠性等特点，不仅能在很小的面积内表达大量的信息，而且能够表达汉字和存储图像。二维条码的出现拓展了条码的应用领域，因此被许多行业所采用。

1. 二维条码的概念

二维条码是指用某种特定的几何图形按一定规律在平面（二维方向）上表示信息的条码符号，来记录数据符号信息。它利用与二进制对应的几何图形规律分布于二维方向上，形成黑白相间的图形来表示信息。简单地说，在水平和垂直方向的二维空间存储信息的条码，称为二维条码。

目前，二维条码主要有 PDF417、QR Code 等，主要分为堆积式（也称层排式）和棋盘式（也称矩阵式）两大类。

二维条码依靠其庞大的信息携带量，能够把过去使用一维条码时存储于后台数据库的信息包含在条码中，阅读二维条码可以直接得到相应的信息，并且二维条码还有错误修正技术及防伪功能，增加了数据的安全性。

二维条码作为一种新的信息存储技术，从诞生之时起就受到了国际社会的广泛关注。经过几年的努力，二维条码可把照片、指纹编制于其中，有效地解决了证件的可读性和防伪问题。因此，它现已应用于护照、身份证等证件，以及国防、公共安全、交通运输、医疗保健、工业、商业、金融、海关及政府管理等众多领域。

2. 二维条码的特点

（1）密度高。二维条码利用垂直方向来提高条码的密度，从而提高条码所表示的信息容量。一般二维条码的密度是一维条码的几十到几百倍。这样，物品的相关信息即可以包含在二维条码中，要获得物品信息直接扫描该二维条码即可，不需要事先根据编码规则建立数据库，从而实现条码对产品的描述而不仅是标识。二维条码可容纳多达 1 850 个大写字母或 2 710 个数字，或 1 108 个字节，或 500 多个汉字，比普通条码信息容量约高几十倍。

（2）编码范围广。二维条码可以对图像，如照片、指纹、签字、音视频、文字等可以数字化处理的信息进行编码。比如文字，由于各种语言文字都是以字节流的形式存储的，因此二维条码可以表示这些字节流，从而实现各种文字的条码表示。同样地，照片、指纹等都可以以字节流的形式存储，因此，都可以用二维条码表示。

（3）安全性好。二维条码引入加密机制，通过软件加密及信息认证的方式来提高保密防伪的能力。

（4）纠错能力强。二维条码具有很强的纠错能力，它利用先进的纠错算法，识别的结果不会因为沾污破损等丢失信息。这使得二维条码因穿孔、污损等引起局部损坏时，照样可以正确得到识读，损毁面积达 50% 仍可恢复信息。

（5）制作简单、成本低。利用现有的打印技术即可打印出二维条码，不需要另外增加制作工作，制作简单，且成本较低。

二维条码技术的发展主要表现为三方面的趋势：一是出现了信息密集度更高的编码方案，增强了条码技术信息输入的功能；二是发展了小型、微型、高质量的硬件和软件，使条码技术实用性更强，扩大了应用领域；三是与其他技术相互渗透、相互促进，这将改变传统产品的结构和性能，扩展条码系统的功能。

3. 二维条码的分类

与一维条码一样，二维条码也有不同的编码方法（即码制），根据这些码制的编码原理，可以将二维条码分为以下两种类型：

（1）行排式二维条码。行排式二维条码也称堆积式二维条码或层排式二维条码，其编码原理是建立在一维条码的基础上，按需要将一维条码堆积成两行或多行。因此，行排式二维条码在编码识别等方面继承了一维条码的特点，只是由于增加了行数，在识别设备方面与软件算法与一维条码有所区别，但一般兼容于一维条码。比较典型的行排式二维条码有Code16K、Code49、PDF417 等。

PDF417 是一种堆叠式二维条码，也是目前技术比较成熟、应用比较广泛的一种码制。PDF417 可表示数字、字母或二进制数据，也可表示汉字。一个 PDF417 最多可容纳 1 850 个字符或 1 108 个字节的二进制数据，如果只表示数字则可容纳 2 710 个数字。

二维条码的纠错功能是通过将部分信息重复表示来实现的。比如在 PDF417 码中，某行除了包含本行的信息外，还有一些反映其他位置上的字符（错误纠正码）信息。这样，即使当条码的某部分遭到损坏，也可以通过存在于其他位置的错误纠正码将其信息还原出来。PDF417 的纠错能力分为 9 级，级别越高，纠正能力越强。

PDF417 条码最大优势在于其庞大的数据容量、编码范围广、极强的纠错能力、保密防伪性能好，如图 2-16 所示。PDF417 条码需要有 PDF417 解码功能的条码阅读器才能识别。

图 2-16　PDF417 条码

（2）矩阵式二维条码。矩阵式二维条码也称棋盘式二维条码。它在一个矩形空间通过黑白像素在矩阵中的不同分布进行编码，能够提供更高的信息密度，存储更多的信息。在该矩阵空间中，用点或别的某种形状的出现与否来表示二进制的"1"和"0"，即点出现则表示"1"，不出现表示"0"。这样点的出现所形成的图像就是矩阵式二维条码所代表的意义。矩阵式二维条码是建立在计算机图像处理技术等基础上的一种图形符号自动识别码制。比较典型的矩阵式二维条码有 Data Matrix、Maxi Code、QR Code 等。

QR Code 码是由日本 Denso 公司于 1994 年研制出的一种矩阵式二维码，可用来表示数字、字母、八位字节型数据、日文汉字和中国汉字字符等内容，如图 2-17 所示。它除具有一维条码及其他二维条码所具有的信息容量大、可靠性高、可表示汉字及图像多种文字信息、保密防伪性强等优点外，还具有超高速识读、全方位识读、能够有效地表示中国汉字和日本汉字等特点。

图 2-17　QR Code

4. 二维条码与一维条码的比较

一维条码仅仅只是一种商品的标识，它不含有对商品的任何描述，人们只有通过后台的数据库，提取相应的信息，才能明白这一商品标识的具体含义。此外，一维条码无法表示汉字和图像信息，在有些应用汉字和图像的场合，则显得十分不便。二维条码正是为了解决一维条码无法解决的问题而诞生的，在有限的几何空间内印刷大量的信息。

从符号学的角度讲，二维条码和一维条码都是信息表示、携带和识读的手段，其基本原理是相同的，但从应用角度讲，一维条码重在"标识"商品，而二维条码则重在"描述商品"。因此相对于一维条码，二维条码除了标识功能之外，还可以将商品的信息存储于二维条码中，不需要准备条码与信息相对应的数据库，也不会出现由于使用等原因而无法识读的现象。此外，一维条码稍有磨损即会影响条码阅读效果，故较不适用于工厂型行业。除了资料重复登录与条码磨损等问题外，二维条码还可有效解决许多一维条码所面临的问题，让企业充分享受信息自动输入、无键输入的好处，为企业与整体产业带来相当的利益，也拓宽了条码的应用领域。

一维条码与二维条码的差异可以从信息容量、纠错能力、主要用途、数据库及网络信赖和识别设备等方面看出，两者的比较如表2-2所示。

表2-2 一维条码与二维条码之比较

属性	一维条码	二维条码
信息容量	密度低、容量小	密度高、容量大
纠错能力	可通过校验字符校验错误，但不能纠错	具有错误校验和纠错能力，可根据需求设不同的纠错级别
主要用途	主要用于标识物品	用于描述物品
数据库及网络信赖	大部分应用依赖数据库与网络的支持	可不依赖数据库与网络支持而单独使用
识别设备	多用线性扫描器识别，也可用二维条码的识别设备	行排式可用线性扫描器多次扫描或用图像式扫描器来识别，矩阵式则只能用图像扫描器识别

三、物流条码技术

（一）物流条码技术的概念

物流条码是供应链中用以标识物流领域中具体实物的一种特殊代码，是整个供应链过程，包括生产厂家、配销业、运输业、消费者等环节的共享数据。它贯穿整个贸易过程，并通过物流条码数据的采集、反馈，提高整个物流系统的经济效益。

为了实现物流信息迅速、准确地被采集，供应链管理对物流中的标志主要采用了自动识别技术中的条码技术。其特点是数据采集快速、准确、成本低廉、易于实现，并有全球通用的标准，使所标识的信息能够适应供应链的特点。

（二）物流条码技术的特点

与商品条码相比较，物流条码技术有如下特点：

1. 商品以及货运单元的唯一标志

物流条码通常包括商品单元和货运单元的标志。商品单元的编码是消费单元的唯一标志，它常常是单个商品的唯一标志，用于零售业现代化的管理；货运单元的条码常常是多个商品的集合，也可以是多种商品的集合的标志，用于物流现代化的管理。

2. 用于供应链全过程

商品条码服务于消费环节，商品一经出售到最终用户手里，商品条码就完成了其存在的价值，而物流条码用于供应链的全过程，包括从生产厂家生产出产品、包装、运输、仓储、分拣、配送，一直到零售业的各个环节。在这些环节中，随时随地都要用到物流的标志，在零售业中通常是需要对商品单元进行标志，而在其他环节中则需要对货运单元进行标志。因此，物流条码涉及面很广，包括生产业、运输业、仓储业、配送业以及零售业等，是多种行业共享的通用数据。

3. 信息量大

物流条码所表示的信息较多，它是可变的，可表示多种含义、多种信息的条码。它可以是无含义的商品及其货运单元的唯一标志，也可以表示货物的体积、重量、生产日期、批号等等信息。它是根据贸易伙伴在贸易过程中的共同需求，经过协商，共同制定的。

4. 可变性

对于供应链中单个商品的标志基本是一个国际化、通用化、标准化的唯一标志，是零售业的共同语言。而在供应链中其他环节的标志则是随着国际贸易的不断发展，贸易伙伴对各种信息的需求不断增加，物流标志的应用在不断扩大，标志内容也在不断丰富，物流条码的新增和删除时有发生。

5. 维护性

由于具有可变性的特点，物流条码的标准是需要经常维护的。因此，及时沟通用户需求和及时传达标准化机构条码应用的变更内容是十分必要的，是确保国际贸易中物流现代化、信息化的重要保障。

四、条码的识读

（一）条码识读系统

条码识读的基本工作原理：由光源发出的光线经过光学系统照射到条码符号上面、被反射回来的光经过光学系统成像在光电转换器上，使之产生电信号。信号经过电路放大后产生一个模拟电压，它与照射到条码符号上被反射回来的光成正比，再经过滤波和整形形成与模拟信号对应的方波信号，经译码器解释为计算机可以直接接受的数字信号。

条码符号是图形化的编码符号。对条码符号的识读要借助一定的专用设备，将条码符号中含有的编码信息转换成计算机可识别的数字信息。

（二）条码识读设备

1. 手持式扫描器

手持式扫描器小巧、使用方便，内部装有控制光束的自动扫描装置，又称激光器，如图 2-18 所示。阅读时只需将探头（光源）接近或轻触条码即可进行自动读取。手持式扫描器所使用的光源有激光和可见光 LED，LED 类扫描器又称 CCD 扫描器。

2. 小滚筒式扫描器

小滚筒式条码扫描器是手持式条码扫描器和台式条码扫描器的中间产品，如图 2-19 所示。这种条码扫描器最大的好处就是体积很小，但是由于使用起来有多种局限，例如只能扫描薄薄的纸张，体积还不能超过条码扫描器的大小。

图 2-18　手持式扫描器　　　　　　图 2-19　小滚筒式扫描器

3. 台式扫描器

台式扫描器一般都固定安装在一个地方，用来识读在一定范围内出现或通过的条码符号，如图 2-20 所示。台式扫描器具有稳定、扫描速度快、全方位扫描的特点，读取距离为几厘米到几十厘米，广泛应用在超市的 POS 系统。

4. 数据采集器

数据采集器又称数据采集器终端、盘点机或掌上电脑，是将条码扫描装置与数据终端一体化，带有电池可离线操作的终端设备，如图 2-21 所示。它是为商品流通环节而设计的数据采集器，具有一体性、机动性、体积小、重量轻、高性能，并适于手持等特点。数据采集器可用于补充订货、接收订货、销售、入出库、盘点和库存管理以及物流管理等方面。

5. 手机扫描

在手机上安装相应的商品条码识别软件，通过手机摄像头扫描商品条码，就可以识别商品并进行智能搜索，更快捷准确地获取该商品的相关信息，如图 2-22 所示。通过条码扫描可以收到所需要的商品信息，不仅能提供商品的具体功能特性，还可以展示各个网上商城的商品报价。手机扫码的实现为手机市场、网络营销以及电子商务等应用带来了更多的市场与机会。

图 2-20　台式扫描器　　　　　图 2-21　数据采集器　　　　　图 2-22　手机扫描

五、条码在物流中的应用

（一）货物运输

传统货物运输过程主要依靠货票、货签标识，操作人员要依靠眼看手记分拣、调度货物。这种方式存在如下缺点：①手写字迹不清或不易辨认，容易出差错；②历史资料查询、检索困难；③信息作业效率低，浪费顾客大量的时间；④无法实现货物运输全过程的追踪；⑤货物清单有可能被人为地篡改，因此防伪能力差。

随着条码自动识别技术的不断发展，条码的信息容量不断扩大，可以储存包裹、货物的详细信息，可以采用条码打印机打印，同时可以加密，防止数据的非法篡改。此外，由于条码具有很强的自动纠错能力，因此在实际的包裹运输中，即使条码标签受到一定的污损，依然可以被正确地识读。运输企业采用一维条码、二维条码相结合的标签，来实现货物运输中的条码跟踪和信息传递，实现货物运输的全过程跟踪，消除了数据的重复录入，加快了货物运输的数据处理速度，降低了对计算机网络的依赖程度，从而实现了物流管理和信息流管理的完美结合。

（二）仓储保管

1. 入库作业

货车到达仓库，由保管人员识读商品上的条码标签，同时确定货位，并把数据传入计算机、由计算机系统来管理数据。有些高级的自动化仓库，库内有自动控制系统，读取条码后可自动传至货位。

2. 出库作业

保管人员根据计算机系统传来的提货信息，确认提货人并提出货物，扫描条码记录实际出货量，并把数据传入计算机系统。

3. 仓库内部管理

在仓库内部也需要对货物进行管理，货物入库后，计算机系统要记录相应货物的信息。有效期到时要及时报警，相关人员要及时处理，以避免损失；某货物库存量低于保险库存时，也要及时发出警告，以便管理人员及时进货。商品出入库时要能相应减少或增加库存量，使计算机系统中的数据保持正确。

（三）货物配送

在货物配送业务中，使用条码可以帮助实现收货信息录入、自动分拣、出货登记等，从而大大提高流通效率，能更及时地把货物送到用户手里，并能降低成本。

（四）产品跟踪

产品的信息反馈是现代企业生存、发展的基本要素。没有市场信息的生产是盲目的生产，会给企业带来损失。企业要生存，所生产的产品就必须是社会需要的，没有需求就会积压、浪费社会资源。很多企业为了得到正确的用户反馈信息，建立了多种多样的信息渠道来收集信息。

用条码技术能更有效地收集用户信息。产品出厂时，用条码建立资料档案，各中间环节也要建立档案；各专业维修点通过扫描条码，记录维修过程，并将数据传回企业；各销售点收到的用户反馈，也要按条码传回企业。这样，企业就有了及时、正确的反馈信息，据此，企业可调整生产，改进产品质量，也可安排短期或长期的生产计划。

在产品的跟踪服务过程中，要经历很多环节，各中间环节企业使用的条码可能不太相同，为了让产品的条码标识在各个环节中均有效，就要采用通用的条码，让各中间环节都可识别。

因此，条码技术提供了一种对物流中的物品进行标识和描述的方法，借助自动识别技术，企业可以随时了解有关产品在供应链上的位置，并及时做出反应。物流管理要实现现代化，条码技术是基础，是物流行业提高管理水平和竞争能力的重要技术手段。

⟳ 任务训练

一、任务背景

二维码的使用现已十分普及，二维码可以通过智能手机等设备进行识读，使用方便快捷，被广泛应用于电商、新闻、车票、景点等领域，已经成为现代生活中不可或缺的工具，其应用场景也越来越广泛。

二、任务要求

通过搜索引擎搜索"二维码生成器"等相关术语，比较选择其中合适的二维码生成网站/软件，将 http://www.chinawuliu.com.cn/ 这个网址生成为二维码名片；使用手机 APP（微信、QQ 等）中的扫一扫功能，扫描生成的二维码并访问了解该网站。

使用二维码生成网站/软件，将一家物流企业的网址生成为二维码名片，并将该企业的 logo 图片嵌入二维码名片中。

三、任务实施

不同的二维码生成网站/软件具有不同的功能，目前市面上免费的二维码生成网站/软件基本可以满足普通消费者的需求。在生成二维码的时候，可以尝试不同的码制的二维码，比如生成 QR 码名片和 PDF417 码名片。

四、任务评价

序号	评价内容	评价标准	分值	完成情况
1	明确任务需求	掌握二维码的编码及制作方法；并学会使用二维码识读设备扫描条码	30	
2	生成二维码	正确、规范地制作商品条码	50	
3	团队合作	小组分工明确，有序合作	20	
合计			100	

拓展训练

在综合运用物流分类编码技术和条码技术的基础上，结合学校物流实训室内仓库实际情况，为仓库中物品和包装单元设计相应的编码方案。通过本实训，掌握商品和包装单元条形码的编码及制作方法；并学会使用条码识读设备扫描条码。

实训要求： 根据学校物流实训室内仓库情况完成物品条码的分类，每组制作商品条码、储运单元条码各 3 张。

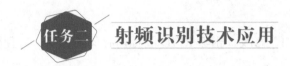

任务目标

通过此任务学习，掌握射频技术的基本概念和特点，理解射频的工作原理，了解射频应用标准及其在物流领域的应用；同时，培养自主学习能力和探究精神。

相关知识

一、射频识别技术的概念

射频识别技术（Radio Frequency Identification Technology，RFID）是 20 世纪 90 年代开始兴起的一种非接触式自动识别技术，它能通过射频信号自动识别目标对象并获取相关数据，识别工作无须人工干预，可工作于各种恶劣环境。RFID 技术可识别高速运动物体，并可同时识别多个标签，操作快捷方便，具有全自动快速识别、应用面广、环境适应性强、安全性高等特点。

埃森哲实验室首席科学家弗格森认为，RFID 是一种突破性的技术：①可以识别单个的非常具体的物体，而不是像条码那样只能识别一类物体；②采用无线射频，可以通过外部材料读取数据，而条码必须靠激光来读取信息；③可以同时对多个物体进行识读，而条码只能一个一个地读。此外，RFID 储存的信息量也非常大。

射频识别技术适用的领域主要是物料跟踪、运载工具和货架识别等要求非接触数据采集和交换的场合，要求频繁改变数据内容的场合尤为适用。如不停车电子收费系统（Electronic Toll Collection，ETC）采用的主要技术就是射频识别技术。当安装有 ETC 的车辆通过收费站时，ETC 收费车道通过无线射频技术感知车辆的到来，在车辆正常行进中就能自动进行所有信息的交互传递，完成车辆的收费、登记及建档的过程，并对允许通行的车辆予以放行。这样，驾驶员不需要停车即可完成缴费，不但节约时间，而且大幅提升了高速公路的通行效率，同时也有效降低了能耗和磨损。同时，射频技术在其他物品的识别及自动化管理方面也得到了较广泛的应用。

二、射频识别技术的特点

1. 全自动快速识别多目标

RFID 阅读器利用无线电波，全自动瞬间读取标签的信息，并且可同时识别多个 RFID 电子标签，从而能够对这几个标签所对应的目标对象实施跟踪定位。

2. 应用面广

RFID 电子标签很小，可以轻易嵌入或附着在不同形状、类型的产品上，并且在读取上并不受尺寸大小与形状限制，因此，RFID 的应用面很广。

3. 可重复使用

RFID 可以重复增加、修改、删除 RFID 卷标内存储的数据，方便信息的更新。

4. 数据记忆量大

RFID 电子标签包含有存储设备，因此可以存储的数据是很大的，而且随着存储技术的发展，存储容量也会越来越大。

5. 环境适应性强

RFID 电子标签将数据存储在芯片中，不会或比较少地受到环境因素的影响，从而可以在环境恶劣的情况下正常使用。同时，RFID 利用的电磁波可以穿透纸张、木材和塑料等非金属或非透明的材质，并能够进行穿透性通信，即有很强的穿透性，而且可以长距离通信，从而进一步增强了环境适应性。

6. 安全性高

RFID 电子标签中的信息，其数据内容可设密码保护，不易被伪造及修改，因此，使用 RFID 更具安全性。

三、射频识别技术与其他识别技术的区别

目前常用的自动识别技术中，条码和磁卡的成本较低，但是都容易磨损，且数据量很小；IC 卡虽然数据存储量较大，安全性好，但是价格稍高，也容易磨损。而射频识别技术与条码相比，有十分显著的优点：一是它的信息量大，可以满足更广泛的要求；二是它可读可写，应用更加灵活；三是它的读取方式实现了免接触操作，利用感应、无线电波或微波能量进行，不需要直接接触，无机械磨损，寿命长；四是可以识别高速运动物体和同时识别多个物体；五是具有抗环境污染、抗干扰的能力，保密性能好。这些方面都是条码所不能比的。但是由于它的开发和应用成本很高，加之对信息收集、整理和应用的网络环境没有形成，使得应用受到限制。但是，随着现代通信技术发展的加快，RFID 推动物流业发展的时机终会到来。RFID 与条码在应用上区别如下：

1. RFID 技术比条码视野范围广

它们是两种不同的技术，有不同的适用范围，有时会有重叠。两者之间最大的区别是条码是"可视技术"，条码阅读器在人的指导下工作，只能接收它视野范围内的条码，并且一次只能读取一个条码。相比之下，RFID 不是"可视技术"，而是"感知技术"，只要在阅读器的作用范围内就可以被读取，因为信息是由无线电波传输的，并且 RFID 具有批量读取能力。条码本身还具有其他缺点，如果标签被划破、污染或是脱落，扫描仪就无法辨认目标等。

2. RFID 技术可动态更新信息

从概念上来说，RFID 和条码技术的目的都是快速准确地确认追踪目标物体。但一维条码的信息不能更改，射频标签的信息可以动态修改、更新。

3. RFID 标签比条码成本略高

由于组成部分不同，RFID 标签要比条码贵得多，条码的成本就是条码纸张和油墨成本，

而有内存芯片的 RFID 标签价格在几分钱左右，它可以用于对数据信息要求不那么高的情况，同时又具有条码不具备的防伪功能。RFID 与一维条码、二维条码之比较如表 2-3 所示。

表 2-3　RFID 与一维条码、二维条码之比较

项目	RFID 标签	商品一维条码	商品二维条码
读取数量	RFID 读写器可同时读取多个 RFID 标签中的信息	条码识读设备一次只能读取一个条码中的信息	条码识读设备一次只能读取一个条码中的信息
远距离读取能力	不一定要在读取光束范围内，从几厘米到数米范围内都可读取	必须在读取光束范围内	必须在读取光束范围内
最大数据容量	大约 5000 字符	大约 20 字符	大约 2000 字符
数据更新能力	可更新	不可更新	可更新
读取方便性及安全性	置于物品表面或隐藏在包装内均可读取数据，安全性较高	读取时标签必须可视、清晰，任何相容扫描器都可以读取，安全性较低	可用扫描器直接读取，可加密，安全性较高

四、RFID 系统

与其他自动识别系统一样，RFID 系统也是由信息载体和信息获取装置组成的。其中装载识别信息的载体是电子标签（也称作应答器、电子标签等），获取信息的装置称为射频阅读器（也称读写器、读头等）。电子标签与射频阅读器之间利用感应、无线电波或微波能量进行非接触双向通信，实现数据交换，从而达到识别的目的。

射频识别系统中主要核心部件是一个电子标签，直径仅为 2 毫米不到，通过相距几厘米到几十米距离内传感器发射的无线电波，可以读取电子标签内储存的信息，识别电子标签代表的物品、人和器具的身份。

（一）RFID 系统的组成

在具体的应用过程中，根据不同的应用目的和应用环境，RFID 系统的组成会有所不同，但从工作原理来看，RFID 系统一般都由电子标签、阅读器、天线、中间件和数据交换与管理系统等几部分组成。最常见的 RFID 系统的工作过程是：阅读器通过天线，在一个区域发射能量形成电磁场，电子标签经过这个区域时检测到阅读器的信号后发送储存的数据，阅读器接收电子标签发送的信号，解码并检验数据的准确性，从而达到识别的目的，如图 2-23 所示。

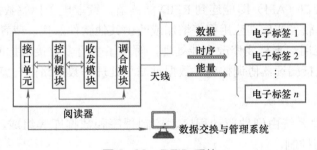

图 2-23　RFID 系统

1. 电子标签（Tag）

电子标签（或称射频卡、应答器等）在 RFID 系统中，为了不同的应用目的，会以不同的形式存在。它由耦合元件及芯片组成，其中包含带加密逻辑、串行 EEPROM（电可擦除及可编程式只读存储器）、微处理器 CPU 以及无线收发模块、天线及相关电路。电子标签相当于条码技术中的条码，用来存储需要识别传输的信息，每个标签具有唯一的电子编码，附着在物体上用以标识目标对象。与条码不同的是，电子标签具有智能读写和加密通信的功能，必须能够自动或在外力的作用下，把存储的信息主动发射出去。

2. 阅读器（Reader）

在 RFID 系统中，阅读器（有时也被称为查询器、读写器或读出装置）主要由无线收发模块、天线、控制模块及接口电路等组成，有时还包含写入标签信息的设备。根据支持的标签类型不同与完成的功能不同，阅读器的复杂程度是显著不同的。阅读器的基本功能就是提供与标签进行数据传输的途径。它将数据交换与管理系统的读写命令以产生发射无线电射频信号的方式传送到电子标签，并对数据交换与管理系统发往电子标签的数据进行加密处理，同时接收由电子标签反射回的无线电射频信号，经处理后将获取的电子标签数据信息传送到数据交换与管理系统。另外，阅读器还提供相当复杂的信号状态控制、奇偶错误校验与更正功能等。

标签中除了存储需要传输的信息外，还必须含有一定的附加信息，如错误校验信息等。识别数据信息和附加信息按照一定的结构编制在一起，并按照特定的顺序向外发送。阅读器通过接收到的附加信息来控制数据流的发送。一旦到达阅读器的信息被正确地接收和译解后，阅读器通过特定的算法决定是否需要发射机对发送的信号重发一次，或者通知发射器停止发信号，这就是"命令响应协议"。使用这种协议，即便在很短的时间、很小的空间阅读多个标签，也可以有效地防止"欺骗问题"的产生。

3. 天线（Antenna）

天线是标签与阅读器之间传输数据的发射、接收装置，用于在标签和读取器间传递射频信号。任一 RFID 系统中至少应包含一根天线（不管是内置还是外置）以发射和接收射频信号。在实际应用中，除了系统功率，天线的形状和相对位置也会影响数据的发射和接收，需要专业人员对系统的天线进行设计、安装。

4. 中间件

RFID 中间件扮演着电子标签与应用程序之间的中介角色。应用程序使用中间件提供的一组通用的应用程序接口（API）即能连到 RFID 阅读器，读取电子标签数据。这样，即使存储电子标签信息数据库软件或后端应用程序增加或改由其他软件取代，或者 RFID 阅读器种类增加等情况发生时，应用端不需要修改也能处理，解决了多对多连接维护的复杂性问题。RFID 中间件的功能主要包括阅读器协调控制、数据过滤与处理、数据路由与集成和进程管理。

5. 数据交换与管理系统

数据交换与管理系统由硬件驱动程序、控制程序和数据库等组成，用于完成数据的存储管理和对卡的读写控制。

RFID 应用系统软件是针对不同行业的特定需求开发的应用软件。它可以有效地控制阅读器对电子标签信息进行读 / 写，并且对收集到的目标信息进行集中统计与处理。RFID 应用系统软件可以集成到现有的电子商务和电子政务平台中，与 ERP、CRM 及 SCM 等系统结合能够提高各行业的生产效率。

（二）RFID 工作原理与流程

RFID 工作原理如图 2-24 所示。RFID 系统工作过程中，通常由阅读器在一个区域内发射射频能量形成电磁场，作用距离的大小取决于发射功率。标签通过这一区域时被触发，发送存储在标签中的数据或根据阅读器的指令改写存储在标签中的数据。阅读器可接收标签发送的数据或向标签发送数据，并能通过标准接口与计算机网络进行通信。具体流程如下：

（1）编程器预先将数据信息写入标签中。

（2）阅读器经过发射天线向外发射无线电载波信号。

（3）当射频标签进入发射天线的工作区时，射频标签被激活后即将自身信息经标签天线发射出去。

（4）系统的接收天线接收到射频标签发出的载波信号，经天线的调节器传给阅读器，阅读器对接到的信号进行解调解码，送后台计算机。

（5）计算机控制器根据逻辑运算判断射频标签的合法性，针对不同的设定做出相应的处理和控制，发出指令信号控制执行机构的工作。

（6）执行机构按计算机的指令工作。

（7）通过计算机通信网络将各个监控点连接起来，构成总控信息平台。

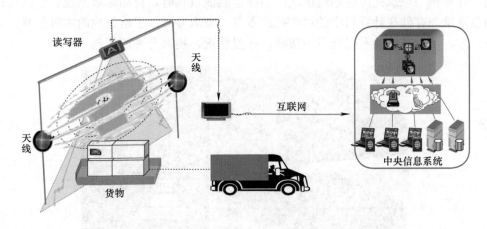

图 2-24 RFID 工作原理

五、RFID 在物流中的应用

RFID 技术发展异常迅速，并且已经深入应用到很多领域。例如，铁路车辆的自动识别、生产线的自动化及过程控制、货物的跟踪及管理等。RFID 在物流领域主要用于对物品跟踪、运载工具和货架的识别等，以下是一些典型的应用。

（一）集装箱自动识别系统

集装箱自动识别系统如图 2-25 所示，集装箱上安装记录有集装箱位置、物品类别、数量等数据的标签。当集装箱从汽车、火车、货船到达或离开货场时，通过射频识别设备，对集装箱进行自动识别，并将识别信息通过包括 EDI 在内的各种网络通信设施传递给各种信息系统，实现集装箱的动态跟踪和管理，提高集装箱的运输效率。系统还可以识别未被允许的集装箱移动，有利于管理和安全。

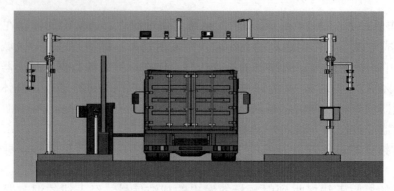

图 2-25　集装箱自动识别系统

（二）智能托盘系统

智能托盘系统如图 2-26 所示，在每个托盘上都安装射频标签，把射频识读器安装在托盘进出仓库必经的通道口上方。当叉车装载着托盘货物通过时，识读器获取标签内的信息，并传递给计算机，记录托盘的通过情况；当托盘装满货物时，自动称重系统会自动比较装载货物的总重量与存储在计算机中的单个托盘重量，获取差异，了解货物的实时信息。通过使用射频技术，可以高效地获得仓库中货物、托盘状况，提高仓库的管理水平。

图 2-26　智能托盘系统

（三）通道控制系统

通道控制系统如图 2-27 所示，仓库中可重复使用的各个包装箱都安装上作为唯一标识的射频标签，在包装箱进出仓库的通道进出口处安装射频识读器，识读器天线固定在上方。当包装箱通过天线所在处，计算机把从标签里获得的信息与主数据库信息进行比较，如果正确，则绿色信号亮，包装箱可通过；如果不正确，则红色信号亮，同时将时间和日期记录在数据库中。该系统消除了以往采用纸张单证管理系统常出现的人为错误，排除了以往不堪重负的运输超负荷状况，建立了高速、有效的信息输入途径，可在高速移动过程中获取信息，大大节省了时间。同时，该系统采用射频标签还可使企业快速获得信息回馈，包括损坏信息、可能取消的订货信息，从而降低消费者的风险。

图 2-27　通道控制系统

（四）货物防盗系统

货物防盗系统如图 2-28 所示，在需要重点防盗的商品上都装有射频标签。当承载商品的车辆通过装有射频识读器的出口时，识读器可实时识别每件商品上的标签信息，如有不被授权出去的商品，可被限制运出。通过运用射频识别系统可识别高速移动物体，并可同时识别多个标签，实现多件商品运输过程中的实时监控及防盗。

在保税仓库中可能会存储着价值昂贵的货物，为了防止货物被盗或装着这些货物的托盘放错位置而导致交货延迟，可以采用射频识别技术，保证叉车按正确设置的路线移动托盘。

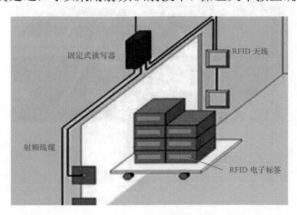

图 2-28　货物防盗系统

（五）高速公路自动收费系统

高速公路自动收费系统如图 2-29 所示，RFID 技术应用在高速公路自动收费上能够充分体现其非接触识别的优势，让车辆在高速通过收费站的同时自动完成收费。据测试，采用这种自动收费方式，车辆通过自动收费卡口车速可保持在 40km/h，与停车领卡交费相比，行车可节省时间 30% ～ 70%。

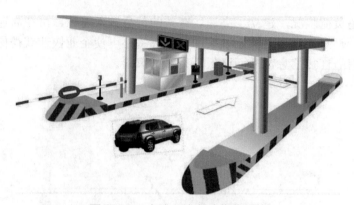

图 2-29　高速公路自动收费系统

（六）交通督导和电子地图

利用 RFID 技术可以进行车辆的实时跟踪，如图 2-30 所示，通过交通控制中心的网络在各个路段向司机报告交通状况，指挥车辆绕开堵塞路段，并用电子地图实时显示交通状况，能够使得交通流量均匀，大大提高道路利用率。通过实时跟踪，还可以自动查处违章车辆，记录违章情况。另外，公共汽车站实时跟踪显示公共汽车到站时间及自动显示乘客信息，可以带给乘客方便。

图 2-30　车辆的实时跟踪

一、任务背景

RFID 技术作为物联网的一项基本技术，将逐渐替代条码符号，实现对物品的记录、跟踪和识别，但由于价格、使用标准等原因，一直尚未普遍推广。物流管理专业小张同学通过学习物流信息采集技术，了解了射频技术的功能、作用和特点，实训作业时只观测到了部分标签，尚未对整个射频系统进行直观的了解。因此，小张决定通过市场调研和网络调查，了解射频识读器和射频标签的型号、价格和特性。

二、任务要求

（1）通过网络查找各种类型的射频识读器和各种标签的型号规格和一般价格。

（2）归纳各种类型的射频识读器和标签的特性。

（3）总结各种型号射频识读器的应用场合。

（4）完成任务实施中表格的填写。

三、任务实施

类型	射频识别型号、价格	标签型号、价格	识读器、标签图片	特性	应用场合
低频					
高频					
超高频					

四、任务评价

通过小组进行课堂分组展示射频识读器，并进行小组交流。

拓展训练

  RFID（无线射频识别）技术是一种通过无线电频率识别和追踪物体的技术。它由一对射频器件组成，包括一个读取器和一个标签。读取器通过无线电信号与标签进行通信，从而获取标签上存储的信息。RFID技术在各个领域都有着广泛的应用，包括物流、供应链管理、交通运输、零售业等。

  实训要求：本次实训旨在让学生深入了解RFID技术的原理和应用，并通过实际操作来掌握RFID系统的搭建和调试。通过本次实训，学生将能够理解RFID技术在各个领域中的作用，并掌握其在实际应用中的操作和使用技巧。

职业素养

致敬坚守岗位的每个物流人

  2020年7月15日，在京东快递成都营门口营业部，一场别开生面的退休仪式正在举行。头发已经微微花白的快递小哥何光权被鲜花、气球、蛋糕、掌声围绕着，今天既是他60岁的生日，也是他正式退休离开快递行业的日子。在这个平均年龄只有27.62岁的快递行业，何光权坚持了10年，带出了近100个徒弟，送出了近30万单包裹，配送总里程足以绕地球6圈。

  十年间，何光权几乎拿完了公司的所有荣誉和奖项，"一线楷模奖""配送之星""配送标兵"……客户送的手写信、锦旗更是不计其数。2018年，何光权还曾获得"城市超人"称号，以表扬他作为成都市快递员的榜样作用，并登上某媒体征集的"百张笑脸"榜单。

课后练习

一、单项选择题

1.（　　）是指用某种特定的几何图形按一定规律在平面（二维方向）上表示信息的条码符号，来记录数据符号信息。

  A．一维条码   B．二维条码   C．九三条码   D．EAN-128 条码

2．RFID 系统一般都由（　　）、阅读器、天线、中间件和数据交换与管理系统等几部分组成。

  A．电子标签   B．读写器   C．接收装置   D．查询器

二、多项选择题

1．国际物品编码协会分配给中国的前缀码为（　　　　）以及 694、695。

  A．690   B．691   C．692   D．693

2．条码是由一组规则排列的（　　　　）、（　　　　）及其对应字符组成的标记，用以表示特定的信息。

  A．条   B．空   C．列   D．点

3．条码的符号结构包括（　　　　）等部分。

  A．空白区   B．起始字符   C．数据字符   D．校验字符

4．条形码作为一种图形识别技术与其他识别技术相比具有（　　　　）等特点。

  A．可靠准确   B．数据输入速度快

  C．经济便宜   D．灵活实用

5．条码在物流中的应用包括（　　　　）等方面。

  A．货物运输   B．仓储保管   C．货物配送   D．产品跟踪

6．射频识别技术的特点包括（　　　　）。

  A．全自动快速识别多目标   B．应用面广

  C．可重复使用   D．数据记忆量大

三、简答题

1．条码作为一种图形识别技术与其他识别技术相比具有哪些特点？

2．简谈条码的编码原则有哪些。

3．与商品条形码相比较，物流编码技术有什么特点？

4．RFID 在物流中的应用包括哪些方面？

项目三 物流定位与导航技术

项目目标

知识目标

- ✧ 掌握四大全球卫星导航系统及其特点。
- ✧ 能列举定位与导航系统在物流中的应用范围。
- ✧ 掌握 GNSS 的系统组成。
- ✧ 掌握 GIS 的组成及其基本功能。
- ✧ 掌握室内定位技术的分类及常用室内定位技术。

技能目标

- ✧ 能够较为熟练地应用 BDS 和 GIS。
- ✧ 能够较为准确地表述室内定位技术及应用场景。
- ✧ 初步形成 GNSS、GIS、室内定位技术在物流中的应用思维。

素质目标

- ✧ 通过了解 BDS 的发展历程和技术优势，增强国家荣誉感和民族自豪感。
- ✧ 通过了解空间信息技术在物流领域的应用成果，培养行业认同感、创新意识和创新精神。

案例导入

北斗定位"中国精度"

精度提升对于智慧交通而言，带来的是全方位的管理和体验水准的提升。而在这种精度提升的背后，北斗卫星导航系统的高精尖科技功不可没。延崇高速在 2021 年投入了基于北斗的隧道伪卫星定位技术，成为国内第一条北斗卫星信号全覆盖的山区高速公路，配合可接收高精度信号的终端，从而实现了隧道内车辆的精准定位；甚至可通过相应的导航系统，标注出隧道内的救援点、逃生点等信息。而对于车道级导航的突破，高德地图定位软件工程师解释道："车道级导航实现的难点在于，如何将导航定位精度由道路级进化到车道级。北斗三号全球卫星导航系统全面上线，客观上帮助了高精定位落地。"相较于传统的地图导航，高德车道级导航最大的不同在于：利用高清渲染技术，在屏幕上最大程度地还原真实道路场景，包括当前道路的车道数量、地面标识标线、出入口、特殊车道等；应用北斗系统亚米级的高精度定位技术，结合参考站修正信息，经过融合和解算后，实现定位精度从 5 ～ 10m 的道路级，进化到 1m 以内的车道级别。按照交通运输部部署，未来北斗系统将进一步与 5G、大数据、人工智能等新兴技术融合发展，支持我国综合、立体交通体系的建设进程。物流定位与导航技术主要解决货物运输过程的透明化以及室内物品、设备的定位问题。对于货物运输一般选择全球卫星导航系统进行定位与导航，同时需要地理信息系统提供强大的电子地图数据支撑。由于卫星信号难以穿透建筑物外墙，所以还需要使用 5G 基站定位、蓝牙定位、WiFi 定位、UWB 定位和vSLAM 等室内定位技术，解决仓库、配送中心等室内作业场景中的精确定位与导航问题。

　　思考：

　　1. 案例中提到了哪些定位技术？物流定位与导航技术主要解决货物运输过程中的哪些问题？

　　2. 除了案例所提到的技术，我们在实际生活中还有哪些技术可以进行定位与导航？

任务一　全球卫星导航系统应用

任务目标

　　通过此任务学习，了解四大全球卫星导航系统及其特点，掌握全球卫星导航系统的构成，能列举全球卫星导航系统在物流中的应用；同时，培养"精益求精、注重细节、严谨、专注、坚持"的工匠精神，增强国家荣誉感和民族自豪感。

相关知识

　　全球卫星导航系统（Global Navigation Satellite System，GNSS），是能在地球表面或近地空间的任何地点为特定装备的用户提供全天候的三维坐标和速度以及时间信息的空基无线电导航定位系统，如图 3-1 所示。

图 3-1　全球卫星导航系统

一、GNSS 概述

（一）定位导航技术的发展历程

1. 早期的导航技术

早期，由于缺乏有效的技术和设备，人们只能依靠地磁场、星光、太阳高度等天文和地理方法获取定位、定向信息。例如，星历导航是最古老、最简单的导航方法。战国时期，中国人发明了指南针（古称司南），成为最早的导航仪。几个世纪以来它经过不断的改进而变得越来越精密，并一直为人类广泛应用着。18 世纪，英国的制钟木匠约翰•哈里逊（John Harrison）经过不懈钻研和探究，发明了最早的航海表（时称航海钟），较好地解决了远洋航海中的经度测定问题。在随后的 100 多年，人类通过综合利用指南针和航海表来进行导航和定位。

2. 惯性导航技术

20 世纪初，海员们通过测量船体的速度增量并进行外推来确定自己的位置。随后人们又发明了惯性导航（Inertial Navigation）技术，即通过对加速度计所记录的载体加速度进行积分来确定位置，奠定了整个惯性导航发展的基础。当前，惯性导航技术正处于第四代发展阶段，其目标是实现高精度、高可靠性、低成本、小型化、数字化、应用领域更加广泛的导航系统。

3. 地基电子导航系统

地基电子导航系统（Ground-based Radio Navigation System）主要由在世界各地适当地点建立的无线电参考站组成，接收机通过接收这些参考站发射的无线电电波并由此计算接收机到发射站的距离来确定自己的位置。地基电子导航系统既具有全天候能力、使用方便，又较之前的仪表导航系统和惯性导航系统的精度有所提高。20 世纪 30 年代，无线电信标用来提供飞机场的方位信息。二战期间的长距离辅助导航系统（LORAN），就是通过接收来自不同的 LORAN 发射台的时间信号进行定位。20 世纪 60 年代，欧米伽（Omega）系统首次提供电子导航系统的全世界覆盖。上述地基电子导航系统的精度为数公里，与天文导航系统相当。

4. 空基电子导航系统

空基电子导航系统（Space-based Radio Navigation System）又称为卫星电子导航系统。1957 年 10 月 4 日，苏联成功发射世界上第一颗人造地球卫星，远在美国的两位学者接收该卫星信号时，发现卫星与接收机之间形成的运动——多普勒频移效应，并断言可以用来进行导航定位。在他们的建议下，美国在 1964 年建成了国际上第一个卫星导航系统即"子午仪"，由 6 颗卫星构成星座，为军用舰艇和潜艇提供更为精确的定位。1967 年，"子午仪"系统解密并提供给民用。"子午仪"系统的精度均匀，而且不受时间和天气限制。但由于卫星数目较少（5 ～ 6 颗），运行高度较低（平均约为 1000km），从地面观测到卫星的时间间隔较长（平均 1.5h），因而无法提供实时三维定位信息。

5. 全球卫星导航系统

广义的全球卫星导航系统涵盖了全球系统、区域系统和增强系统，始于 20 世纪 70 年代后期美国的 GPS。截至 2023 年，GNSS 包括了美国的 GPS、俄罗斯的 GLONASS、中国的 BDS 和欧盟的 Galileo 四个全球系统，日本的 QZSS 和印度的 IRNSS 两个区域系统，以及美国的 WAAS、欧洲的 EGNOS 等增强系统。

（二）四大 GNSS 系统

依据联合国全球卫星导航系统国际委员会的认定结果，全球卫星导航服务有四大系统，分别是美国的 GPS、俄罗斯的 GLONASS、中国的 BDS 和欧盟的 Galileo。其中，BDS 和 GPS 已服务全球，性能相当；功能方面，BDS 较 GPS 多了区域短报文和全球短报文功能。GLONASS 虽已服务全球，但性能相比 BDS 和 GPS 稍逊，且 GLONASS 轨道倾角较大，导致其在低纬度地区性能较差。Galileo 的观测质量较好，但星载钟稳定性稍差，导致系统可靠性较差。后面的内容中，除特殊说明外，GNSS 系统均特指这四大系统。

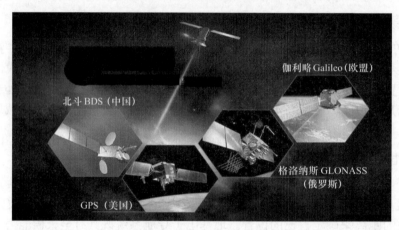

图 3-2　四大 GNSS 系统

1. 美国全球定位系统（GPS）

20 世纪 70 年代，美国国防部为了给陆、海、空三大领域提供实时、全天候和全球性的导航服务，开始研制"导航卫星定时和测距全球定位系统"，简称全球定位系统（Global Positioning System，GPS）。1973 年开始设计、试验，1989 年第一颗 GPS 卫星发射成功，到 1994 年，全球覆盖率达到 98% 的 24 颗 GPS 卫星星座全部布设完成。1995 年 4 月，美国国防部正式宣布 GPS 具备完全工作能力。GPS 单机导航精度约为 10m，就综合定位而言，精度可达厘米级和毫米级，但民用领域开放的精度约为 10m。

2. 俄罗斯格洛纳斯卫星导航系统（GLONASS）

GLONASS 是苏联时期启动的项目。1976 年苏联政府颁布建立 GLONASS 的政府令，并成立相应的科学研究机构，进行工程设计。1982 年第一颗 GLONASS 卫星成功发射，1996 年 24 颗卫星全球组网，开始进入完全工作状态。2001 年 8 月，俄罗斯政府通过了 GLONASS 恢复和现代化计划。2001 年 12 月发射成功第一颗现代化卫星 GLONASS-M。直到 2012 年，该系统回归到 24 颗卫星完全服务状态。

3. 中国北斗卫星导航系统（BDS）

北斗卫星导航系统（Beidou Navigation Satellite System，BDS）是我国着眼于国家安全

和经济社会发展需要，自主建设运行的全球卫星导航系统，是为全球用户提供全天候、全天时、高精度的定位、导航和授时服务的国家重要时空基础设施，是继美国 GPS 和俄罗斯 GLONASS 之后，第三个成熟的全球卫星导航系统。20 世纪后期，我国开始探索适合国情的卫星导航系统发展道路，逐步形成了三步走发展战略（见图 3-3）：2003 年，建成北斗一号系统，向中国提供服务；2012 年，建成北斗二号系统，向亚太地区提供服务；2020 年，建成北斗三号系统，向全球提供服务。

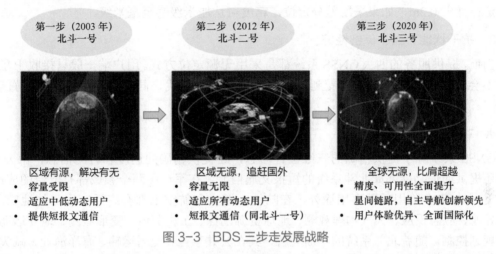

图 3-3　BDS 三步走发展战略

2020 年，北斗三号全球卫星导航系统建成暨开通仪式于 7 月 31 日上午在北京举行。北斗三号全球卫星导航系统全面建成并开通服务，标志着工程"三步走"发展战略取得胜利，我国成为世界上第三个独立拥有全球卫星导航系统的国家。2035 年前，我国仍将继续完善国家空间基础设施，开展下一代北斗卫星导航系统导航通信融合、低轨增强等深化研究和技术攻关，推动构建更加泛在、更加融合、更加智能的国家综合定位导航授时（PNT）体系。

北斗系统的建设实践，走出了在区域快速形成服务能力、逐步扩展为全球服务的中国特色发展路径，丰富了世界卫星导航事业的发展模式。

4. 欧洲伽利略卫星导航系统（Galileo）

伽利略系统是由欧盟研发的全球卫星导航系统。该项目原计划于 1999 年启动，最初目标是 2008 年建设完成，但由于技术等问题，一直推迟到 2014 年才投入运营。2023 年，欧空局在第 15 届欧洲太空会议上宣布，经过工程师的测试，由 28 颗卫星组成的伽利略全球导航卫星系统，其高精度定位服务（HAS）已启用，水平和垂直导航精度分别可达到 20cm 和 40cm。

（三）GNSS 系统的特点

1. 全球性、全天候

对于 GNSS，当在轨运行卫星数量达到一定程度（≥ 24 颗）且分布合理，则地球上的任何地点均可连续、同步观测到至少 4 颗卫星，从而实现全球性的定位。同时，导航卫星一般使用微波频段 300MHz ～ 30GHz 发送信号，能够穿透大气层，不受恶劣天气影响，从而能够提供全天候的导航定位服务。

2. 定位速度快、精度高

GNSS 能够提供近乎实时的三维位置，以 GPS 为例，1s 内可以取得几次位置信息，对于高动态用户具有很大意义。在定位精度上，美国的 GPS 单机定位精度优于 10m；俄罗斯的 GLONASS 定位精度为 10m 左右；欧盟的 Galileo 提供的公共服务定位精度单频为 15～20m，双频为 5～10m，公共特许服务有局域增强时能达到 1m，商用服务有局域增强时为 10cm～1m；我国的 BDS 全球平均水平定位精度优于 9m，垂直精度优于 10m，精密单点定位优于 0.2m，如果采用差分定位，精度可达厘米级甚至毫米级。

3. 抗干扰能力强、保密性好

当前，提供服务的四大 GNSS 系统都是采用无源定位方式。用户端一般只接收卫星信号，自身不会发射信息，因而不会受到外界其他信号源的干扰，同时也保护了用户位置等隐私信息。

4. 功能多、用途广泛

GNSS 系统除了提供精确的三维位置信息，还提供精确的速度和时间信息，部分 GNSS 系统还提供通信功能（如北斗系统的短报文通信），在军、民两个领域都有广泛的应用。例如，美国的 GPS 除用于军事用途外，在陆地、海洋和航空上都有广泛应用，陆地应用涉及车辆导航、应急反应、大气物理观测、地球资源勘探、工程测量、变形监测、地壳运动监测、市政规划控制。随着北斗系统的不断完善，其在公共事业、交通运输、海洋渔业、减灾救灾、气象监测、商业物流、农林牧业、电子、金融等领域均有广泛运用。

二、GNSS 的定位基本原理

（一）定位原理

GNSS 进行定位的理论基础是"后方交会"。"后方交会"是从一个未知点分别观测几个已知坐标点，然后根据测量出的几个已知点到未知点的距离，计算出未知点坐标的测量方法。其几何原理如图 3-4 所示，在平面上要求出未知点 U 的坐标，至少需要测量出未知点 U 到三个已知点的距离 r_a、r_b、r_c，然后通过式（3-1）进行求解。

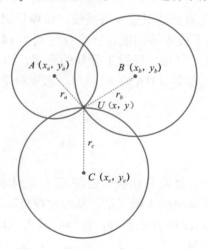

图 3-4 "后方交会"原理示意图

$$\begin{cases} (x-x_a)^2+(y-y_a)^2=r_a^2 \\ (x-x_b)^2+(y-y_b)^2=r_b^2 \\ (x-x_c)^2+(y-y_c)^2=r_c^2 \end{cases} \qquad (3\text{-}1)$$

在太空中，这些点变为三维空间的点，圆圈变为球面，所以至少需要知道 U 点至 4 个已知点的距离才能确定 U 的位置。实际上，通过数学的方法 3 颗卫星就可以得到用户的位置。

（二）定位条件

GNSS 中，要实现对未知目标的定位，至少需要满足两个条件：一个是要有足够的已知点，即要同时被足够多的卫星覆盖；另一个是要知道未知点到已知点的距离。卫星是按照预设的轨道和速度运行的，会定期将自己的星历、历书等以导航电文的方式向覆盖区域广播，用户接收并解算出导航电文，就可以根据卫星星历来计算卫星发送信号时的位置与速度。已知点到未知点的距离通过电磁波测距获得，即距离 = 传播时间 × 传播速度，而传播时间 = 接收时间 − 发出时间。由于本地时间通常与卫星时间（原子时钟）不同步，会存在一个叫钟差的未知数，造成传播时间误差较大，所以测量出的距离不是真实距离，故又称"伪距"。因此，正确的算式不是式（3-2），而是式（3-3）。其中，(x, y, z) 是待测点的坐标；(x_i, y_i, z_i) 为已知点的坐标，由卫星导航电文求得；r_i 为待测点到已知点的距离，由 $r_i = c\Delta t_i$ 求得，c 为卫星信号传播速度（即光速），Δt_i 为卫星 i 信号到达待测点的时间，由导航电文求得；v_{t_i} 为卫星 i 卫星钟的钟差，由卫星星历提供；v_{t_0} 为待测点接收机的钟差，为未知数。由此可见，在式（3-3）中存在 4 个未知数 x、y、z、v_{t_0}，所以要求解未知点的坐标，至少需要有 4 个方程组成的方程组，即在地球上任意一点至少需要 4 颗卫星才能进行三维定位。

$$(x-x_i)^2+(y-y_i)^2+(z-z_i)^2=r_i^2 \,(i=1,2,\cdots) \qquad (3\text{-}2)$$

$$\sqrt{(x-x_i)^2+(y-y_i)^2+(z-z_i)^2}+c(v_{t_i}-v_{t_0})=r_i \,(i=1,2,\cdots) \qquad (3\text{-}3)$$

（三）系统组成

GNSS 系统一般由空间部分、控制部分和用户部分组成，如图 3-5 所示。

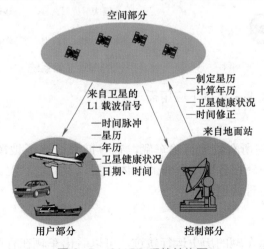

图 3-5　GNSS 系统结构图

空间部分由卫星组成，用于传输包含卫星轨道、位置、传输时间的导航电文。通过科学设置卫星运行轨道，使全球任何地方、任何时间能够同时观察到至少 4 颗卫星，并能保持良好定位解算精度的几何图像，从而保证全球性、全天候的定位导航服务。控制部分由主控站、监控站、注入站以及通信与辅助系统等组成，用于跟踪卫星信号，收集伪距测量数据和大气层模型数据，提供导航信息更新、大气信息和校正信息以及进行卫星控制。用户部分即定位信号接收机，其主要功能是捕获待测卫星，并跟踪这些卫星的运行。当接收机捕获到跟踪的卫星信号，就可测量出接收天线至卫星伪距离和距离的变化率，解调出卫星轨道参数等数据。根据这些数据，接收机中的微处理计算机就可以按定位解算方法进行定位计算，计算出用户所在地理位置的经纬度、高度、速度、时间等信息。接收机硬件和机内软件以及数据的后处理软件包构成完整的用户设备。例如，北斗系统用户段包括北斗兼容其他卫星导航系统的芯片、模块、天线等基础产品，以及终端产品、应用系统与应用服务等。

三、北斗系统在物流运输中的应用

运输是现代物流中的重要环节。实时跟踪货物的运输过程，合理调度使用车辆、仓库、人员等各种资源，为客户提供实时的信息查询等，是智慧物流对运输系统的基本要求。利用北斗定位导航服务，结合互联网通信技术，能够实现车辆安全驾驶管理与调度，有效防止道路事故发生，提升道路运输管理水平及车辆调度能力。基于北斗系统的车辆监管系统通过在车辆上安装北斗车载终端，获取车辆实时位置信息、运行状态等关键行车数据，通过互联网通信技术实时回传至车辆监管系统，如图 3-6 所示。

图 3-6　基于北斗系统的车辆监管系统

车辆监管系统一般需要满足以下应用需求：

1. 统一管理

一个账号可统一管理所有物流运输车辆，在导航系统电子地图上可以查看到所有车辆的分布情况，了解所有车辆在各区域分布的具体位置以及行驶状况。这样管理人员可查看哪些车辆可供使用，方便合理调度。

2. 历史轨迹回放

管理人员可查询任意车辆的历史运行轨迹，可以看出车辆在行驶过程中的状态、路线。根据车辆的行驶轨迹，物流公司和客户都可以对货物的运输过程有相应的了解，并将此作为考评依据。

3. 实时定位

通过定位查询，管理人员可看出任意车辆的实时位置、行驶方向和行驶速度，既能了解车辆的运输状况，也能进行合理调度。

4. 电子围栏

可根据车辆行驶的范围或路线，在电子地图上设置一个围栏区域，当物流运输车辆驶入或者驶出此区域时就会向系统发送围栏报警信息。

5. 超速报警

管理人员可以设置一个速度限值，当车辆的行驶速度超过设定值时，会立即发送超速报警信息。这样管理人员可及时提醒司机注意安全行驶。

任务训练

一、任务背景

随着北斗系统建设和服务能力的发展，相关产品已广泛应用于交通运输、海洋渔业、水文监测、气象预报、测绘地理信息、森林防火、通信系统、电力调度、救灾减灾、应急搜救等领域，逐步渗透到人类社会生产和人们生活的方方面面，为全球经济和社会发展注入新的活力。

卫星导航系统是全球性公共资源，多系统兼容与互操作已成为发展趋势。我国始终秉持和践行"中国的北斗，世界的北斗"发展理念，服务"一带一路"建设发展，积极推进北斗系统国际合作，与其他卫星导航系统携手，与各个国家、地区和国际组织一起，共同推动全球卫星导航事业发展，让北斗系统更好地服务全球、造福人类。

北斗系统使我国获得了可自主掌控的全球地理信息查询能力，并且具有相当广的覆盖性与极高的精准度。那么北斗导航如何下载安装？北斗导航怎么用？动动手指使用北斗导航进行路线规划吧！

二、任务要求

分小组开展任务，每组4～6人。分组下载、安装北斗导航，并使用北斗导航进行路线规划。

三、任务实施

（1）在手机端下载并安装北斗导航应用。

（2）开启定位服务：在使用北斗导航之前，需要确保手机开启了定位服务，在手机的设置中，找到"隐私"或"位置信息"，然后打开"定位服务"。

（3）在搜索栏输入目的地，点击"导航到此"。

（4）在"我的位置"输入出发地，点击"选为起点"，然后点击"开始导航"，在导航过程中，可以看到当前位置、前方的路线、预计的到达时间等信息。

（5）调整路线：在导航过程中，如果需要改变路线，可以通过地图应用的"重新规划路线"功能来调整，可以选择最短路线、最快路线、避开高速等不同的路线选项。

（6）结束导航：当到达目的地后，地图应用会自动结束导航，也可以手动点击"结束导航"。

除了以上的基本使用方法，北斗导航还有很多高级功能，如离线地图、实景导航、语音导航等，这些功能可以让导航体验更加便捷和舒适。

四、任务评价

序号	评价内容	评价标准	分值	完成情况
1	动手操作	正确下载、安装软件并能正确使用	60	
2	团结协作	小组成员参与度高，沟通顺畅，积极查阅资料、提炼总结	20	
		善于展示和分享	10	
3	评价他人	客观评价其他小组	10	
	合计		100	

拓展训练

全球卫星导航系统国际委员会（International Committee on Global Navigation Satellite Systems，ICG）简称卫星导航委员会，是联合国的一个非正式机构。其目的是促进与民用卫星定位、导航、正时和增值服务有关的问题及各种全球卫星导航系统的兼容性和互通性问题的合作和发展。委员会下设一个供应商论坛，由全球提供卫星导航服务的国家组成。当前的供应商包括美国的全球定位系统（GPS）、中国的北斗导航系统（BDS）、俄罗斯的格洛纳斯系统（GLONASS）、欧洲的伽利略定位系统（Galileo）。

2023年10月15日至20日，卫星导航委员会第十七届大会在西班牙马德里召开，以线上线下结合的形式举行。本次大会由中国卫星导航系统管理办公室牵头组织，国家互联网信息办公室等一众单位的37名代表和专家线下参加了大会。

实训要求：通过网络查找四大全球卫星导航系统各自的发展历程、结构、特点及应用领域，归纳各卫星导航系统的信息并完成表3-1的填写。

表3-1　四大全球卫星导航系统信息

卫星导航系统名称	标志	组成	特点	应用领域	在物流领域的应用
BDS					
GPS					
GLONASS					
Galileo					

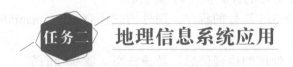

地理信息系统应用

任务目标

通过此任务学习，掌握地理信息系统的概念，了解地理信息系统的组成及其基本功能，进一步了解地理信息系统在物流行业中的应用，并能够把所学知识在物流各环节运用；同时，培养团队合作精神、工匠精神以及沟通和实践能力。

相关知识

地理信息系统（Geographical Information System 或 Geo-Information System，GIS）有时也称为"地学信息系统"，是一种特定的十分重要的空间信息系统。智慧物流系统中，主要是利用其强大的地理数据处理功能来完善物流分析和决策技术。完整的 GIS 物流分析软件集成车辆路线模型、设施定位模型、网络物流模型、分配集合模型和空间查询模型等。

一、GIS 概述

（一）GIS 的基本概念

《物流术语》（GB/T 18354—2021）中，结合物流应用的实际和需求，将地理信息系统（GIS）定义为"在计算机技术支持下，对整个或部分地球表层（包括大气层）空间中的有关地理分布数据进行采集、储存、管理、运算、分析、显示和描述的系统"。GIS 按存储数据的范围大小，可划分为全球的、区域的和局部的三种类型；按表达的空间维数，分为二维和三维两种类型；按是否直接存储时间尺度，分为静态 GIS 和动态 GIS（也称为时态 GIS）；按事件处理内容和方式，分为事务处理或管理 GIS 和决策支持 GIS；按包含的内容又可分为专题地理信息系统、区域地理信息系统和地理信息系统工具。其中，专题地理信息系统是以某一专业、任务或现象为主要内容的 GIS，为特定的对象服务，如森林动态监测信息系统、农作物估产信息系统、水土流失信息系统和土地管理信息系统等。区域地理信息系统主要以区域综合研究和全面信息服务为目标。区域可以是行政区，如国家级、省级、市级和县级等区域信息系统；也可以是自然区域，如黄土高原区、黄淮海平原区和黄河流域等区域信息系统；还可以是经济区域，如京津唐区和沪宁杭区等区域信息系统。地理信息系统工具是一组包括 GIS 基本功能的软件包，提供图形图像数字化、存储管理、查询检索、分析运算和多种输出等功能。

（二）GIS 的组成

GIS 的组成主要包括四个部分：硬件、软件、数据和用户。

（1）硬件是指 GIS 运行的计算机及其相关设备。

（2）软件是指支持 GIS 运行的程序。国外的软件有 esri、mapinfo，国内的软件有超图 supermap、mapGIS 等。

（3）数据是指 GIS 处理的地理信息，是最核心、最基础的部分。地理信息数据是地理信息系统的操作对象。

（4）用户是指使用 GIS 的人或组织。

（三）GIS 的基本功能

GIS 的基本功能包括数据采集、数据编辑与处理、数据存储与管理、空间查询与空间分析以及数据输出等功能。

1. 数据采集功能

数据是 GIS 的血液，贯穿于 GIS 的各个过程。数据采集是 GIS 的第一步，即通过各种数据采集方式如数字化仪、全站仪等设备以及调查等来获取现实世界的描述数据，并输入 GIS 系统。GIS 应该尽可能提供与各种数据采集设备的通信接口。

2. 数据编辑与处理功能

通过数据采集获取的数据称为原始数据，原始数据不可避免地含有误差。为保证数据在内容、逻辑、数值上的一致性和完整性，需要对数据进行编辑、格式转换、拼接等一系列的处理工作。也就是说，GIS 系统应该提供强大的、交互式的编辑功能，包括图形编辑、数据变换、数据重构、拓扑建立、数据压缩、图形数据与属性数据的关联等。

3. 数据存储与管理功能

计算机的数据必须按照一定的结构进行组织和管理，才能高效地再现真实环境并进行各种分析。由于空间数据本身的特点，一般信息系统中的数据结构和数据库管理系统并不适合管理空间数据，GIS 必须发展自己特有的数据存储、组织和管理的功能。

4. 空间查询与空间分析功能

一个功能强大的软件，应该设计一些空间查询语言，满足常见的空间查询的要求。空间分析是比空间查询更深层次的应用，内容更加广泛，包括地形分析、土地适应性分析、网络分析、叠置分析、缓冲区分析、决策分析等。

5. 数据输出功能

GIS 脱胎于计算机制图，因而 GIS 的一个主要功能就是计算机地图制图，包括地图符号的设计、配置与符号化，地图注记，图幅整饰，统计图表制作，图例与布局等项内容。此外对属性数据也要设计报表输出，并且这些输出结果需要输出到显示器、打印机、绘图仪或数据文件。GIS 软件亦应具有驱动这些设备的能力。

二、GIS 的应用领域

随着计算机、移动互联网、大数据等 IT 技术的日益发展和普及，GIS 以及在此基础上发展起来的"数字地球""智慧城市"在人们的生产和生活中发挥着越来越重要的作用。

GIS 的应用领域非常广泛，涵盖了环境、城市规划、自然资源管理、交通、公共卫生、旅游等多个领域，同时也助力智慧城市发展。

GIS 应用软件根据面向的用户群体可分为大众 GIS 应用和专业 GIS 应用。其中，大众 GIS 应用面向大众提供出行路径规划、汽车导航、兴趣点搜索等功能，以高德地图、百度地图等为代表的互联网地图应用就属此类，包括共享单车、滴滴打车等应用也是 GIS 位置及其信息的获取与共享功能催生的产品，这些应用已深度融入我们的日常生活；专业 GIS 应用面向专业领域人员提供与其业务相关的专业地理模型和分析工具，为行业管理决策提供信息技术支撑，例如自然资源监管系统、不动产登记系统、智慧社区综合管理系统等都属此类。

三、GIS 在物流领域的应用

GIS 在物流领域的应用，主要是利用其强大的地理数据处理能力来完善物流分析技术。国外一些公司已开发出利用 GIS 进行物流分析的工具软件，完整的 GIS 物流分析软件集成了车辆路线模型、设施定位模型、网络物流模型、分配集合模型和空间查询模型等。

（一）车辆路线模型

车辆路线模型用于解决在一个起点、多个终点的货物运输问题中，如何降低运输费用并保证服务质量，包括决定使用多少车辆、每个车辆经过什么路线的问题。物流分析中，在一对多收发货点之间存在多种可供选择的运输路线的情况下，应该以物料运输的安全性、及时性和低费用为目标，综合考虑，权衡利弊，选择合理的运输方式并确定费用最低的运输路线。例如，一家公司只有 1 个仓库，而零售店却有 30 个并分布在不同的地方，每天用卡车把货物由仓库运到零售店，每辆卡车的载重量或者货物尺寸是固定的，同时每个零售店所需的货物重量或体积也是固定的。在这种情况下，需要多少车辆以及各个车辆要经过的路线是一个最简单的车辆路线模型。

实际工作中，车辆路线问题还应考虑很多影响因素，问题也更复杂。例如，仓库的数量不止一个，而仓库和零售店之间不是一一对应的；部分零售店对货物送达时间有一定的限制，如某零售店上午 8 点开始营业，要求货物在早晨 5 ～ 7 点运到；仓库的发货时间有事实上的限制，如当地交通规则要求卡车上午 7 点之前不能上路，而司机要求每天下午 6 点之前完成一天的工作等。

（二）设施定位模型

设施定位模型用来确定仓库、医院、零售店、配送中心等设施的最佳位置，其目的同样是提高服务质量、降低操作费用以及使利润最大化等。在物流系统中，仓库和运输线路共同组成了物流网络，仓库处在网络的节点上，运输路线就是连接各个节点的线路，从这个意义上看，节点决定着运输线路。具体地说，在一个具有若干资源点及若干需求点的经济区域内，物流资源要通过某一个仓库的汇集中转和分发才能供应各个需求点。因此，根据供求的实际需要并结合经济效益等原则，明确在既定区域内设立多少个仓库、每个仓库的地理位置在什么地方、每个仓库应有多大规模、这些仓库间的物流关系如何等问题，就显得十分重要。而这些问题运用设施定位模型都很容易得到解决。

（三）网络物流模型

网络物流模型用于解决寻求最有效的分配货物路径问题，也就物流网点布局问题。例如，需要把货物从 N 个仓库运输到 M 个零售店，每个零售店有固定的需求量，这就需要确定哪个仓库供应哪个零售店，从而使运输的费用最低。或者是在考虑线路上的车流密度的前提下，怎样把空的货车以最快的方式调到货物所在的位置。

（四）分配集合模型

分配集合模型可以根据各个要素的相似点把同一层上的所有或部分要素分成几组，用于解决确定服务范围、销售市场范围等问题。例如，某公司要设立 N 个分销点，要求这些分销点覆盖整个地区，且每个分销点的顾客数目大致相当。在某既定经济区域内，可以是一个国家，也可以是一个地区或城市，考虑各个仓储网点的规模及地理位置等因素，合理划分配送中心的服务范围，确定其供应半径，实现宏观供需平衡，这就是分配集合模型要解决的问题。

（五）空间查询模型

空间查询模型可以查询以某一商业网点为圆心的某半径内配送点的数目，以此判断哪一个配送点距离最近，为安排配送做好准备。

⟳ 任务训练

一、任务背景

江西某艺术品公司的产品主要配送地点是广东的韶关、清远、河源、梅州和惠州。为更好地满足客户需求，节约物流成本，公司决定在广东地区建立一个单独的配送中心。如果要用重心法来为该公司的配送中心选址，就要先确立各点坐标才能建立坐标系统，进而为重心法的计算做准备。

二、任务要求

分小组开展任务，每组 4 ～ 6 人。各小组根据背景材料，利用百度地图建立坐标系统，确立该公司各配送点坐标。

三、任务实施

（1）首先打开百度进入首页之后点击上方的【地图】，如图 3-7 所示。

图 3-7　打开百度地图

（2）进入地图页面之后，点击下方的【地图开放平台】，如图 3-8 所示。

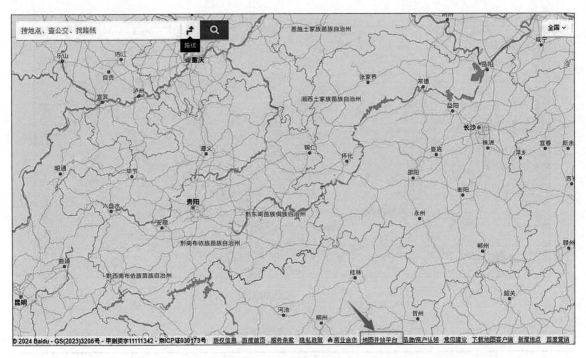

图 3-8　地图开放平台

（3）在地图开放平台页面，向上滑动屏幕找到"开发文档"，点击【坐标拾取器】，如图 3-9 所示。

图 3-9　坐标拾取器

（4）在地图搜索栏输入要搜索的地点名称，把鼠标移到相应的地点，即可看到鼠标所在点的坐标值，如图 3-10 所示。搜索结果如表 3-2 所示。

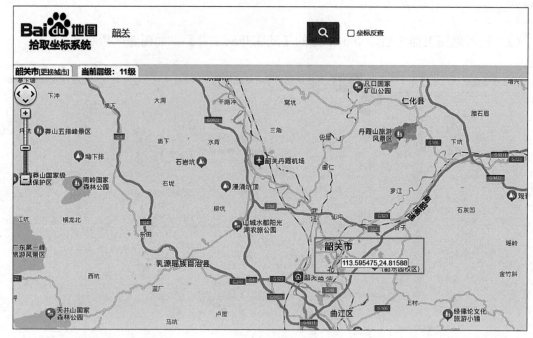

图 3-10 目的点坐标

表 3-2 配送点坐标

配送点（i）	坐标 X_i	坐标 Y_i
S_1（韶关）	113.59	24.81
S_2（清远）	113.07	23.66
S_3（河源）	114.69	23.76
S_4（梅州）	116.17	24.29
S_5（惠州）	114.42	23.15

四、任务评价

序号	评价内容	评价标准	分值	完成情况
1	操作正确	搜索各配送点坐标操作正确	30	
2	数值准确	坐标数值填写准确	30	
3	团结协作	小组成员参与度高，沟通顺畅，积极查阅资料	20	
		敢于展示，善于分享	10	
4	评价他人	客观评价其他小组的观点	10	
		合计	100	

拓展训练

　　某竹编艺术品公司是一家专门制造各类竹制品的公司，产品主要销往广东的云浮、肇庆、阳江、茂名和江门，且在这几处有专门的销售连锁店。随着经济的发展，客户对竹编艺术品的需求越来越趋向个性化，为及时、准确地满足客户需求，节约物流成本，公司决定在广东地区建立配送中心。如果要用重心法来为该公司的配送中心选址，就要先利用地图建立坐标系统，确立各点坐标值。

　　实训要求：根据背景材料，利用百度地图搜索确定该公司各配送点坐标值，建立坐标系统并展示分享。

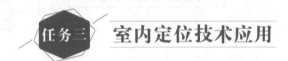

室内定位技术应用

任务目标

　　通过此任务学习，掌握室内定位技术概念、特点和分类架构体系，了解室内定位技术在物流中的应用；同时，培养创新意识，关注时代的发展，能创新性地应用所学技术。

相关知识

　　GNSS 与 GIS 的结合可以很好地解决智慧物流系统中的户外定位问题，但物流中有很多场景处于室内，例如仓库、配送中心等，需要室内定位与导航技术作为辅助，解决卫星信号到达地面时较弱、不能穿透建筑物的问题，最终定位物体当前所处的位置并进行导航。其所涉及的技术主要包括无线通信的基站定位、惯性导航定位、地磁定位、基于图片（视频）的计算机视觉定位等。

一、室内定位技术概述

　　室内定位是指在室内环境中实现位置定位，主要采用无线通信、基站定位、惯导定位、动作捕捉等多种技术集成形成一套室内位置定位体系，从而实现人员、物体等在室内空间中的位置监控。

（一）室内定位技术的分类

　　按定位原理的不同，主流的室内定位技术可分为基于射频信号的室内定位技术、基于传感器的室内定位技术、多传感器融合定位技术和地磁定位技术四大类，如图 3-11 所示。

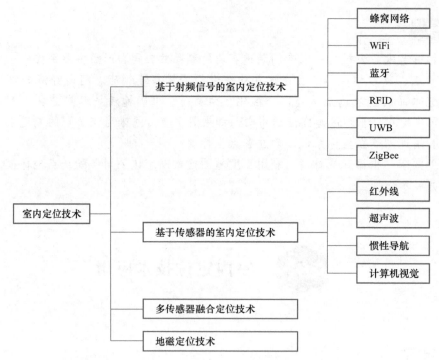

图 3-11 室内定位技术分类架构体系

1. 基于射频信号的室内定位技术

基于射频信号的室内定位技术主要有蜂窝网络、WiFi、蓝牙、RFID、UWB 和 ZigBee 等。这些定位技术都需要部署无线基站，或利用现有基站。

2. 基于传感器的室内定位技术

基于传感器的室内定位技术主要有红外线定位技术、超声波定位技术、惯性导航技术和计算机视觉定位技术等。

红外线室内定位技术的定位原理是，红外线 IR 标识发射调制的红外射线，由安装在室内的光学传感器接收并进行定位。虽然红外线具有相对较高的室内定位精度，但是由于光线不能穿过障碍物，使红外射线仅能视距传播。只限视距和传输距离较短这两大缺点使其室内定位的效果较差。当标识放在口袋里或者有墙壁等的遮挡时就不能正常工作，需要在每个房间、走廊安装接收天线，造价较高。因此，红外线只适合短距离传播，而且容易被荧光灯或者房间内的灯光干扰，在精确定位上有局限性。

超声波室内定位系统由一个测距器和多个应答器构成，测距器一般安置在移动终端上。测距器发射特定频率的无线电信号，应答器接收到无线电信号后向测距器发射超声波信号，测距器对各应答器完成测距。超声波定位整体定位精度较高，结构简单，但超声波受多径效应和非视距传输影响很大，同时需要大量的底层硬件设施，成本太高。

惯性导航技术无须任何额外的基础设施或网络，以无线方式实时输出人员的行走距离与方向信息，可以实现在各种复杂环境中人员的准确定位，可以用于应急救援。但是惯性导航的信号随着时间变化误差会不断积累，尤其在人行进过程中，手机中的惯导元件精度较差，所以这个方法往往不会单独使用，而是和其他技术一起进行融合定位。

计算机视觉定位技术中，当前的热门技术是即时定位与地图构建（SLAM）。SLAM 技术可以实现很高的定位精度，但是由于其技术过于复杂且成本较高，目前不能用于手持的智能设备。另外一种基于计算机视觉的定位方法，主要是在环境中放置定位标记（一般是二维码），同时记录定位标记的位置，用摄像机拍摄定位标记的图像，获得摄像机的位置。这种方法在工业环境中已经得到了应用。但是在民用环境，特别是商业环境中，由于这种定位标记对环境美观的影响，无法得到广泛的应用。

3. 多传感器融合定位技术

在实际定位应用中，单一传感器定位难以满足定位在精度、时延等方面的需求，需要进行多传感器的融合定位。多传感器融合（Multi-sensor Fusion，MSF）是利用计算机技术，将来自多传感器或多源的信息和数据以一定的准则进行自动分析和综合，以完成所需的决策和估计而进行的信息处理过程。MSF 基本原理就像人脑综合处理信息的过程一样，将各种传感器进行多层次、多空间的信息互补和优化组合处理，最终产生对观测环境的一致性解释。在这个过程中要充分利用多源数据进行合理支配与使用，而信息融合的最终目标则是基于各传感器获得的分离观测信息，通过对信息多级别、多方面组合导出更多有用信息。这不仅利用了多个传感器协同操作的优势，而且也综合处理了其他信息源的数据来提高整个传感器系统的智能化。

多传感器融合系统所实现的功能要远超这些独立系统能够实现的功能总和。融合使用不同的传感器可以在某一种传感器出现故障的情况下，额外提供一定的冗余度。

4. 地磁定位技术

地磁定位的理论依据是每一个具体位置的磁场信息都不一样。由于室内环境复杂多变，通常不同位置的地磁场强度也不一样。使用这种技术进行定位比较麻烦，首先用户需要上传建筑平面图，然后还需要拿着智能设备绕室内一圈，记录下各个位置的地磁信号特征，在行走道路上对磁场变化轨迹进行匹配。

（二）室内定位技术的特点

与 GNSS 等室外定位技术相比，室内定位技术具有以下特点：

1. 精度要求高

室内环境复杂多变，房间、物品之间的距离更近，参与定位的设备更多，人们对定位精度的要求也远高于室外，尤其是部分涉及高速移动设备定位的行业，对精度的要求可能是厘米级，同时对定位时延要求也非常苛刻。

2. 施工部署难

形成室外定位网络需要发射卫星，对接的管理部门线条清晰，但室内定位网络需要在每个楼宇单独部署站点，需要进行大量的物业协调沟通工作。而且相比室外，室内空间私密性更强，人们对隐私保护的要求也更高，这也增加了布网的工作难度。

3. 定位平台不统一

室外定位已形成统一的定位平台，例如国外的谷歌地图，国内的高德、百度地图；而室内定位由于刚刚起步，标准还未成熟统一，室内定位平台还不成规模。

二、常用室内定位技术

结合室内定位技术发展实际和智慧物流系统应用需求，本部分主要对蜂窝网络无线定位技术、WiFi 定位技术、蓝牙定位技术、UWB 定位技术、ZigBee 定位技术、惯性导航定位技术、vSLAM 定位技术等进行介绍。

（一）蜂窝网络无线定位技术

蜂窝网络无线定位技术是在全球移动通信系统（Global System for Mobile Communication，GSM）、封包无线数据业务（General Packet Radio Service，GPRS）、码分多址（Code Division Multiple Access，CDMA）等移动通信系统的基础上，对移动终端和基站之间的特征参数进行检测和计算，最终确定移动终端位置的一种无线定位技术。它既可以用于室内定位，也可以用于室外定位。目前主要应用的有 4G 基站定位技术和 5G 基站定位技术。

1. 4G 基站定位技术

4G 基站的定位实现是系统基于信号传播模型的距离估算方法，然后根据 RSSI 在无线信道下的损耗模型，估算出移动终端到各个定位基站的位置，再用三角定位法计算出被定位终端的位置。但实际环境复杂，信号传播规律通常存在偏差，可以借助经验模型和指纹算法等进行纠正，计算出被测量设备的大概位置。

2. 5G 基站定位技术

5G 基站定位技术在 4G 基站定位技术的基础上，结合 5G 网络大带宽和多波束的特性，进一步支持了 Multi-RTT、UL-AoA（Uplink Angle of Arrival，上行到达角）和 DL-AoD（Downlink Angle of Departure，下行离开角）等多种定位技术。5G 定位需满足的定位精度和端到端定位时延需求，水平维和垂直维定位精度均小于 3m（区域内 80% 用户），端到端时延小于 1s。

由于 5G 基站定位技术依赖于蜂窝网络，仅服务于单一运营商用户，5G 基站定位无法为跨运营商用户提供 ToC 服务。此外，5G 基站定位的发展尚需解决产品化的问题，能够尽早推出端到端的定位产品是 5G 基站定位发展的关键。

（二）WiFi 定位技术

WiFi 定位技术一般采用 Cell-ID 定位或指纹定位。Cell-ID 定位是最先实现规模化的技术，一般采用"邻近法"判断，即终端距离哪台 AP（接入点）最近或者连着哪台 AP 释放出来的网络，则认为定位终端就在该 AP 附近，简单实用，但精度低。指纹定位技术是指将实际环境中的位置和接收到的无线信号的"指纹"特征联系起来，一个位置对应一个独特的指纹。WiFi 定位的终端一般为智能设备，如智能手机、笔记本电脑等。WiFi 由于其高功耗，并不适合制作成 WiFi Tag 实现资产定位等应用。利用现场已有的 WiFi 设备，部署成本低，但是为了提高定位精度，有时需要提高 WiFi 设备的部署数量和密度。

（三）蓝牙定位技术

类似于 WiFi 定位，蓝牙定位也适用于室内环境，特别是在需要高精度、实时定位的场景中。蓝牙定位技术通常用于室内导航、物品追踪、定位服务和位置感知应用。

蓝牙定位基于 RSSI（信号强度）值，通过三角定位原理进行定位。蓝牙定位系统由蓝牙信标（beacon）、网关、蓝牙定位平台等构成。在区域内铺设蓝牙信标和蓝牙网关，当终端（手机等）进入蓝牙信标信号覆盖范围，终端就能感应到蓝牙信标的广播信号，然后测算出在某 beacon 下的 RSSI 值通过蓝牙网关经过 WiFi 网络传送到后端数据服务器，通过服务器内置的定位算法测算出终端的具体位置。

蓝牙定位实现简单且较省电，其定位精度与蓝牙信标的铺设密度和发射功率有密切关系。蓝牙定位技术在许多领域都有应用，例如零售业中的室内导航、智能办公室中的人员定位、物流和仓储中的资产追踪等。然而，与其他定位技术一样，蓝牙定位技术面临隐私和安全问题，因为它可能涉及对用户位置的收集和处理。

（四）超宽带（Ultra-Wideband，UWB）定位技术

基于 UWB 技术的无线定位系统一般由定位标签、定位基站及解算软件构成。通过在特定区域布设合理数量的定位基站，并不间断地采集人员、车辆、资产、工具上定位标签回传的各个要素的时空坐标数据，实现室内空间实时精确定位以及监控、引导、预警等功能。UWB 定位技术在实时定位、室内导航、人员跟踪、无人机控制等领域有广泛应用。

UWB 定位的一大优势是其精确度高。与蓝牙或 WiFi 等基于射频信号强度进行定位的方法相比，UWB 使用的是和一些汽车雷达类似的飞行时间（Time of Flight，ToF），即发送端发射一个信号，接收端在收到这个信号之后，经过协议定义的延迟后再发回给发送端，这样发送端只要比较发送和接收信号的时间差并乘以光速就能获得发送端与接收端之间的距离。根据多个发送端与接收端的距离，就可以通过几何关系计算出接收端的位置，从而实现定位。相对于基于其他无线协议定位的高误差（米级别），UWB 定位可以实现分米甚至厘米级别定位精度。

（五）ZigBee 定位技术

ZigBee 定位技术利用 ZigBee 无线通信协议来实现物体或设备的定位和追踪。ZigBee 是一种低功耗、短距离、低数据速率的无线通信协议，通常用于物联网设备之间的通信。ZigBee 定位技术主要应用于室内环境中，如室内导航、人员跟踪、仓库管理等领域。

ZigBee 定位系统由多个 ZigBee 节点组成，其中包括定位设备和参考节点。定位设备是需要被定位的物体或设备，而参考节点则是用于收集和处理定位信息的设备。ZigBee 定位技术可以通过测量信号的传播时间或信号强度来估计物体与参考节点之间的距离。信号传播时间方法类似于其他定位技术中的时间差测量，而信号强度方法则通过测量接收到的信号强度来估算距离。

（六）惯性导航定位技术

惯性导航定位技术是基于惯性传感器测量物体加速度和角速度的原理来实现定位和导航的技术。这种技术不依赖外部信号，适用于各种环境，包括室内和室外。惯性导航定位技术通常用于导航系统、航空航天、军事、无人系统和运动跟踪等领域。

惯性导航系统使用惯性传感器来测量物体的加速度和角速度。这些传感器包括加速度计和陀螺仪。加速度计测量物体在空间中的加速度，陀螺仪测量物体的角速度（即物体的旋转速度）。惯性导航系统通过对加速度和角速度的测量值进行积分，可以估计物体的位置和方向变化。运动积分基于牛顿运动定律，将加速度转换为速度，再将速度转换为位置。然而，积分会引入累积误差，随着时间的推移可能导致定位误差逐渐增加。为了减少累积误差，惯性导航系统通常需要进行误差校正。这可以通过不同的方法来实现，如利用其他定位技术进行校正，或者使用陀螺仪漂移校正算法来修正角速度传感器的误差。同样地，为了提高定位

的准确性和稳定性，常常将惯性导航技术与其他定位技术（如 GPS、地标识别、视觉传感等）进行融合。这种多传感器融合的方法可以在短时间内提供高精度的定位，同时通过其他技术来纠正惯性导航系统的误差。

惯性导航定位技术在一些应用场景中具有优势，例如在无法获得 GPS 信号的室内环境、飞行器的姿态控制以及虚拟现实和增强现实应用中的运动跟踪。然而，由于积分误差的累积问题，长时间使用可能导致定位误差的积累。因此，在长时间或高精度要求下，通常需要与其他定位技术结合使用。

（七）vSLAM 定位技术

SLAM（同步定位与地图构建）是指运动物体根据传感器的信息，一边计算自身位置，一边构建环境地图的过程，解决机器人等在未知环境下运动时的定位与地图构建问题。目前，SLAM 主要应用于机器人、无人机、无人驾驶、AR、VR 等领域。根据传感器种类和安装方式的不同，SLAM 主要分为激光 SLAM 和 vSLAM 两大类。vSLAM 基本原理是基于投影几何的成像模型，通过在不同角度对外部环境的光学观测，在不同的视角下，其公共对应部分可以分析出不同观测视角的相对位置、角度、距离等。传统意义上的视觉定位是基于外界光源的光学观测，所以也属于被动定位。

vSLAM 的定位方式有两种：一种是基于深度摄像机的 vSLAM，跟激光 SLAM 类似，通过收集到的点云数据，能直接计算障碍物距离；另一种是基于单目、鱼眼相机的 vSLAM 方案，不能直接获得环境中的点云，而是利用多帧图像来估计自身的位置变化，再通过累计位置变化来计算距离物体的距离，并进行定位与地图构建。SLAM 技术是机器人定位导航演进的发展趋势，这个观点已成为产业共识，但关于 SLAM 定位导航技术的路径选择（即选择激光 SLAM 还是 vSLAM）业界始终存在一定分歧。虽然 vSLAM 技术相对激光导航拥有较大的硬件成本优势，但是对算法的开发能力却有非常高的要求。同时，市面上也难有一套完整的方案可以满足所有场景的需求，这也造成市面上有能力开发出成熟 vSLAM 产品的公司非常少。

（八）地磁定位技术

地磁定位技术是一种利用地球的磁场来进行定位和导航的方法，它通常用于室内环境中，可以作为其他定位技术（如蓝牙、WiFi、UWB 等）的补充或替代方案。地磁定位技术利用地球的地磁场在不同位置产生的变化来确定设备的位置。

地磁场的强度和方向在不同地点有所不同。地磁定位技术通过测量设备所处位置的地磁场强度和方向，与预先建立的地磁场地图进行比较，从而确定设备的位置。设备使用内置的地磁传感器来测量周围地磁场的特征，这些传感器可以检测地磁场的强度和方向，从而计算出设备的位置。

地磁定位需要进行初始校准，以便将传感器数据与实际地磁场匹配。校准通常要求用户在已知位置上旋转设备，以收集不同角度下的地磁数据。地磁定位技术使用算法来处理传感器数据，进行地磁场匹配并计算设备的位置。这些算法可以考虑多个传感器数据，滤除噪音，并精确定位设备。

地磁定位技术可以用于室内导航、位置感知、物品跟踪等。在商场、展览馆、医院等场所，地磁定位可以帮助用户定位到特定区域，获取相关信息。

地磁定位技术受到室内环境的影响，如金属结构、电子设备等可能会干扰地磁场测量。此外，地磁场可能会因地球磁场的变化而有所不同，因此定位的精度可能会受到影响。地磁定位的精度通常相对较低，一般在几米到十几米范围内。然而，通过结合其他定位技术，如蓝牙或 WiFi，可以提高其精度。

（九）红外线定位技术

红外线定位技术是一种利用红外线信号来实现物体或设备的定位和追踪的技术。这种技术通常应用于室内环境，可以用于人员跟踪、室内导航、智能家居和工业自动化等领域。红外线定位技术在低能耗、实时性和隐私保护方面具有优势。

红外线定位系统包括红外线发射器和接收器。发射器会发射红外线信号，而接收器会接收来自发射器的信号。通过测量信号的传播时间或强度，系统可以计算出物体与发射器 / 接收器之间的距离。

红外线定位技术可以使用 ToF 原理来测量物体与发射器 / 接收器之间的距离。通过测量信号从发射器到达接收器的时间，系统可以根据光速来计算物体的距离。与其他技术相比，红外线信号的传播速度非常快，因此时间差测量的精度较高。

红外线定位技术在一些场景中具有优势，如室内环境、低能耗要求的应用、需要实时定位的场景等。然而，红外线信号可能会受到障碍物的遮挡或干扰，从而影响定位精度。

（十）超声波定位技术

超声波定位技术是一种利用超声波信号来确定物体或设备位置的技术。它通常应用于室内环境，特别适用于需要高精度、低延迟的定位场景。超声波定位技术在工业自动化、室内导航、智能家居以及机器人等领域有着广泛的应用。

超声波定位系统由超声波发射器和接收器组成。发射器会发出超声波信号，而接收器会接收回弹的信号。通过测量信号发射和接收的时间间隔，系统可以计算出物体与发射器之间的距离。超声波定位系统使用 ToF 原理来确定距离。系统会测量信号从发射器到达接收器的时间，然后通过声速计算出物体与发射器之间的距离。因为声速在空气中是一个已知的常数，通过测量时间差，可以推算出距离。为了实现更准确的定位，超声波定位系统通常会使用多个发射器和接收器，通过多个超声波设备，可以计算出物体相对于这些设备的位置，从而实现三角测量或多边形测量。定位算法会分析从不同发射器接收到的超声波信号，然后根据时间差和声速计算出物体的位置。一些算法还可能使用概率模型或机器学习来提高定位的精度和稳定性。

（十一）射频识别定位技术

射频识别定位技术（RFID）是一种利用射频信号来实现物体或设备的定位和追踪的技术。RFID 技术可以用于室内和室外环境中，在物流、供应链管理、资产追踪、室内导航和智能物联网等领域有广泛应用。RFID 系统包含 RFID 标签和 RFID 读写器。RFID 标签通常附在物体或设备上。每个 RFID 标签都有一个唯一的识别码，可以通过射频信号进行读取。RFID 标签分为主动式和被动式两种。主动式标签带有电池，可以主动发射信号；而被动式标签则依靠读写器发送的信号来激活并传输数据。RFID 读写器是用于发送射频信号和接收 RFID 标签响应的设备。读写器可以定期向附近的 RFID 标签发送信号，激活标签并读取其识别码或存储的数据。

RFID 定位技术可以通过测量 RFID 标签与读写器之间的信号强度来确定物体的距离。信号强度会随着距离的增加而减弱，因此可以根据信号强度来估算物体与读写器之间的距离。类似于其他定位技术，使用多个 RFID 读写器可以实现更准确的定位。通过测量 RFID 标签与多个读写器之间的信号强度，系统可以准确计算出标签的位置。

RFID 定位技术的优势在于实时性和易用性。由于 RFID 标签可以以较低的成本批量制造，并且 RFID 读写器可以覆盖相对较大的范围，因此，RFID 技术可以实现规模化的定位和追踪。

RFID 定位技术也有一些限制，如信号受干扰的影响、标签与读写器之间的角度问题以及不适用于高精度定位等。在具体应用中，需要根据实际情况选择合适的技术，并尽可能与其他定位技术结合使用，以实现更准确的定位结果。

三、室内定位技术在智慧物流园区中的应用

智慧物流环境下，位置信息对于物流管理至关重要，也是对物流系统中各对象进行跟踪的重要基础。GNSS、GIS 以及室内定位技术的发展及应用，对于提高智慧物流系统的位置感知和空间分析能力发挥着重要作用，同时也衍生出许多新的管理和操作模式。

室内定位技术的发展推动智慧物流园区的建设和创新，提高人员劳动生产率，实现园区价值最大化，顺应智慧城市发展方向，推动新型战略产业发展。室内定位带给智慧园区的效益非常明显，例如访客管理可以提高园区安全管理水平，物资管理可以提高仓储、物流、物资管理效率，人员管理可以提高工作人员的效率。

1. 仓储货物实时动态有序管理

通过室内定位技术对仓储物流众多数量及品种的物资进行实时动态有序管理，实现物资入库、出库、移动、盘点、查找等流程的智能化管理，并加快物资流转速度，最大程度避免入库验收时间长、在库盘点乱且数量不准、出库拣货时间长且经常拣错货，以及货物损坏、丢失或过期等索赔问题。基于对每个货物的精准定位，结合计算机视觉（Computer Vision，CV），可以快速定位破损或者滑落滑道的异常货品，并对滑道口堵塞、运输不通畅等作业进行预警；同时对上架作业的布局合理性与拣货的最佳路径的结合做最优化库房上架管理，并且货物流转到分拣中心时，可以有效防止货物被分拣到错误的网点或者分拣中心。

2. 车辆设备智能调度与安全管理

针对存储量大、流转量大、占地面积较大的物流仓库、港口码头等，通过室内定位技术实现对叉车/拖车的统筹管理，通过实现智能调配及合理路径规划防止走错位等情况，以此提高叉车/拖车利用效率；通过设置安全距离及电子围栏，最大程度防止人车碰撞事故发生。室内精准定位使得仓库内叉车、地牛、笼车的管理更加简单，可操作性更高。实际应用包括对叉车作业时托盘货物的装卸、码垛、短距离运输，以及车辆的反向寻找、路径规划导航等，以及基于蓝牙 AoA 实时位置精准追踪可以作用于人车安全、车车安全，减少仓内事故。

3. 物流作业人员高效管理

基于对人员的实时定位数据，进行人员考勤、工时统计、到岗/离岗等工作状态的管理等。室内精准定位技术，可以用于提升仓库工作人员的实时调度、作业区域管理、安全通道聚集预警的准确率。例如，库内常见的复核、拣货操作，可以根据人员和包裹的位置提前做好拣选路径优化，实现货物拣选的成本最优化。同时，不断记录人员的轨迹信息，对货物拣选行为做数据分析，通过无监督学习，持续优化拣货路径推荐结果。此外，根据人员定位的呈现，

也能辅助管理人员更加合理地进行人力布局以及进行考勤等业务管理。

4. 载具管理与自动化

对承载货物的可移动货架、托盘、料箱等载具进行定位，通过对载具的有效管理，间接实现对其承载货物的有序化管理。另外，面对自动导引车（Automated Guided Vehicle，AGV）等自动化设备应用越来越广泛的今天，可通过定位技术实现 AGV 与载具的高效协作，实现自动化取货等功能，进一步释放自动化设备的价值。

5. 在物流机器人中的应用

综合激光雷达、惯性测量单元、里程计等多种传感器的使用，感知环境中障碍物位置与自身运动状态信息，结合基于多传感融合的目标追踪或位置估计算法对机器人进行定位，并规划到达目标点的最优路径。采用的导航方式主要有磁导航、激光导航、RFID 导航、惯性导航、视觉导航、GPS/BDS 导航等。

 **任务训练**

一、任务背景

室内定位和室外定位都是重要的定位技术应用场景，其根本区别在于室内和室外环境的不同，导致采用的技术原理和精度要求各有侧重。虽然室内定位技术相对较新，但在商业应用和室内导航等领域具有广阔的市场前景；而室外定位技术已经得到广泛应用，可以实现物流跟踪、车辆调度、环境监测等多种功能，发挥着越来越重要的作用。在日常生活和商业应用中，定位技术的重要性日益凸显。室内定位和室外定位在技术原理、精度要求、适用环境等方面存在显著的差异。

二、任务要求

请各小组通过查阅资料、走访市场、企业调研等方式，深入了解室内定位和室外定位的不同之处，分析其在实际应用中的特点和优势，填写表 3-3 并形成一份完整的报告。

表 3-3　室内定位和室外定位的差异

	室内定位	室外定位
技术原理		
精度要求		
适用环境		
技术特点与应用优势		

三、任务实施

（1）分小组进行调研，每组 6 ～ 8 人。

（2）小组制订调研方案，确定调研内容。

（3）小组根据实施方案完成调研并完成表格填写。

（4）根据调研内容，完成调研报告，并制作 PPT 向全班汇报。

四、任务评价

序号	评价内容	评价标准	分值	完成情况
1	制订调研方案	方案内容完整、可实施	20	
		形成文字方案，叙述得当	20	
2	归纳室内定位与室外定位技术的差异	归纳完整、准确，表述得当	20	
3	形成报告	报告完整	20	
4	团队合作	小组分工明确，有序合作	20	
	合计		100	

拓展训练

无人配送的"室内困境"：如今，在5G技术、高精地图、智慧交通等技术的推动下，无人化已逐渐成为现实，无人零售、无人配送等都是无人化时代的产物，但相较来说，无人配送对我们日常生活的影响更为明显。目前，菜鸟已经研发出了菜鸟小G等三款末端配送机器人；专注于"互联网＋物流"的京东X事业部，其无人车项目已于2016年下半年投入研发；同年，美团成立W项目组，启动对特定场景下无人配送的研究；百度无人车也已与永辉、大润发、叮当快药等建立无人配送合作；新石器公司也已经为联邦快递中国市场提供无人配送技术支持。在实际使用场景上，当前无人小车的主要问题是存在"体验降级"的风险。为消费者升级体验是产品经理们的主要职责，而"体验降级"往往让消费者难以接受。试想一下这样一个场景，寒冷冬夜里用户在外卖平台上点了一份外卖，外卖员可以让用户不踏出家门就能吃上热腾腾的饭菜，但无人配送终端却做不到精确的点对点，用户需要跑下楼去小车里自取，使用户的消费体验降低。这就是当前无人配送所面临的"室内困境"。

实训要求：各组根据实训背景，通过查阅资料、走访市场、企业调研等方式，分析"取件式"服务和"交接式"服务两种模式，并回答问题：

（1）当前末端配送，除了菜鸟驿站和蜂巢等"取件式"服务之外，还有"交接式"服务。对于这两种模式，你更倾向于哪一种？请说明原因。

（2）针对"交接式"服务的"室内困境"，你认为应该如何破解？需要应用哪些技术？请说明原因。

职业素养

"自主创新、开放融合、万众一心、追求卓越"——新时代北斗精神

北斗系统是国家时空安全的命脉，北斗工程的建设是在陌生领域从无到有进行的全新探索。在高端技术空白地带白手起家，不能依靠国外，也无法依靠国外，必须走独立自主的发展道路，这也要求我们必须坚持人才自主培养。北斗系统建设经历了千难万险，众多参与人员付出了千辛万苦，要走进千家万户、造福千秋万代，需要一代代人接续奋斗。2015年，北斗三号首星发射时，北斗卫星导航研制团队平均年龄只有31岁，仅用3年零3个月就完成了北斗三号首发星的研制任务，实现了与美国GPS系统的技术比肩。

多年来，参与北斗系统研制建设的全体人员迎难而上、敢打硬仗、接续奋斗，孕育了"自主创新、开放融合、万众一心、追求卓越"的新时代北斗精神，涌现出一大批先进模范和感人事迹。新时代北斗精神蕴含着不忘初心、牢记使命的报国信念，折射着自强不息、苦干实干的民族品格，彰显着敢闯敢试、创新超越的时代风貌，凝聚着团结协作、众志成城的人民力量，根植于中华民族优秀传统文化，既与"两弹一星"精神、载人航天精神血脉赓续，又具有鲜明时代特质，具有强大感召力，激励着广大青年勇攀科技高峰，为国家科技事业发展添砖加瓦。

课后练习

一、单项选择题

1. （　　）是由我国自主研发运行的全球卫星导航系统。
   A. GPS　　　　　　B. GLONASS　　　C. BDS　　　　　　D. Galileo

2. （　　）是由欧盟研发的全球卫星导航定位系统。
   A. GPS　　　　　　B. GLONASS　　　C. BDS　　　　　　D. Galileo

3. GIS 是（　　）的缩写。
   A. 全球定位系统　　　　　　　　　　B. 北斗导航系统
   C. 地理信息系统　　　　　　　　　　D. 格洛纳斯系统

4. （　　）是 GIS 处理的地理信息最核心、最基础的组成。
   A. 数据　　　　　　B. 硬件　　　　　　C. 软件　　　　　　D. 图像

二、多项选择题

1. GNSS 系统的特点包括（　　　）。
   A. 全球性、全天候　　　　　　　　　B. 定位速度快、精度高
   C. 抗干扰能力强、保密性好　　　　　D. 功能多、用途广泛

2. GNSS 系统一般由（　　　）等组成。
   A. 空间部分　　　　B. 控制部分　　　　C. 用户部分　　　　D. 地面部分

3. GIS 的组成主要包括（　　　）和用户等部分。
   A. 硬件　　　　　　B. 软件　　　　　　C. 数据　　　　　　D. 地面站

三、简答题

1. 简述 BDS 在物流运输中的应用。
2. GIS 的基本功能有哪些？
3. 简述室内定位技术分类架构体系。

项目四 状态感知与执行技术

————————— 项目目标 —————————

知识目标

◇ 掌握物流传感器技术的基本原理和常见类型。

◇ 掌握距离传感器等物流传感器的使用方法。

◇ 掌握语音识别技术的基本原理和在物流领域的应用。

◇ 掌握基本的语音指令设计和识别方法。

◇ 掌握机器视觉技术的基本原理和概念，包括图像采集、处理、分析和识别等方面知识。

◇ 能举例说明机器视觉技术在不同领域（如工业检测、智能交通、医疗诊断等）中的应用场景和需求。

◇ 掌握物流机器人技术的基本原理和核心概念。

技能目标

◇ 能识别传感器类型。

◇ 具备简单的编程和电路连接技能。

◇ 能够独立操作和使用常见的机器视觉设备和软件，完成基本的图像采集和处理任务。

◇ 具备一定的图像分析和识别能力，能够提取并解析图像中的关键信息。

◇ 能够根据实际需求，设计并实现简单的机器视觉系统，解决实际应用中的问题。

◇ 能够独立操作和使用物流机器人，完成基本的搬运、定位、导航等任务。

素质目标

◇ 通过以互联网、大数据、人工智能等为代表的现代信息技能训练，使学生认识到发展智能产业的重要性。

◇ 培养具备工匠精神的技术技能。

◇ 通过实训任务培养严谨认真的职业精神。

案例导入

自动驾驶拐点在干线物流？

如今，在自动驾驶技术的赋能下，物流行业正在发生翻天覆地的变化。

从外部环境来看，一方面，各国积极颁布政策法规，加快推动干线物流商业化应用；另一方面，智能驾驶技术在商用车领域的发展正在提速。此外，庞大的市场也自然吸引了越来越多的企业和资方入局。

从内部因素来看，数据显示，2022年我国社会物流总额达347.6万亿元，同比增长3.4%，需求规模稳定增长，对驾驶员的需求不断加大。因此，用人工智能自动驾驶技术来弥补物流货运司机缺口已提上日程，并且从干线物流到同城货运，从港口码头、机场到工业园……自动驾驶货运的应用场景也将越来越丰富。

在干线物流领域，有不少企业展开深入探索，并挖掘出了一批可以落地且能带来收入的试验性项目。国内布局自动驾驶干线物流的企业大致可以分为三类：第一类是从自动驾驶技术切入干线物流场景的创新型科技公司，如图森未来、智加科技、赢彻科技、挚途科技等；第二类是主机厂及Tier1背景的企业，如三一集团、东风商用车、福佑卡车、一汽解放等；第三类是以自研方式或投资方式入局的物流企业，如京东物流、滴滴货运、满帮、中国外运、菜鸟等。

从市场前景来看，自动驾驶干线物流行业拥有巨大的市场潜力。一直以来，干线物流都被认为是仅次于Robotaxi的第二大自动驾驶商业化应用场景，同为万亿级赛道，且高速公路相对规范的道路环境和公路货运行业强烈的应用需求，让自动驾驶干线物流迎来快速发展。

思考： 自动驾驶技术对货物运输有怎样的影响？

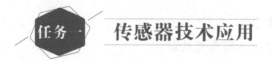

任务一 传感器技术应用

⟳ 任务目标

通过此任务学习，掌握物流传感器技术的基本原理和常见类型，理解距离传感器等物流传感器的使用方法，并能识别不同类型的传感器；同时，掌握简单的编程和电路连接技能，初步具备应用这些技能进行物流传感器系统搭建和调试的能力，为日后在物流自动化领域的学习和实践打下坚实基础。

⟳ 相关知识

传感器是一种检测装置，能感受到被测量的信息，并能将感受到的信息，按一定规律变换成电信号或其他所需形式的信息输出，以满足信息的传输、处理、存储、显示、记录和控制等要求。

一、传感器的特点

传感器的特点主要包括微型化、数字化、智能化、多功能化、系统化以及网络化，这些特点使得传感器在许多领域中都发挥着重要的作用，是实现自动检测和自动控制的首要环节。传感器能够检测和测量高温、低温，高压、真空环境中的物理量，如温度、压力、流量、湿度、浓度等，对于科学研究、工业生产、环境保护等领域具有重要意义。

二、传感器的类型

智能设备在执行任务时，依赖各种传感器来感知和理解周围环境，从而实现高效、准确的物流操作。以下是常用的几种传感器类型及其功能的详细介绍：

1. 视觉传感器

视觉传感器能够实时捕捉环境中的图像信息。通过先进的图像处理和计算机视觉技术，可以识别不同的物体、障碍物、标志等，进而构建出能反映周围环境的详细地图。这些信息为智能设备提供了导航的基础，使其能够自主规划路径、避免碰撞，并准确地到达目的地。视觉传感器原理如图 4-1 所示。

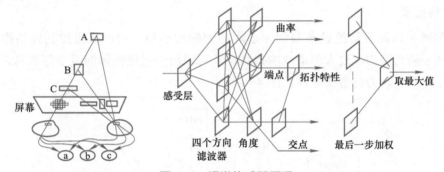

图 4-1　视觉传感器原理

2. 声音传感器

声音传感器可以感知环境中的声音信号，不仅可用于检测异常情况，如警报或故障声音，还可用于与人或其他机器人进行语音交互，实现更加智能化的沟通和协作。声音传感器原理如图 4-2 所示。

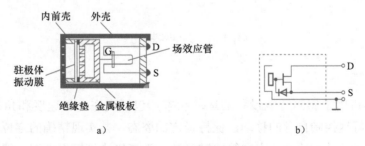

图 4-2　声音传感器原理

a）结构　b）电路

75

3. 距离传感器

距离传感器能够测量智能设备与周围物体之间的精确距离，是实现精确定位和避障的关键工具。这类传感器有多种技术实现，包括超声波、红外线和激光等。它们各有优缺点，适用于不同的应用场景，但共同目标都是为智能设备提供准确、可靠的距离信息。距离传感器原理如图 4-3 所示。

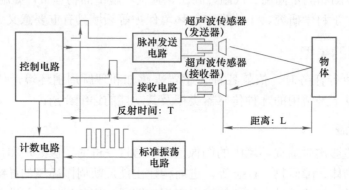

图 4-3　距离传感器原理

4. 力传感器

力传感器可以测量智能设备与物体之间的力的大小和方向，从而控制设备操作力度。这不仅有助于防止因力度过大而造成的损坏，还可以用于采集物体的质量等信息，进一步优化设备的操作策略。力传感器原理如图 4-4 所示。

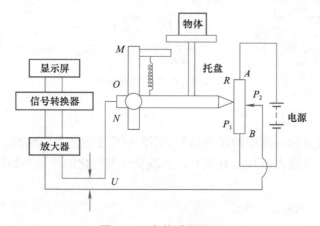

图 4-4　力传感器原理

5. 惯性传感器

惯性传感器可用于感知智能设备的运动状态，包括姿态、加速度和角速度等。这些信息有助于设备更好地控制自身的移动，保持稳定的姿态，并实现精确的定位。同时，惯性传感器还能提供设备移动的速度、方向等关键参数，为高级决策提供支持。惯性传感器原理如图 4-5 所示。

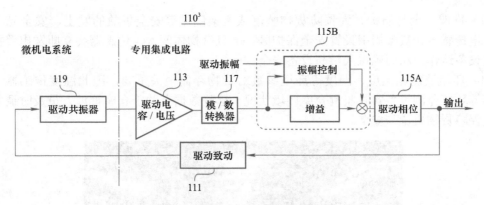

图 4-5　惯性传感器原理

6. 光电传感器

光电传感器是一种精密的测量工具，利用光栅衍射原理将机械位移转换成数字脉冲信号。它能够精确测量和控制设备的位移量，通过单个波形计算转动角度，并通过双波相位差确定转动方向。这对于需要精确控制运动轨迹的智能设备来说尤为重要。光电传感器原理如图 4-6 所示。

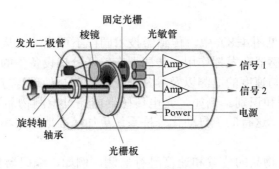

图 4-6　光电传感器原理

三、传感器技术在物流中的应用

传感器技术在物流领域有着广泛的应用，主要体现在以下几个方面：

1. 智能化立体仓库

在智能化立体仓库（见图 4-7）中，传感器技术发挥着关键作用。例如，货位识别传感器用于检测货位并确定其精确位置；机器视觉传感器为仓库内部的其他传感器提供决策支持和反馈；光电传感器则进行货厢精准定位等。在立体仓库运作中，传感器技术占据着不可或缺的地位，它对仓库的安全、高效运行起着至关重要的作用，具体应用在以下几个方面：

（1）货位识别与定位。在立体仓库的货架上，光电传感器或 RFID 传感器能够自动识别货物标签或条形码，并将位置信息实时传输至仓库管理系统。这不仅有助于精确管理库存，还能显著提升货物检索效率。

（2）自动化运输。穿梭车、AGV 等运输设备通过安装各类传感器，如距离传感器、速度传感器等，实现安全、准确的行驶和任务执行。例如，距离传感器能够检测障碍物并防止碰撞，而速度传感器则根据运输需求调控行驶速度。

（3）货架安全与防护。为预防货物坠落或货架倒塌等安全事故的发生，安全光幕或光栅等光电传感器在货架周围设置安全保护区。一旦有物体闯入，传感器会立即发出警报并停止相关设备运作，从而确保人员与设备安全。

（4）环境监测。温度、湿度等环境参数对货物存储至关重要，因此温度传感器、湿度传感器等环境监测设备实时监测仓库环境状况。这些数据有助于仓库管理人员及时调整环境条件，保障货物质量与安全。

图 4-7　智能化立体仓库

2. 输送分拣设备

在输送分拣设备（见图 4-8）中，传感器技术同样不可或缺。从物品尺寸测量、重量检测到条码识别，都是传感器在发挥作用。传感器在输送分拣设备中的应用，主要体现在对物品的检测与识别、位置与速度的监测以及异常情况的检测与处理等方面。

（1）对物品的检测和识别。例如，光电传感器能通过检测物品通过时的光线变化，来判断物品的存在和类型。这有助于自动化分拣系统更加精准地识别和分类物品，进而提升分拣效率与准确性。

（2）在输送带上对物品的位置和速度进行监测。例如，编码器传感器能实时监测输送带的速度和位置，确保物品能够准确送达指定位置。这对于实现高效、准确的分拣过程具有重要意义。

（3）传感器还具备异常检测和处理功能。当物品在输送带上发生堵塞、偏移或倾倒等异常情况时，传感器能够及时检测并发出警报，使工作人员能够迅速采取措施解决问题，确保分拣过程的顺利进行。

图 4-8　输送分拣设备

3. 自动搬运设备

在 AGV、AMR 等自动搬运设备（见图 4-9）中，激光雷达传感器、机器视觉传感器、超声波传感器、距离传感器等不同类型传感器使得自动搬运设备能够感知周围的物体、障碍物、地标和其他关键信息，从而实现安全导航、避障和定位。传感器在自动搬运设备中的应用，其核心在于对环境信息的精确感知与解析。以下将详细介绍激光雷达传感器、机器视觉传感器、超声波传感器以及距离传感器在自动搬运设备中的应用原理：

图 4-9　自动搬运设备

（1）激光雷达传感器通过发射激光束并测量其反射回来的时间，能够精确计算出物体与传感器之间的距离。在自动搬运设备中，激光雷达传感器不断扫描周围环境，构建环境地图，并通过高级算法如 SLAM 实现设备的自我定位与导航。

（2）机器视觉传感器依赖摄像头捕获图像，再通过计算机视觉技术对图像进行处理和分析，进而提取出关键信息。在自动搬运设备中，机器视觉传感器被用于多种任务，如识别货物、读取标签以及检测障碍物等，为设备的自主导航和搬运提供重要支持。

（3）超声波传感器通过发射超声波并测量其反射回来的时间，计算物体与传感器间的距离。在自动搬运设备中，超声波传感器主要用于避障和防撞功能。当设备检测到前方存在障碍物时，会自动调整行驶路径或停止前进。

（4）距离传感器能够精确测量物体与传感器间的距离，常见的有红外距离传感器和激光距离传感器等。在自动搬运设备中，距离传感器主要用于检测货物的位置和距离，以及设备的定位和导航。

不同类型的传感器在自动搬运设备中发挥着关键作用。通过精确感知和解析环境信息，这些设备得以实现自主定位、导航、避障等功能，极大地提高了搬运作业的效率和精度。

4. 温度监测

温度传感器是物流领域中最常用的传感器之一。在运输过程中，许多物品需要在特定的温度范围内保持稳定，如食品、药品等。温度传感器可以实时监测货物的温度，一旦温度超出设定范围，就会发出警报，提醒物流人员及时采取措施。此外，温度传感器还可以记录货物的温度变化，为物流企业提供数据支持，帮助其优化运输方案。装载温度传感器的温度监控设备如图 4-10 所示。

图 4-10　温度监控设备

任务训练

一、任务背景

随着物流行业的发展，传感器技术在其中发挥着越来越重要的作用。传感器技术可以实现对货物、车辆等物流元素的监测和控制，对于提高物流效率、降低运输成本、提升服务质量具有重要意义。

二、任务要求

使用简单的物流传感器技术，设计和搭建一个智能取货小车，实现自动识别和取货的功能。

三、任务实施

1. 准备材料

智能小车底盘、距离传感器（如红外测距传感器）、颜色传感器、微控制器（如 Arduino）、连接材料（如杜邦线、面包板等）、计算机和相关编程软件。

2. 设计智能取货小车

（1）确定小车的功能和性能指标。

（2）设计小车的硬件连接图。

（3）设计小车的软件流程图。

3. 搭建智能取货小车

（1）按照硬件连接图，将传感器连接到微控制器。

（2）使用编程软件编写程序，实现小车的自动识别和取货功能。

（3）将程序上传到微控制器中。

4. 测试和优化

（1）运行小车，观察其自动识别和取货的表现。

（2）记录测试结果，优化不足之处。

5. 调整方案

在任务实施过程中，学生可以根据实际情况灵活调整方案：

（1）使用距离传感器检测货物与小车之间的距离，当距离小于一定阈值时，认为小车已经到达货物位置。

（2）使用颜色传感器识别货物的颜色标签，根据颜色标签的不同，控制小车执行不同的取货动作。

（3）通过编程控制小车的运动和取货动作，实现自动化操作。

四、任务评价

序号	评价内容	评价标准	分值	完成情况
1	准备材料	材料准备齐全、准确	10	
2	设计智能取货小车	正确设计小车的功能和软硬件程序	20	
3	搭建智能取货小车	正确连接传感器	20	
		准确编写程序并上传	20	
4	测试和优化	小车成功运行，操作流畅	20	
5	调整方案	准确记录测试结果，优化方案	10	
		合计	100	

拓展训练

　　通过使用简单的传感器技术，设计和搭建一个智能环境监控系统，实现对温度、湿度和光照强度的实时监测和显示。通过编程或图形化界面，实现数据的可视化展示。

任务二　语音识别技术应用

任务目标

　　通过此任务学习，了解语音识别技术的基本原理及其在物流领域的实际应用，理解并掌握简单语音识别模块的操作以及相应编程工具的使用方法；同时，掌握基本的语音指令设计原则和识别方法，为今后在物流等相关领域中有效运用语音识别技术打下坚实基础。

相关知识

一、语音识别技术

　　语音识别技术，也被称为自动语音识别（Automatic Speech Recognition，ASR），其目标是将人类的语音中的词汇内容转换为计算机可读的输入，例如按键、二进制编码或者字符序列。

（一）语音识别技术的基本原理

　　语音识别技术的基本原理如下：首先是将语音信号中的语言信息按照短时幅度谱的时间变化模式进行编码；其次是基于语音信号的声学特性，将其转换为可阅读的符号，即使在不考虑说话人试图传达的信息内容的情况下，也可以用数十个具有区别性的、离散的符号来表示语音；最后，由于语音交互是一个认知过程，语音识别技术需要与语言的语法、语义和语用结构相结合。

（二）语音识别技术类型

语音识别技术主要分为以下三大类：模型匹配法，包括矢量量化（VQ）和动态时间规整（DTW）等方法；概率统计方法，包括高斯混合模型（GMM）和隐马尔可夫模型（HMM）等方法；辨别器分类方法，如支持向量机（SVM）、人工神经网络（ANN）和深度神经网络（DNN）等以及多种组合方法。

1. 模型匹配法

语音识别模型匹配法的原理是将输入的语音信号与预先存储的参考模型进行匹配，通过计算相似度得分来确定识别结果，如图 4-11 所示。这种方法的核心在于建立准确且多样化的参考模型，以便能够有效地匹配各种语音信号。

在具体实现上，语音识别模型匹配法通常包括以下步骤：

（1）预处理：对输入的语音信号进行预处理，包括去除噪声、分帧、加窗等操作，以提取出语音信号中的关键信息。

（2）特征提取：从预处理后的语音信号中提取出能够表征语音特征的关键参数，如MFCC（Mel 频率倒谱系数）、PLP（感知线性预测）等。这些特征参数将被用于后续的模型匹配。

（3）参考模型建立：利用大量的语音数据训练得到参考模型。这些参考模型可以是基于统计方法的，如高斯混合模型（GMM），也可以是基于机器学习的，如隐马尔可夫模型（HMM）。参考模型的准确性和多样性对于模型匹配法的性能至关重要。

（4）模型匹配：将输入语音信号的特征参数与预先存储的参考模型进行匹配，计算相似度得分。常用的相似度度量方法包括余弦相似度、欧氏距离等。通过比较相似度得分，可以找到与输入语音信号最相似的参考模型。

（5）决策：根据相似度得分，选择最相似的参考模型作为识别结果。通常，系统会设定一个阈值，当相似度得分超过该阈值时，则认为识别成功。

需要注意的是，模型匹配法的性能受到多种因素的影响，如参考模型的准确性、多样性、语音信号的复杂性以及环境噪声等。为了提高识别准确率，可以采用多种策略，如使用更复杂的特征提取方法、提高参考模型的数量和质量、引入自适应技术等。

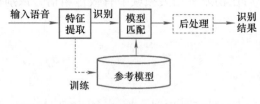

图 4-11　模型匹配法原理

2. 概率统计方法

语音识别的概率统计方法主要包括高斯混合模型（GMM）和隐马尔可夫模型（HMM）。这些方法采用统计模型对语音信号和文本之间的关系进行建模。具体而言，隐马尔可夫模型假设语音信号是由一系列不可见的隐含状态所生成的，并通过观察到的声学特征来推断这些隐含状态，从而实现语音识别的目标。为了准确地估计模型参数，概率统计方法通常需要大量的训练数据和相应的标注信息。在实际应用中，为了提高识别的准确性，可以采用多种技术，例如自适应技术、模型组合等。

语音识别概率统计方法的原理是通过对语音信号进行细致的分析和处理，利用统计模型建立语音信号与文本之间的对应关系，如图 4-12 所示。该方法基于概率计算和统计分析，旨在将输入的语音信号准确地转换为相应的文本或命令。

　　在语音识别的过程中，首先对语音信号进行必要的预处理，包括去除噪声、分帧、加窗等操作，以便提取语音信号中的关键特征信息。这一阶段为预处理阶段，其中涉及的技术包括语料库、本地文本、网络内容的清洗和过滤等，以确保输入数据的准确性和可靠性。

　　随后进入分析阶段，该阶段对预处理后的语音信号进行深入的分析和处理。这包括分词、语法分析、句法分析等步骤，旨在识别和理解语音中的词汇、短语和句子，以及它们之间的结构和关系。此外，分析阶段还采用双连词提取、维度分析等技术，进一步提取语音信号中的特征和模式，为后续的识别和转换提供丰富的信息。

　　最后是输出阶段，该阶段将分析结果转换为文本或命令，并进行可视化或解释。可视化有助于直观地理解语音信号的特征和模式，而文本解释则提供对识别结果的详细解释和说明。这使得识别结果更加易于理解和应用。

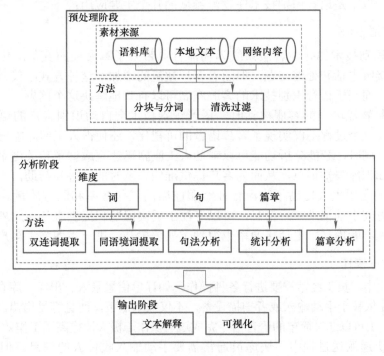

图 4-12　概率统计方法原理

3. 辨别器分类方法

　　语音识别的辨别器分类方法主要包括支持向量机（SVM）、人工神经网络（ANN）和深度神经网络（DNN）等。支持向量机是一种基于统计学习理论的分类方法，通过在高维空间中寻找最优超平面来实现分类。人工神经网络和深度神经网络则通过模拟人脑神经元的连接方式来构建分类模型，利用大量的训练数据来学习语音信号的特征和模式，从而实现语音识别的目标。辨别器分类方法原理如图 4-13 所示。

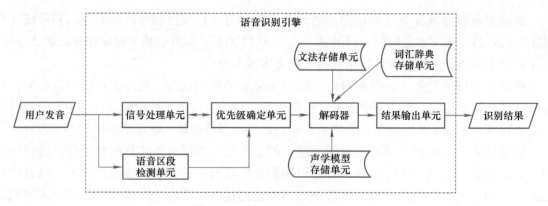

图 4-13　辨别器分类方法原理

二、语音识别技术在物流中的应用

随着科技的进步，语音识别技术正在越来越多地被应用到各个行业，其中，物流行业受益尤为明显。以下是语音识别技术在物流领域的几个主要应用：

1. 智能客服系统

基于语音识别技术的智能客服系统为物流行业带来了革命性的变革。传统的客服系统主要依赖人工接听电话和处理问题，但随着客户数量的增加，这种方式不仅效率低下，而且容易出现错误。而基于语音识别技术的客服座席可以有效地解决这个问题。

当客户拨打物流公司的客服电话时，语音识别技术会自动识别客户的语音信息，并将其转化为文本。这个过程不仅实现了客户语音的可视化，还使得人工座席能够迅速获取客户的问题和需求。同时，智能分析功能可以辅助人工座席迅速完成词条和关键字识别，自动搜索和匹配关键知识库与知识点，从而为客户提供准确、及时的解答和帮助。

这种技术的应用大大提高了物流行业客服座席的工作效率和服务质量。客服人员不再需要花费大量时间手动记录客户信息，可以专注于解决问题和提供服务。此外，由于语音识别技术的准确性不断提高，电话接通率也得到了显著提升，进一步增强了客户满意度。

2. 语音指令操作

在物流行业中，员工经常需要进行各种操作，如订单信息录入、出库、库存查询等。传统的操作方式往往依赖于手动输入或者扫描设备，不仅效率低下，而且容易出错。而利用语音识别技术，物流员工可以通过简单的语音指令完成这些操作，极大地提高了工作效率和准确性。

例如，在快递派送过程中，快递员通常需要手动输入收件人的信息。但是，通过语音识别技术，他们只需简单说出收件人的姓名、地址等信息，系统就会自动识别并录入这些信息。这不仅大幅缩短了送货时间，还减少了因手动输入错误而导致的问题。

此外，在库存管理方面，员工可以通过语音指令查询库存状态、货物位置等信息。这种方式不仅比传统的手动查询更快、更准确，还能在繁忙的工作环境中减少员工的压力。

3. 语音指令货物扫描

传统的货物扫描方式需要员工手持条码扫描枪对货物进行逐一扫描，不仅效率低下，而且在某些情况下（如货物条码损坏、模糊等）可能会导致扫描失败。而使用语音指令货物扫描技术，员工只需通过语音指令告诉系统要扫描的货物信息，系统就会自动完成货物的识别和记录。

这种技术的应用不仅提高了货物扫描的速度和准确性，还减少了员工在扫描过程中的工作量。此外，由于语音指令可以在任何环境下使用，不受光线、条码质量等因素的影响，因此在实际应用中具有更高的稳定性和可靠性。

随着语音识别技术的不断发展和完善，其在物流领域的应用也会越来越广泛。从智能客服系统到语音指令操作，再到语音指令货物扫描，这些应用不仅提高了物流行业的工作效率和服务质量，还为行业的发展注入了新的活力。

任务训练

一、任务背景

随着物流行业的快速发展，语音识别技术在其中扮演着越来越重要的角色。通过语音识别技术，人们可以方便地与物流系统进行交互，实现查询物流信息、下达指令等操作，提高物流效率和用户体验。

二、任务要求

使用简单的物流语音识别技术，设计和搭建一个智能语音助手，实现基本的物流信息查询和指令下达功能。

三、任务实施

1. 准备材料

语音识别模块（如 LD3320、ASR 模块等）、微控制器（如 Arduino）、音响或喇叭模块、连接材料如杜邦线、面包板等。

2. 设计智能语音助手

（1）确定语音助手的功能和性能指标。
（2）设计硬件连接图和软件流程图。
（3）设计语音指令和识别方案。

3. 搭建智能语音助手

（1）按照硬件连接图，将语音识别模块、微控制器和音响模块连接起来。
（2）使用编程软件编写程序，实现语音指令的识别和响应功能。
（3）将程序上传到微控制器中，并进行调试和优化。

4. 测试和优化系统

（1）运行智能语音助手，测试其识别和响应功能是否准确可靠。
（2）根据测试结果，对系统进行优化和改进。
（3）调整关键词列表和识别方案，提高识别率和用户体验。

5. 确定方案

考虑到学生的实际水平和对相关知识点的掌握，可以采用以下简单易行的实施方案：

（1）使用语音识别模块识别基本的物流查询指令（如"查询订单状态""查询货物位置"等）和操作指令（如"下单""取消订单"等）。

（2）设计一个简单的关键词列表，包括常用的物流术语和操作指令。

（3）通过编程控制微控制器和音响模块，实现语音助手的自动化响应和操作。

（4）优化识别算法和关键词列表，提高识别率和响应速度。

（5）鼓励学生发挥创意，为语音助手添加个性化功能。

四、任务评价

序号	评价内容	评价标准	分值	完成情况
1	任务理解	是否清楚任务目标和内容，对实训任务有基本的理解	30	
2	材料准备	是否准备了所有所需的材料，并确保其完好无损	20	
3	技能掌握	是否能够熟练使用传感器，理解其工作原理	20	
4	问题解决	在实训过程中遇到问题时，是否能够独立思考、积极寻找解决方案	30	
		合计	100	

拓展训练

　　随着物流行业的快速发展，语音识别技术在提高物流效率、优化用户体验方面发挥着越来越重要的作用。为了进一步了解语音识别技术在物流领域的应用，提升职业素养和实践能力，本次实训以物流语音识别为背景，进行物流信息查询系统的设计和应用。

实训要求：

（1）了解语音识别技术的基本原理和在物流领域的应用场景。

（2）学习使用简单的语音识别工具或平台。

（3）设计和实现一个基于语音识别的物流信息查询系统。

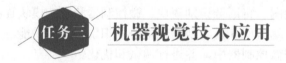

任务三　机器视觉技术应用

任务目标

　　通过此任务学习，掌握机器视觉技术的基本原理和核心概念，包括图像采集、处理、分析和识别等关键环节，同时了解机器视觉系统的构成和工作机制，并熟悉业界常用的机器视觉硬件和软件工具。在学习和实践中，还应培养良好的团队合作和沟通能力，与其他技术人员有效协作，共同推动机器视觉技术的创新和应用发展。

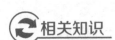

相关知识

一、机器视觉技术

机器视觉技术是计算机科学的一个重要分支，涉及计算机、图像处理、模式识别、人工智能、信号处理、光学、机械等多个领域。机器视觉技术是用机器代替人眼来做测量和判断，通过机器视觉产品（即图像摄取装置，分 CMOS 和 CCD 两种）将被摄取目标转换成图像信号，传送给专用的图像处理系统，得到被摄目标的形态信息，根据像素分布和亮度、颜色等信息，转变成数字化信号。图像系统对这些信号进行各种运算来抽取目标的特征，进而根据判别的结果来控制现场的设备动作。

机器视觉技术最突出的特点是速度快、信息量大、功能多，广泛应用于医学、军事、交通、体育等领域。

（一）机器视觉技术的原理

机器视觉技术是一种先进的图像处理和分析技术，其原理如图 4-14 所示。它利用专门的图像摄取装置，如 CMOS 和 CCD 相机，捕捉目标物体的图像并将其转换为图像信号。这些信号随后被传送到专业的图像处理系统中进行处理。在这一过程中，系统会根据图像中的像素分布、亮度以及颜色等关键信息，将图像信号转换为数字信号。

接下来，图像处理系统运用各种高级算法对这些数字信号进行深度分析和运算，以精确地提取出目标物体的各种特征，例如面积、数量、位置以及长度等。这些特征数据是后续判断和处理的重要依据。

在完成特征提取后，系统会根据预先设定的合格标准和其他相关条件，对提取的特征数据进行综合评估，并生成相应的输出结果。这些结果可能包括物体的尺寸、角度、数量等具体参数，以及合格/不合格、有/无等判断结果。这样，机器视觉技术就能实现自动化的目标识别和分类功能。

机器视觉系统的引入可以显著提高生产的灵活性和自动化水平，尤其对于那些不适合人工操作或人工视觉检查难以满足精度要求的场景，机器视觉技术可以发挥巨大作用。同时，在大规模工业生产中，机器视觉系统能够快速、准确地处理大量图像数据，从而大幅提高生产效率和整体自动化程度。

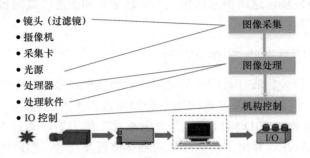

图 4-14　机器视觉技术原理

（二）机器视觉技术的设备组成

机器视觉技术的设备构成主要包括光源、镜头、相机、图像采集卡、计算机等。

（1）光源：用于为视觉系统提供足够多的亮度，确保图像的清晰度和稳定性。

（2）镜头：用于将被测物成像到相机的靶面上，并将其转换成电信号。镜头的选择对于成像质量至关重要。

（3）相机：用于捕捉图像，将光学信号转换为电信号。常见的相机类型包括 CCD 相机和 CMOS 相机，它们在性能和应用上有所不同。

（4）图像采集卡：将相机输出的电信号转换成数字图像信息，供计算机进行后续处理。

（5）计算机：用于实现图像的存储、处理，并给出测量结果和控制信号。计算机上运行的图像处理软件对图像进行预处理、特征提取、识别分类等操作，以实现对目标物体的检测、测量和识别等任务。

（三）机器视觉技术的分类

机器视觉技术作为计算机科学的一个重要分支，涵盖了多个领域的知识和技术。根据图像处理方法的差异，这项技术可以被大致划分为两大类别：基于图像处理的方法和基于机器学习的方法。

首先，基于图像处理的方法主要依赖于计算机对图像的定量分析。这种方法的核心在于利用一系列复杂的处理算法，从原始图像中提取出关键的特征信息。这些特征可能涉及形状、颜色、纹理等多个方面，它们能够描述图像中目标物体的独特属性。提取出特征后，系统会将这些特征与预先设定的模式进行匹配和比较。这种匹配过程类似于在大量数据中寻找相似或相同的元素，通过计算特征之间的相似度，判断图像中的目标物体是否符合预设模式的要求，从而实现对目标的检测和识别。

与基于图像处理的方法不同，基于机器学习的方法更加侧重于"学习"和"预测"的过程。在这种方法中，系统首先需要通过大量的训练样本学习一个分类器或模型。这个过程可以被看作是一种"教学经验"的积累，系统通过分析训练样本中的特征和标签信息，逐渐掌握如何区分不同类型的图像。一旦分类器或模型训练完成，它就可以被用来对新的图像进行分类和识别。在这个过程中，系统不再依赖于预设的模式进行匹配，而是根据已经学到的知识和经验，自主地对图像进行分析和判断。

这两种方法各有优势，应用场景也不尽相同。基于图像处理的方法在处理具有明显特征和固定模式的图像时效果较好，而基于机器学习的方法则更擅长处理复杂、多变的图像数据。随着技术的不断发展，这两种方法也在不断地融合和改进，共同推动着机器视觉技术的进步和应用范围的扩展。

二、机器视觉技术在物流中的应用

机器视觉技术在物流领域有着广泛的应用，主要体现在以下几个方面：

（1）箱体拆垛。机器人拆垛普遍应用于仓储物流、生产、包装、加工等各种工业流通物流场景，具体是指采用"3D 相机 + 机器视觉算法"的方案，通过 3D 相机获取物体三维点云信息，利用视觉算法计算出需要拆码垛的物体位置及尺寸，然后通过控制平台引导工业机器人进行拆码垛自动化操作。

（2）货物追踪。机器视觉技术可以高效追踪货物的到达时间、运输路径和运输状态。通过使用物流监控系统，包括车辆定位器、GPS接收器、温度监听器和其他传感器，可以为每辆车或每件货物建立系列的物流信息记录。这种"数字化"技术保证了物品能够在整个运输路线上被高效跟踪，从而提高了运输效率、保证了客户满意度。

 任务训练

一、任务背景

随着物流行业的飞速发展，视觉识别技术在提高物流自动化、智能化水平方面扮演着重要角色。本次实训以物流视觉识别技术为背景，引导学生通过简单易懂的方式学习和应用相关知识。

二、任务要求

了解视觉识别技术的基本原理和在物流领域的应用场景，并设计和实现一个基于视觉识别技术的物流包裹分拣模拟系统。

三、任务实施

1．工具介绍与选择

（1）选择图像处理工具或平台，如在线图像处理网站、手机APP等。
（2）学习如何使用这些工具进行基本的图像处理操作。

2．系统设计

（1）思考并设计一个物流包裹分拣模拟系统，包括系统功能、界面设计等。
（2）确定系统使用的图像处理工具或平台。

3．系统实现

（1）利用所选工具或平台，实现物流包裹分拣模拟系统的基本功能，如识别包裹上的标签信息，并根据信息进行模拟分拣。
（2）调试系统，确保图像识别准确、分拣结果正确。

四、任务评价

序号	评价内容	评价标准	分值	完成情况
1	系统功能完整性	完成的物流包裹分拣模拟系统是否具备基本功能	40	
2	技能掌握情况	对视觉识别技术的理解程度和操作技能水平	30	
3	创新能力与问题解决能力	在系统设计和实现过程中展现的创新思维和解决问题的能力	30	
		合计	100	

拓展训练

随着物流行业的迅猛发展，机器视觉技术正逐渐成为智能物流系统的重要组成部分。为提高对机器视觉技术的认识，培养实践能力和科技兴趣，本次实训以机器视觉技术为背景，通过简单易懂的项目引导学生学习和应用相关知识。

实训要求：深入理解机器视觉技术的基础原理及其在物流行业的实际应用，掌握运用简易的机器视觉工具或软件进行相关操作的方法，并动手设计一套基于机器视觉技术的物流包裹识别模拟系统。

任务四 物流机器人技术应用

任务目标

通过此任务学习，掌握物流机器人技术基本原理和核心概念，包括机器人如何感知环境、做出决策、规划行动以及如何实施控制等关键问题；同时，了解不同种类的物流机器人及其特点，以及它们在仓储管理、货物运输和配送等实际场景中的应用；此外，对物流机器人技术背后涉及的机械工程、电子工程和计算机科学等学科领域有一定了解，这将为后续的深入学习和研究奠定坚实基础。在技能方面，应能独立操作物流机器人，执行搬运、定位和导航等基本任务，并具备一定的系统集成和调试能力，能根据具体需求搭建和配置机器人系统；同时，应掌握基础的编程和电路连接技术，以编写控制程序来实现机器人的功能；最后，还需要培养一定的故障排除和维护能力，确保物流机器人的正常运行。

相关知识

一、物流机器人技术

物流机器人技术是一种应用于物流领域的先进技术，旨在通过自动化和智能化的方式提高物流效率和准确性。这种技术通常涉及使用机器人进行货物的搬运、分拣、配送等任务，以及利用机器视觉、传感器和人工智能等技术实现机器人的自主导航、识别和决策。

（一）物流机器人技术概述

物流机器人技术是一种将机器人应用于物流领域，以实现自动化、智能化和高效化的物流操作的技术。这种技术涵盖了多个方面，包括机器人设计、导航与控制、机器视觉、人工智能等。

物流机器人通常被设计为能够自主导航、识别和搬运货物的设备，它们可以在仓库、分拣中心、运输途中等场景中自主移动，并根据预设的路径和任务进行货物的转移和搬运。

这些机器人配备了先进的传感器和控制系统，以确保它们能够准确地识别和定位货物，并安全地将其从一个地点移动到另一个地点。

物流机器人技术的主要优势在于提高物流效率和准确性，降低成本和错误率。通过自动化和智能化的操作，物流机器人可以连续工作，从而加快货物的流转速度。同时，由于机器人可以准确地识别和定位货物，因此可以大大降低人为错误率，提高物流的准确性。

（二）物流机器人设备

物流机器人设备一般包括执行器、控制器、传感器、通信模块和电源模块，如图 4-15 所示。

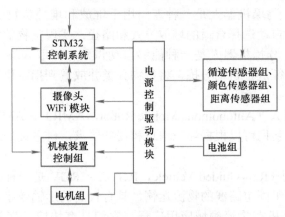

图 4-15　物流机器人设备图示

1. 执行器

执行器负责实现机器人的各种动作和功能，如抓取、移动、定位等。在物流机器人中，执行器通常包括手臂、手腕、臀部、整体机身和升降机构等部分。这些部分协同工作，使机器人能够准确地抓取和移动货物。

2. 控制器

控制器是物流机器人的核心部件，负责接收和处理各种传感器信息，并根据预设的算法和规则生成控制指令，驱动执行器完成相应的动作。控制器的设计通常有两种方式：一种是"底层控制器＋上层控制器"方式，另一种是集成式。这两种方式各有优缺点，具体选择取决于应用场景和需求。

3. 传感器

传感器用于感知机器人周围的环境和状态，为控制器提供必要的信息。在物流机器人中，常用的传感器包括距离传感器、角度传感器、重量传感器等。这些传感器可以帮助机器人实现自主导航、避障、定位等功能。

4. 通信模块

通信模块负责机器人与其他设备或系统之间的信息交换。通过通信模块，物流机器人可以与上位机、其他机器人或自动化设备进行数据交互和协同工作，实现更高效的物流操作。

5. 电源模块

电源模块为物流机器人提供稳定可靠的电力供应，确保机器人能够持续工作。电源模块的设计需要考虑机器人的功耗、续航时间以及充电方式等因素。

二、物流机器人技术类型

物流机器人技术主要包括以下几种类型：

（1）自动引导车（Automated Guided Vehicle，AGV）：AGV 是一种可以自动导航、避障、运送物品的机器人车辆。在物流场景中，AGV 主要用于提高货物搬运效率，减少人工操作。它们可以根据预设的路线自主行驶，通过导航系统精准运行。

（2）码垛机器人：码垛机器人是一种专门用于堆放和堆叠货物的机器人。它们可以根据货物的属性和要求，自动选择合适的堆放方式和路径，实现货物的快速、准确堆放。

（3）分拣机器人：分拣机器人是一种能够自动识别、抓取和移动货物的机器人。它们可以根据货物的不同特征进行自动分拣，将货物分类并放置到指定位置，大大减少了人工操作的时间和错误率。

（4）自主移动机器人（Autonomous Mobile Robot，AMR）：AMR 是一种具有自主导航和决策能力的机器人。它们可以根据环境信息和任务要求，自主规划路径并完成相应的物流任务。

（5）有轨制导车辆（Rail Guided Vehicle，RGV）：RGV 是一种沿着预设轨道行驶的机器人车辆。它们主要用于固定路线的物流运输，具有较高的运输效率和准确性。

（6）无人机：无人机在物流领域应用广泛。它们具有快捷、高效的特点，可以飞越高楼大厦，覆盖范围更广，可以快速地完成配送任务。

以上列举了物流机器人技术的主要类型，它们在物流领域中发挥着重要作用，提高了物流效率和准确性，降低了成本和错误率。

三、物流机器人技术在物流中的应用

物流机器人技术在物流中的应用非常广泛，主要包括以下几个方面：

（1）自动化仓储和分拣系统：物流机器人可以应用于自动化仓储和分拣系统中，通过自主导航和机器视觉技术，实现货物的自动化存储、检索和分拣。物流机器人可以根据订单信息准确地找到对应的货物，并将其快速、准确地送达指定位置，大大提高了仓储和分拣的效率和准确性。

（2）智能拣选/搬运/分拣：物流机器人在智能拣选、搬运和分拣方面也有广泛应用。物流机器人可以根据货物的属性、大小、重量等信息，自动选择合适的搬运方式和路径，实现货物的快速、准确转运。同时，物流机器人还可以根据货物的不同特征进行自动分拣，大大减少了人工操作的时间和错误率。

（3）箱体拆垛：物流机器人还可以应用于箱体拆垛。通过机器视觉技术和 3D 相机设备等，机器人可以自动识别并定位箱体，然后根据预设的算法进行拆垛操作。这种应用不仅提高了拆垛的效率和准确性，还降低了人工操作的难度和危险性。

（4）AGV 物流搬运：AGV 物流搬运机器人是物流领域中的一项重要应用。AGV 机器人可以沿着预设的路径自主导航，实现货物的自动化搬运。它们可以应用于仓库、生产线、机场等场景，实现货物的快速、准确、高效流转。

（5）协同配送：物流机器人还可以与其他设备或系统进行协同配送。例如，多个机器人可以协同搬运大型货物，或者与无人机、自动驾驶车辆等设备进行配合，实现"最后一公里"的配送服务。这种协同配送方式不仅提高了配送效率，还降低了人力成本。

物流机器人技术在物流不同层面的应用如图 4-16 所示，它们通过自动化、智能化和高效化的方式，提高了物流效率和准确性，降低了成本和错误率，为物流行业带来了巨大的变革和发展机遇。

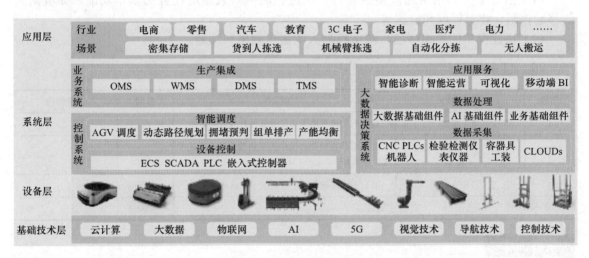

图 4-16　物流机器人技术的应用

任务训练

一、任务背景

随着物流行业的快速发展，物流机器人技术正逐渐成为提高物流效率和降低物流成本的重要手段。为了更好地了解物流机器人技术，并培养动手实践能力和科技素养，本次实训任务以物流机器人技术为背景，引导学生通过简单易懂的项目学习和应用相关知识。

二、任务要求

掌握物流机器人技术的基本原理及其在实际物流场景中的应用，通过学习和操作简易的物流机器人模型或套件，熟悉物流机器人的基本构造和控制原理。在此基础上，进一步设计和完成一个简单的物流机器人搬运任务，以锻炼动手实践能力，并加深对物流机器人技术应用的理解。

三、任务实施

1. 模型选择与学习

（1）选择适合学生的物流机器人模型或套件，如 Arduino 或 Raspberry Pi 的简易机器人。

（2）学习如何使用这些模型进行基本的编程和操控。

2. 搬运任务设计

（1）思考并设计一个简单的物流机器人搬运任务，包括任务目标、搬运路径规划和物料选择等。

（2）确定任务使用的物流机器人模型或套件。

3. 搬运任务实现

（1）指导学生利用所选模型或套件，实现物流机器人搬运任务的基本功能，如机器人的移动控制、物料抓取和放置等。

（2）搭建简单的模拟环境，测试机器人的搬运效果和性能。

四、任务评价

序号	评价内容	评价标准	分值	完成情况
1	系统功能完整性	设计的物流机器人模型或套件具备基本功能	40	
2	系统效果与性能	测试系统在模拟环境中的识别效果和响应速度等性能指标	30	
3	报告撰写质量	撰写的实训报告内容全面、条理清晰	30	
	合计		100	

拓展训练

　　随着智能科技的不断发展，物流机器人作为现代物流行业的重要组成部分，正逐渐改变着传统的物流模式。为了更具体地接触并了解这一前沿技术，本次实训以物流机器人为核心，通过直观易懂的方式引导学生体验物流机器人的基本操作和应用。

　　实训要求：初步了解物流机器人的基本功能及其在现实应用场景中的作用，掌握操作简易版物流机器人模型的基本技能，并通过实践完成一项基础的物流机器人搬运任务，从而加深对物流机器人技术及其实际应用的认知。

职业素养

培养学习精神，推动技术创新

　　在物流行业的持续发展中，状态感知与执行技术的应用越来越受到重视。这项技术的核心在于通过智能系统实时感知物流状态，并做出相应的执行决策，以提升物流效率和安全性。然而，要有效应用这一技术，学习精神是不可或缺的。

　　学习精神是推动技术应用的原动力。物流状态感知与执行技术涉及多个领域的知识，包括传感器技术、数据分析、自动化控制等。只有保持对新知识的渴望，不断学习和掌握这些技术，才能在实践中灵活运用，解决物流过程中的实际问题。

　　此外，学习精神还体现在对技术创新的追求上。物流行业面临着不断变化的市场需求和技术挑战，只有不断学习，才能紧跟行业发展趋势，推动状态感知与执行技术的创新应用。这需要从业者保持开放的心态，勇于尝试新技术、新方法，不断提升自身的专业素养。

学习精神也是一种持续改进的态度。在应用物流状态感知与执行技术的过程中，难免会遇到各种问题和挑战。具备学习精神的人，会将这些问题视为学习的机会，通过反思和学习不断提升自己的问题解决能力，推动技术应用的不断完善和优化。

课后练习

一、单项选择题

1. 物流状态感知技术主要依靠（　　　）来实时获取物流信息。
　　A．人工智能　　　　　　　　　　　　B．物联网传感器
　　C．云计算　　　　　　　　　　　　　D．大数据分析

2. 在物流管理中，执行技术主要用于（　　　）。
　　A．数据收集　　　　　　　　　　　　B．信息分析
　　C．自动控制　　　　　　　　　　　　D．决策支持

3. 以下哪项不是物流状态感知与执行技术的优势。（　　　）
　　A．提高物流效率　　　　　　　　　　B．降低运营成本
　　C．增加人力需求　　　　　　　　　　D．优化资源配置

二、多项选择题

1. 物流状态感知技术可以监测以下哪些信息？（　　　　）
　　A．货物位置　　　B．运输温度　　　C．车辆速度　　　D．仓库湿度

2. 在智能物流系统中，执行技术可能包括哪些方面的应用？（　　　　）
　　A．自动分拣　　　B．路线规划　　　C．仓储管理　　　D．货物追踪

三、简答题

1. 简述物流状态感知技术在智能物流中的作用。
2. 请列举物流执行技术在提高物流效率方面的具体应用实例。
3. 为什么物流行业需要状态感知与执行技术的结合？请简要说明理由。

项目五　无线通信技术

项目目标

知识目标

◇　了解常用无线通信技术的种类。

◇　掌握蓝牙、ZigBee、UWB 和 NFC 技术的概念和特点。

◇　掌握 ZigBee 的设备类型和网络结构。

◇　掌握 NFC 技术的通信模式和业务模式。

◇　掌握无线通信技术在物流应用中的典型模式。

技能目标

◇　能根据物流企业提供的场景需求，为其选取合适的无线通信技术。

◇　初步具备无线通信技术方案设计的能力，能利用当今流行的无线通信技术，改变物流企业低效的业务流程，提高其智能化水平。

素质目标

◇　通过探索近距离无线通信技术的应用，培养自主学习能力和探究精神。

◇　通过了解近距离无线通信技术的发展，培养创新意识、科学精神。

◇　通过了解无线通信技术在我国物流行业中的应用，树立民族自豪感。

案例导入

NFC315 防伪仓储系统

给每一件商品配备一个易于查询的唯一身份码是许多中高端品牌的迫切需求。一方面，可以方便品牌消费者查询商品真伪，防止买到假冒品牌商品的同时为消费者带来更多增值服务；另一方面，可以实现企业内部商品生产、仓储、出入库的管理统计功能。天津某物联科技公司新推出的 NFC315 防伪仓储系统可以同时满足以上两方面需求，NFC315 防伪仓储系统主要使用了近距离无线通信技术。

在品牌防伪溯源方面，系统采用 NFC315 动态码芯片验证技术，消费者使用手机查询时无须预先安装 APP，靠近商品即可查看商品信息。每次查询动态码都会变化，复制无效。

在内部仓储管理方面，由于每件商品都有唯一编码，因此后台系统可以实现实时查看生产进度状态、库存统计和出入库管理追溯等功能，解决企业内部生产管理和审货问题。

近距离无线通信技术主要用于解决物流系统末端人员、物品、设备和设施等之间的有限距离或有限范围的无线通信问题。随着智慧物流的不断发展，物流系统的网络化程度不断提高，由中心向边缘蔓延，对近距离无线通信技术的依赖程度也越来越高，近距离无线通信技术在物流系统中的应用场景也日渐丰富。近距离无线通信技术已经成为智慧物流系统末端感知能力提升的重要基础。适应智慧物流系统需求多样化的特点，实际应用中经常是多种技术综合运用。

思考：什么是 NFC？NFC315 防伪仓储系统为企业带来了哪些好处？

任务一 无线通信技术认知

任务目标

通过此任务学习，掌握无线通信技术的分类及特点，熟悉无线通信技术的网络结构，掌握无线通信技术的通信模式和业务模式，初步具备无线通信技术方案设计的能力；同时，培养学生的自学能力、创新意识及团队合作精神。

相关知识

物联网领域的无线通信技术包括近距离无线通信技术（如蓝牙、ZigBee、UWB、NFC等），以及广域网无线通信技术（如 3G、4G、5G 通信网络等），本项目主要介绍近距离无线通信技术。

无线通信是利用电磁波信号可以在空间传播的特性进行信息交换的一种通信方式。在普通意义上，只需要通信收发双方经过无线电波传输信息，并且传输间隔限制在较短的范围内，就可以称为近（短）距离无线通信。近距离无线通信的主要特点是通信距离短，覆盖距离一般在几厘米至几百米。

近距离无线通信技术以其丰富的技术种类和优越的技术特点，满足了物物互连的应用需求，逐渐成为物联网架构体系的主要支撑技术。同时，物联网的发展也为近距离无线通信技术的发展提供了丰富的应用场景，极大地促进了近距离无线通信技术与行业应用的融合。

一、蓝牙技术

（一）蓝牙技术概述

蓝牙（Bluetooth）技术是一种无线数据与语音通信的开放性全球规范，以低成本的短距离无线连接为基础，可为固定的或移动的终端设备（如计算机、手机等）提供廉价的接入服务。其实质是为固定设备或移动设备之间的通信环境建立通用的近距离无线接口，将通信技术与计算机技术结合起来，使各种设备在没有电线或电缆相互连接的情况下，能在近距离范围内实现相互通信或操作。其传输频段为全球通用的 2.4GHz ISM（Industrial, Scientific and Medical 工业、科学和医疗）频段。

（二）蓝牙的技术特点

1. 蓝牙模块体积小，便于集成

蓝牙模块的体积很小，例如 LG Innotek 生产的低功耗蓝牙模块，尺寸仅有 6mm×4mm。正是因为其体积小，蓝牙模块能够很好地集成到个人移动设备中，如平板电脑、手机、手环、耳机等。

2. 低能耗

蓝牙设备在通信连接状态下，有激活、呼吸、保持和休眠四种工作模式。激活模式是正常的工作状态，另外三种模式是为了节能所设计的低能耗模式。经典蓝牙技术的能耗参考值为 1W，蓝牙低能耗（BLE）技术根据使用情况的不同，其能耗值为 0.01 ～ 0.5W。

3. 全球范围适用

蓝牙在 2.4GHz ISM 频段工作。全球大多数国家的 ISM 频段范围是 2.4 ～ 2.4835GHz，使用该频段无须向各国的无线电资源管理部门申请许可证，适用范围非常广。

4. 可同时传输语音和数据

蓝牙采用电路交换和分组交换技术，支持同步语音信道、异步数据信道和同步语音与异步数据同时传输的信道。

5. 具有良好的抗干扰能力

在 ISM 频段工作的无线电设备有很多种，如微波炉、无线局域网等产品，为了更好地抵抗来自这些设备的干扰，蓝牙采用了跳频方式来扩展频谱，将 2.402 ～ 2.48GHz 频段分成 79 个频点，使得间隔 1MHz 就可得到相邻的频点。蓝牙设备在某个频点发送完数据之后，才会再跳至另外不同的频点进行发送，而频点排列的顺序是个伪随机序列，频率是 1 600 次每秒，而任何一个频率的保持时间是 625μs。

6. 可以建立临时性的对等连接

依据蓝牙设备在网络中扮演的不同角色，可将其分为主设备和从设备。蓝牙在主网连接时主动发起连接的设备是主设备，而响应连接的是从设备。不同的蓝牙设备通信时，可建立临时性的对等连接（Ad-hoc Connection）。

7. 成本低

随着市场需求的扩大和供应商不断提供大量的蓝牙芯片与模块，蓝牙产品的价格也迅速降低。

8. 接口标准开放

蓝牙技术联盟（SIG）为了推广蓝牙技术的使用，将蓝牙的技术标准完全公开，全世界范围内的任何单位和个人都可以开发蓝牙产品，只要最终通过 SIG 的蓝牙产品兼容性测试，就可以将产品推向市场。

二、ZigBee 技术

ZigBee 可以构建一个由多达数万个无线节点组成的无线传感器网络（WSN），每个节点类似移动网络的一个基站，在整个网络范围内，可实现相互间的通信。ZigBee 主要应用在短距离范围之内并且数据传输速率不高的各种电子设备之间。

（一）ZigBee 的设备类型

ZigBee 网络中有三种拓扑结构和设备类型，即 ZigBee 协调器、ZigBee 路由器和 ZigBee 终端设备，如图 5-1 所示。

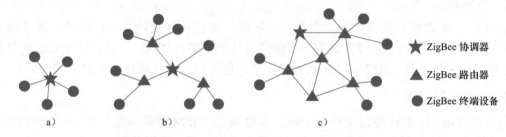

图 5-1　ZigBee 网络的三种拓扑结构

a）星形结构　b）树状结构　c）网状结构

协调器是功能最强的设备，构成网络树的根，可以连接到其他网络。每个网络中只有一个协调器，因为它是最初启动网络的设备。协调器存储有关网络的信息，包括充当安全密钥的信任中心和存储库。

路由器负责中继来自其他节点的数据包，从而实现终端设备之间的数据通信。

终端设备只包含与父节点（协调器或路由器）通信的功能，不能为其他设备中继数据。这种关系允许节点在相当长的时间内处于休眠状态，从而延长电池寿命。

（二）ZigBee 的网络结构

ZigBee 支持三种无线网络拓扑结构，分别是星形（Star）、树状（Cluster Tree）和网状（Mesh）结构，如图 5-1 所示。

星形拓扑中没有路由器，协调器负责在网络中路由数据包，启动和维护网络上的设备；终端设备只能通过协调器进行通信。其缺点是容易出现单点故障，协调器失效将导致整个网络崩溃，星形中心会成为网络带宽的瓶颈。

在树状拓扑中，协调器负责建立网络，并设置某些关键的网络参数。路由器可以是协调器的子节点，也可以是其他路由器的子节点，负责使用分层路由策略通过网络传递数据和控制消息。终端设备是协调器或路由器的子设备，其仅通过路由器或协调器与另一终端设备通信。树状拓扑的缺点是如果父节点关闭，则子节点将无法访问。

网状拓扑，也称自我修复拓扑，支持完整的点对点通信。网状拓扑中有一个协调器、多个用于扩展网络的路由器和可选的终端设备。协调器负责建立网络并设置某些关键网络参数。在此拓扑中，路由器可以作为终端设备使用，但不能发出信标。由于网状拓扑具有自我修复功能，所以协调器的故障不会导致单点故障。与另外两种拓扑结构相比，网状拓扑最不容易发生链路故障。其缺点是复杂且难以设置，尤其是节点上的投入成本比较大。

（三）ZigBee 的技术特点

1. 低功耗

由于传输速率低、通信距离短，其发射功率仅为 1MW，而且 ZigBee 芯片的多种电源管理模式可以有效地对节点的工作和休眠进行配置，从而使得系统在不工作时可以关闭无线设备，极大地降低系统功耗，节约电池能量。据估算，一个 ZigBee 终端设备采用一节普通容量的锂电池就可以维持 0.5 ～ 3 年的使用时间。对于某些工作时间和总时间（工作时间＋休眠时间）之比小于 1% 的情况，电池的寿命甚至可以超过 10 年。这是 ZigBee 的突出优势，而蓝牙仅能工作数周，WiFi 仅能工作数小时。

2. 成本低

与其他网络技术相比，ZigBee 数据传输速率低，通过大幅简化协议降低了对通信控制器的要求，能够运行在计算能力与存储能力都非常有限的微控制单元（MCU）上。ZigBee 协议是免费的，每块芯片的价格也非常便宜。ZigBee 技术适用于成本控制严格的场合。

3. 低速率

ZigBee 工作速率在 20 ～ 250Kb/s 之间，分别提供 250Kb/s（2.4GHz）、40Kb/s（915MHz）和 20Kb/s（868MHz）的原始数据吞吐率，能够满足低速率数据传输应用的需求。

4. 近距离

ZigBee 相邻节点间传输距离一般为 10 ～ 100m，在增大发射功率后，可增加到 1 ～ 3km。通过增加路由和节点间通信的接力，传输距离可以更远。

5. 短延时

ZigBee 网络的响应速度较快，从睡眠状态进入工作状态一般只需 15ms，节点连接 ZigBee 网络只需 30ms，进一步节省了电能。

6. 高容量

ZigBee 可采用星状、树状和网状三种结构，由主节点来管理子节点。一个主节点最多可管理 254 个子节点。同时，主节点还可以由上一层网络节点管理，最多可组成包含 65 000 个节点的大网。

7. 高安全

ZigBee 提供了三级安全模式，即无线安全设定、访问控制清单（Access Control List，ACL）和对称密码。使用 ACL 可以防止非法获取数据；采用高级加密标准（AES 128）的对称密码，可以灵活确定其安全属性。

8. 工作频段灵活

ZigBee 使用频段为 2.4GHz、868MHz（欧洲）和 915MHz（美国），均为免执照（免费）的频段。

三、UWB 技术

（一）UWB 技术概述

超宽带（Ultra Wide Band，UWB）技术是另一个新发展起来的无线通信技术。UWB 通过基带脉冲作用于天线的方式发送数据。脉冲采用脉位调制（Pulse Position Modulation，PPM）或二进制移相键控（BPSK）调制。UWB 被允许在 3.1 ～ 10.6 GHz 的波段内工作，主要应用在小范围、高分辨率、能够穿透墙壁、地面和身体的雷达和图像系统中。这种新技术适用于对数据传输速率要求非常高（大于 100Mb/s）的局部区域网（LAN）或个人局域网（PAN）。

（二）UWB 的技术特点

1. 系统结构的实现比较简单

当前的无线通信技术所使用的通信载波是连续的电波，载波的频率和功率在一定范围内变化，利用载波的状态变化来传输信息。而 UWB 技术则不使用载波，它通过发送纳秒级非正弦波窄脉冲来传输数据信号。UWB 系统允许采用价格低廉的宽带发射器。同时在接收端，UWB 系统的接收机也有别于传统的接收机，不需要中频处理。因此，UWB 系统结构的实现比较简单。

2. 高速的数据传输

民用商品中，一般要求 UWB 信号的传输范围为 10m 以内。根据信道容量公式，民用商品数据传输速率可达 500Mb/s，UWB 技术是实现 WPAN 和 WLAN 的一种理想调制技术。UWB 技术以非常宽的频率带宽来换取高速的数据传输，并且不单独占用已经拥挤不堪的频率资源，而是共享其他无线技术使用的频带。在军事应用中，UWB 技术可以利用巨大的扩频增益来实现远距离、低截获率、低检测率、高安全性和高速的数据传输。

3. 功耗低

UWB 系统使用间歇的脉冲来发送数据，脉冲持续时间很短，一般为 0.20 ～ 1.5ns，有很低的占空比。系统耗电很低，在高速通信时系统的耗电量仅为几百微瓦至几十毫瓦。民用 UWB 设备的功率一般是传统移动电话所需功率的 1/100 左右，是蓝牙设备所需功率的 1/20 左右。因此，UWB 设备与传统无线通信设备相比，在电池寿命和电磁辐射上有着很大的优势。

4. 具有良好的共存性和保密性

由于 UWB 系统辐射谱密度极低（小于 -41.3 dBm/MHz），一般把信号能量弥散在极宽的频带范围内。对于传统的窄带系统来讲，UWB 信号谱密度甚至低至背景噪声电平以下，UWB 信号对窄带系统的干扰可以视为宽带白噪声。因此，UWB 系统与传统的窄带系统有着良好的共存性，这对提高日益紧张的无线频谱资源的利用率是非常有利的。同时，极低的辐射谱密度使 UWB 信号具有很强的隐蔽性，很难被截获，采用编码对脉冲参数进行伪随机化后，脉冲的检测将更加困难，这对提高通信保密性是非常有利的。

5. 多径分辨能力强

由于常规无线通信的射频信号大多为连续信号或其持续时间远大于多径传播时间,多径传播效应限制了通信质量和数据传输速率。但 UWB 无线电发射的是持续时间极短且占空比极小的单周期脉冲,多径信号在时间上是可分离的。假如多径脉冲要在时间上发生交叠,其多径传输路径长度应小于脉冲宽度与传播速度的乘积。由于脉冲多径信号在时间上不重叠,很容易分离出多径分量以充分利用发射信号的能量。大量的实验表明,对常规无线电信号多径衰落深达 10 ~ 30dB 的多径环境,对超宽带无线电信号的衰落最多不到 5dB。

6. 定位精确

冲激脉冲具有很高的定位精度。采用 UWB 技术,很容易将定位与通信合一,而常规无线电难以做到这一点。UWB 技术具有极强的穿透能力,可在室内和地下进行精确定位,而卫星定位系统只能工作在定位卫星的可视范围之内。与卫星定位提供绝对地理位置不同,超宽带无线电定位器可以给出相对位置,其定位精度可达厘米级。此外,超宽带无线电定位器更便宜。

7. 工程简单,造价便宜

在工程实现上,UWB 技术比其他无线技术要简单得多,可实现全数字化。它只需要以一种数学方式产生脉冲,并对脉冲进行调制。而实现上述过程所需的电路都可以被集成到一个芯片上,设备的成本很低。

四、NFC 技术

(一)NFC 技术概述

近场通信(Near Field Communication,NFC)技术是一种短距离的高频无线通信技术,允许电子设备之间进行非接触式点对点数据传输和交换数据。NFC 技术是在无线射频识别技术(RFID)和互联技术整合基础上发展而来的,只要任意两个设备靠近而不需要线缆接插,就可以实现相互间的通信,可以用于设备的互联、服务搜寻以及移动商务等领域。NFC 作为一种简单易用的近距离无线技术,由于其对消费者的巨大吸引力以及便捷的使用方式,目前正迅速成为世界各地运营商、手持设备制造商、信用卡公司和公共交通系统的首选技术,该技术可以进行安全支付和票务等非接触交易。

(二)NFC 的通信模式

NFC 有主动和被动两种通信模式。

1. 主动模式

主动模式下,NFC 设备要向其他设备发送数据时,发起设备和目标设备都需要产生自己的射频场,可以快速获取连接设置。发起设备指最先发起初始命令的设备,目标设备指应答一方,两者采用的是半双工通信技术,防止数据冲突。

2. 被动模式

被动模式下,发起设备提供整个通信的射频场,选择合适的传输速度。目标设备不必产生射频场，只需使用负载调制（Load Modulation）技术，以相同的速度将数据传回发起设备。移动设备通过采用被动模式进行通信，能够大幅降低功耗，并延长电池寿命。

（三）NFC 的业务模式

1. 卡模拟模式（Card Emulation Mode）

NFC 设备（如手机）可以模拟成为一张非接触卡，读写器通过读取 NFC 设备采集数据，然后将数据传送到应用系统进行处理，由于卡片通过非接触读卡器的射频场来供电，即便是 NFC 设备没电也可以工作，可应用于移动支付、公交乘车、门禁管制等。

2. 读卡器模式（Reader/Writer Mode）

NFC 设备可以通过触碰 NFC 标签（Tag），从中读取非接触标签中的内容，作为非接触式读写器，采集数据并发送到对应的应用进行处理。读卡器模式可应用于海报、酒类防伪读取等。

3. 点对点模式（P2P Mode）

两个 NFC 设备可以近距离进行数据交换。NFC 的传输距离较短，但传输创建速度较快，能够实现点对点数据传输。点对点模式可应用于快速建立手机数据传输、蓝牙连接等。

（四）NFC 的技术特点

1. 安全性较二维码高

和成本较低的二维码相比，NFC 是双向的，最终解密后的密钥有加密算法，又是存储在手机加密芯片里的，所以其安全系数高。

2. 方便快捷

NFC 支付不需要联网，也不用打开 APP 再调出，直接在终端前轻轻触碰即可。例如，小区门禁、公交刷手机等，效率非常高。

3. 具有物理属性

NFC 允许两个设备之间进行数据传输，如传文件等。

4. 需要交互

NFC 需要交互才能发挥作用，只有一个 NFC 设备无法实现读取功能，必须相互支持（硬件标准和协议）才能进行识别。

任务训练

一、任务背景

FedEx 作为全球领先的物流企业，一直致力于利用先进技术提升物流运作效率。近年来，FedEx 在其仓储管理中引入了蓝牙技术，实现货物信息的快速、准确交换，大大提高了拣选效率，具体应用如下：

（1）蓝牙数据传输模块。FedEx 为每个货架安装了一个蓝牙数据传输模块，该模块可以实时接收来自移动设备的货物信息。通过配备蓝牙功能的移动设备（如平板电脑、智能手机），工作人员可以快速扫描货物的条形码或 RFID 标签，将货物信息录入系统。蓝牙数据传输模块将这些信息实时传输到仓储管理系统中，确保数据的实时更新和准确性。

（2）自动拣选清单生成。仓储管理系统根据订单需求，通过蓝牙连接自动生成拣选清单。工作人员按照清单上的指示，前往相应的货架位置进行拣选。这种方式减少了人工查找和录入货物信息的时间，提高了拣选效率。

（3）实时库存管理。通过蓝牙连接，仓储管理系统可以实时追踪货物的库存情况。当库存量低于预设阈值时，系统自动生成补货清单，并通知工作人员进行补货操作。这种智能化的库存管理方式确保了库存的准确性和及时性。

（4）人机协同工作。在拣选和配货环节，蓝牙技术为人机协同工作提供了支持。工作人员可以利用移动设备接收来自系统的指令，快速、准确地完成拣选和配货操作。同时，系统可以自动记录工作进度，提高整体工作效率。

二、任务要求

结合任务背景进行实际调研，分析智能拣选系统中应用蓝牙技术的优势和发展，并制作 PPT 向全班汇报。

三、任务实施

（1）分组进行调研和分析，每组 3 ～ 4 人。
（2）明确组内成员分工。
（3）选择调研方式，实地调研、网上调研或两者相结合。
（4）分析智能拣选系统中应用蓝牙技术的优势和发展，完成 PPT 制作和成果展示。

四、任务评价

序号	评价内容	评价标准	分值	完成情况
1	分析蓝牙技术的优势和发展	分析正确、条理清晰	50	
		理论联系实际	30	
2	PPT 展示	PPT 内容丰富，逻辑清晰，表达流畅	20	
		合计	100	

拓展训练

（1）滴滴出行是现代无线通信技术在出行方面进行人车匹配的一种流行方式，请调研其运用了哪些先进的无线通信技术，并弄清其具体的运作模式。

（2）滴滴出行的无线通信技术能不能运用在车货匹配上？目前有没有公司在进行车货匹配的业务？运营情况如何？这种模式的关键问题有哪些？运用无线通信技术能否解决？

实训要求：根据调研内容，完成调研报告，并制作 PPT 向全班汇报。

任务目标

通过此任务学习，熟悉无线通信技术在物流应用中的典型模式；同时，培养学生的科学精神和创新精神。

相关知识

近距离无线通信技术在物流系统中的应用不断深入，蓝牙、ZigBee、UWB 和 NFC 等技术能够提高物流系统末端的信息感知和交互能力，并进一步促进物流运营与管理模式的创新与发展。

一、蓝牙技术在物流中的应用

（一）车载蓝牙系统

车载蓝牙系统中的物品运输状态记录系统用于收集物品运输过程中的状态信息并进行记录，可作为事后责任划分的重要证据。状态信息包括储藏环境信息（冷链物流）、行驶状态数据（倾角、振动、碰撞等）和驾驶行为数据（急加速、急刹车、疲劳驾驶等）。

（二）基于蓝牙技术的 LBS 应用

基于位置的服务（Location Based Services，LBS）中主要是应用蓝牙技术（蓝牙 5.0）的无线通信和室内精准定位能力。

1. LBS 系统的硬件模块

LBS 系统的硬件组成模块包括定位与综合感知终端、定位基站、网络连接与交换设备、配额与引擎服务器以及业务平台支撑集群，不同模块硬件设备分别承担数据获取与指令传达、数据透传与预处理、数据传输与转发、数据计算与呈现以及资源优化与远程支持等方面的任务。

（1）定位与综合感知终端。定位与综合感知终端涉及多种形态的终端设备，包括定位信标、定位工牌、资产标签、穿戴设备、手机移动终端和专用移动终端等。定位信标只具备简单的定位功能。定位工牌是针对工作场景下员工的定位标签，除了最基本的定位、模式转换和告警接收功能，定位工牌写入并可读取员工相关信息，对仓储空间的业务操作人员位置管理和调度提供基础数据支撑。资产标签除了定位标签的定位、模式转换和告警接收三个基本功能，还涉及物资仓储环境监测方面的功能。穿戴设备在物流仓储环境中拥有不同的形态，头盔、靴子、手套和手环等都内置了基础定位模块的基本功能。手机移动终端则是将仓储物流场景中的工作人员手机作为定位终端，除非是专门的定制机型，一般情况只具备基础信标的定位功能。专用移动终端是针对仓储物流空间 LBS 的定制开发的终端设备，除了基本的定位三项功能，还可以增加复杂信息的下发显示与现场信息的录入上传。

（2）定位基站。定位基站作为整个定位系统中信号处理与数据透传的核心中转节点，固定在物流仓储空间中的确定已知位置。定位基站位置测量的精确性在很大程度上影响着最终定位结果的准确性。

（3）网络连接与交换设备。在整个 LBS 网络系统中，定位与综合感知终端和定位基站利用电磁波通信协议进行通信和数据交换；基站端与服务端或平台支撑集群的通信是通过有线网络或无线通信进行的，通过有线网络时需要经由交换机对数据进行转发；服务端与平台支撑集群也是通过有线网络通信，通过链路中交换机与路由器进行数据包的转发和转换。

（4）配额与引擎服务器。配额与引擎服务器为 LBS 提供基本的硬件支撑，存储所有 LBS 服务所需的信息并响应用户的定位服务请求。LBS 服务所需的信息分布式存储于多个服务器中，每个服务器只负责管理某一区域的信息。配额服务器接收用户定位请求，并根据位置信息和用户的选择向引擎服务器转发定位请求，然后从引擎服务器接收定位回复，从而向用户提供定位服务。

（5）业务平台支撑集群。业务平台支撑集群并非必需的组成部分，主要针对大容量支撑与复杂功能处理的二次集成应用，部分项目还需要远程灾备功能。平台支撑集群的组成包括计算资源、存储资源与内外网络资源。各项资源的数量需求参考应用场景终端支持体量、延迟时间要求，以及应用复杂程度等方面，再综合要求和考虑经济性、冗余度与安全性等指标，然后进行硬件配置与软件设计。

2. LBS 系统架构

LBS 系统的基本架构包括感知层、网络层、引擎层（支撑层）与应用层，如图 5-2 所示（由右至左）。

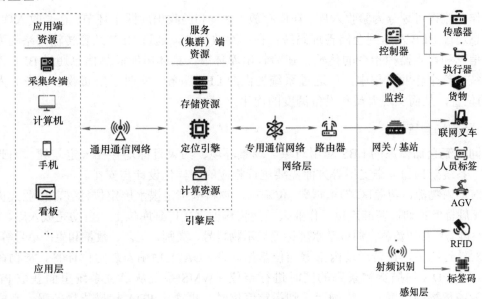

图 5-2　LBS 系统架构

感知层涵盖基本的感知物联终端，包括由控制器连接的传感器和执行器；定位基站（也可充当网关）连接定位信标固定端——货物、联网叉车、人员标签与 AGV；射频识别终端连接 RFID 标签或货物标签码。网络层主要有网络中间设备（路由器、交换机）和网络线缆。引擎层的服务端资源包括上端集成计算服务器、基础定位引擎服务器、存储服务器以及服务器间的连接线缆资源。部分物流仓储项目需具备远程控制与灾备资源。应用层涵盖多种不同的显示硬件形态，包括具备显示效果的采集终端、计算机、手机、看板等。其中的服务应用包括了多种形态，可针对更为丰富复杂的服务应用进行二次集成开发，可满足潜在上层用户对围栏报警、轨迹查询和热点分布等应用功能的需求。

3. LBS 系统的作业流程

LBS 系统可基于专线网络、内部网络或外部互联网环境使用，系统包括入库管理、仓位管理、库存管理（包括在库物品监控、查询和盘点）、出库管理、合同管理、报表管理、费用管理和系统管理等模块，如图 5-3 所示。

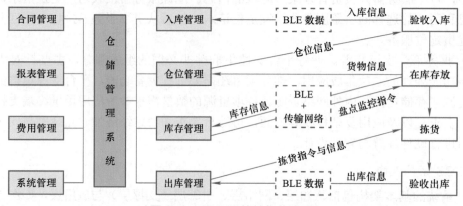

图 5-3　LBS 系统的作业流程

其作业流程可划分为验收入库、在库存放、拣货和验收出库四个环节。在验收入库环节，入库信息通过 BLE 发送到仓储管理系统；在库存放环节，通过 BLE 结合传输网络的方式进行库存信息和盘点监控指令的传输；在验收出库环节，具体出库商品信息通过 BLE 无线传输给系统。整个作业过程中，可通过系统提供的 LBS 服务，实时了解货物、叉车、人员与 AGV 的位置，从而实现人员和设备调度的优化。

4. 特定场景管理

不同物流仓储体系的 LBS 应用对象、场景环境、约束目标均存在一定差异，因此在功能细节、系统架构和运维支持等方面需要进行相应的差异化设计与安排。

针对厂内物流，覆盖区域均部署定位基站，物料框绑定墨水屏定位标签，作业人员佩戴相应的工牌标签；通过精准定位，作业人员把物料框直接推到库位上，自动完成入库、出库、移库，不再需要扫码流程；通过墨水屏标签显示物料号、类别、工艺、数量和生产单号等信息。

针对转运物流，在转运场内部署定位基站，在 PDA 上粘贴安装定位标签。货物在垛口卸车时，在 PDA 扫描货物条码的同时进行定位（WMS 系统从定位系统里面获取 PDA 位置，即为该货物的位置）。货物运送到指定库位时，再次用 PDA 扫描货物条码，完成货物上架入库，并记录该货物最终位置。找货/出货时，只需要输入货物条码，即可知道该货物的真实存放位置。

电商行业具有库存周转快、进出库效率要求高、品类丰富（SKU 量大）、商品规格差异大、出库订单 SKU 数少的特点，需要在货物标签端对货物品类信息建立多层次的字段结构。在场内物流与转运物流的功能基础上，LBS 服务可建立针对电商物流仓储品类进出库组合规律的数据分析子系统，针对进出库的货品频次、体量与组合规律，不断调整和变化货物仓储的位置、字段层次规律与在库体量。

针对吊运工具，需要将其位置纳入坐标管理，将采集的 (x, y, z) 位置数据上传至平台。基于吊装端与货物的匹配，实现对货物管理的三维可视化，提高入库、出库、移库的效率，减少人力投入，提高智能化管理水平。

针对人车安全，需要给车辆安装车载定位标签及声光报警器，人员佩戴相应标签。人车距离小于设定的预警区域安全值，报警器发出闪烁提示。通过人工设定，系统也可启用免报功能。

二、ZigBee 技术在物流中的应用

在仓储管理信息系统中引入 ZigBee 技术，利用 ZigBee 组成的无线传感器网络低能耗、网络容量大、成本低的特点，开发基于 ZigBee 设备的无线传感器网。在每批货物上安置一个 ZigBee 的终端设备，把设备对应货物的信息以及采集到的货物的位置偏移和周围的环境温度、湿度等参数，应用 ZigBee 无线通信的方式发送到终端设备的路由器，再由路由器转发到网络协调器，最后上传至数据控制管理中心。

如图 5-4 所示，控制中心、通信网络、ZigBee 网络协调器、路由器、终端设备组成了适合运用在仓储管理信息系统中的 ZigBee 树状结构，通过 ZigBee 的网络系统对入库、在库和出库的产品进行管理。

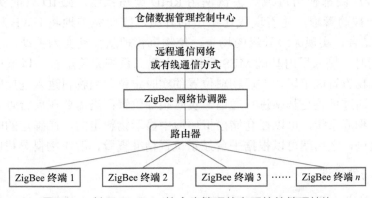

图 5-4　基于 ZigBee 的仓库管理信息系统的管理结构

（一）货物入库

货物入库前置于货物上的 ZigBee 终端设备记录了货物的型号、出厂日期等详细信息。货物经过仓库入口，信息会自动传输到入口处的路由器网络中，并通过路由器将信息传给网络协调器，最后由网络协调器传给控制中心。

（二）货物的区域定位、转移

仓库内的 ZigBee 网络可以实时读取货物的各种信息，控制中心据此判断货物的存放区域，统计仓库使用情况，并据此安排货物的入库存放位置。

（三）库存数量清点

根据需要，上位机通过 ZigBee 网络系统可以定期对库存的物品进行清点，及时处理发现的问题。

（四）温湿度监测与报警

ZigBee 设备终端的温湿度传感器对货物周围的环境温湿度进行实时的监测，并根据预设的环境参数的上下限，通过路由器向网络协调器报警，网络协调器将报警信息上传至控制中心，通知管理人员及时处理。

（五）货物出库

货物出库时，通过网络协调器、路由器、ZigBee 终端设备指定要出库的货物，并确认出库信息正确后，允许货物出库。

三、UWB 技术在物流中的应用

UWB 在物流中主要使用的是其精确定位的功能，其主要应用场景为仓储管理。借助于 UWB 的精准定位可以进一步提高仓储管理过程中的感知、协调和控制能力，从而实现仓储管理的现代化与智能化。实际应用中，一般需要融合 RFID 读写系统、UWB 定位系统和 MES 物流系统。

（一）物资管理系统

现在大部分厂商都使用过或者尝试使用 RFID 读写系统。RFID 只能实现一个区域定位的效果，属于被动管理。随着现代化工厂的升级，需要完美地将 UWB 精确定位系统与 RFID 系统无缝结合，实现无缝升级的场景，使物资管理从被动变为主动，全面提升工厂的产能和效率。同时，接入厂内基础 MES 系统，实现三系统完美融合，以低成本、少人力方式彻底实现融合物流智能工厂，实现物料位置的实时定位。当物料进入仓库时，将定位标签安装到物料上，通过标签与基站进行通信，实时跟踪位置；当需要在后台查看某一物料的信息时，借助融合物流系统，可以在仓储模拟环境中显示物料走向，在确定的时间区间内清晰呈现物料移动轨迹，之后就可以根据平台显示位置精准查看，解决物料寻找困难的问题。

（二）作业场地管理

依靠 UWB 精准定位技术（厘米级）可以在融合物流系统上模拟仓储地图，并在地图上进行区域划分。以区域为单位可以适应仓储企业分类堆料、分类存储管理、分类调度等需求，灵活处理仓储实际业务。结合危险区域划分还可以报警提醒进入人员。结合区域内自动盘点，可以精确计算区域内物料数量。

（三）设备及人员安全管理

在仓储区域内，通过绑定电子标签，可实现对人员和车辆的实时精确定位。人员使用的电子标签可以是帽子、工牌或手环等。

当人员距离移动叉车较近或者靠近划分好的危险电子围栏区域时，人员佩戴的标签就会报警提示佩戴人，并将记录上传至后台系统，防患于未然。叉车安装电子标签后就能精确计算它与目标的距离，可以帮助叉车避免碰撞物料或碰撞人员；在危险区域作业过程中，当叉车过于靠近物料、人员、危险区域时，叉车标签就会提示驾驶员，让驾驶员及时做出反应，从而避免危险发生。

四、NFC 技术在物流中的应用

物流行业中的仓储、拣选、配送等场景都可以应用 NFC 技术，主要的应用包括人员身份认证、物品追溯和防伪验证、冷链物流 NFC 温度记录以及 NFC 锁具等。

（一）人员身份认证

人员身份认证的方式有很多，但 NFC 有其特有的优势。NFC 在传输范围上也许比不上蓝牙、红外等通信手段，但是其安全性非常高，特别是在安全元件的帮助下，NFC 卡模拟功能成为身份识别的重要手段。NFC 芯片中可以记录用户信息，用于用户的身份识别与认证。与 RFID 标签和 IC 卡等方式不同，支持 NFC 功能的设备（如智能手机）可以模拟成NFC 标签，并且一台设备可以模拟多个标签，所以其灵活性和便捷性更高。

NFC 是一项适用于门禁系统的技术，这种近距离无线通信标准能够在几厘米的距离内实现设备间的数据交换。NFC 还完全符合管理非接触式智能卡的 ISO 标准，这是其成为理想平台的一大显著特点。通过使用配备 NFC 技术的手机携带便携式身份凭证卡，以无线方式由读卡器读取，用户只需要在读卡器前出示手机即可开门（如图 5-5 所示）。配送中心、仓库等物流场所可用 NFC 门禁系统进行人员身份识别，保障货物安全。

（二）物品追溯和防伪验证

基于 NFC 技术的物品标签能够记录流转过程，提高物流过程的可追溯性，包括商品本身的防伪验证、过程的防伪验证（食品、医药以及需要认证的行业）、特种检验和资质证书验证等。NFC 标签和二维码同样是标签技术，但是其利用了射频标识的特性，增加了状态、时间、地点等多种信息，而不仅仅是标记。NFC 标签记录的是动态信息，信息记载会伴随物体和商品状态的变化而更新。同时，NFC 标签可以设置不同级别和权限，不同的操作人员可看到的和可写入的信息不同。另外，NFC 标签能够和手机交互，利用云计算引入外部关联信息（包括图文）。所以，NFC 标签追踪的不仅仅是物品，还包括过程和状态，使物流进化为工作流，从而实现过程控制，并且简化了书面工作，避免差错。其具体工作过程如图 5-6 所示。

图 5-5　NFC 门禁系统读卡器

图 5-6　物品追溯和防伪验证过程示例

（三）冷链物流 NFC 温度记录

冷链物流在生物制药、化工、农业等行业的产品运输中发挥着越来越重要的作用，在整个冷链周期中需要对产品的温度进行监测。目前，一般温度记录仪的价格昂贵、体积庞大，并且电池寿命短。基于 NFC 技术可以开发出具有成本效益且耐用的智能标签，提供易腐货物完整的温度历史记录。这种温度标签非常薄，很容易集成到包装当中（如图 5-7 所示），电池使用寿命长达一年或更长时间，含有 28KB 的存储器，可建立整个物流链的信息追踪，对物流过程进行追溯。

（四）NFC 锁具

NFC 锁具呈盒式（如图 5-8 所示），安装在集装箱、火车等门禁的把手上，将把手隐藏在锁箱体内。锁具的结构杜绝了利用液压剪和撬锁开启的可能性，防止暴力开锁，其电池是通过太阳能板自动充电，即使一直处于无光照状态，锁具也可正常使用 6 个月以上，无须担心电量问题。

图 5-7 NFC 温度记录标签

图 5-8 NFC 锁具

 任务训练

一、任务背景

快递面单成为信息泄露重灾区

在快递实名制全面普及后，一张小小的快递面单上，姓名、电话、地址等个人信息一应俱全，快递面单成为个人信息泄露的重灾区。2022 年，浙江余姚警方通报打掉一条新型侵犯公民个人信息的黑灰产业链。该团伙利用木马软件盗取始发云仓快递面单信息 500 余万条并卖给诈骗团伙，半年获利 3 000 余万元。据犯罪嫌疑人交代，快递面单依据新鲜度、类别标价，价格最高的是单品类的实时面单，多为当天生成、还未签收的，常见单品有母婴、化妆品、服装等。平均起来，一张快递面单以 1 ~ 2 元价格卖出。经过层层加价，快递面单最终以 5.5 ~ 7 元卖到境外"料商"手中，成为网络诈骗等电信违法活动的"武器弹药"。

二、任务要求

（1）2017 年以来，部分快递企业和平台推出了隐私面单（将收件人手机号码中间 4 位以星号代替，或隐去具体地址），试分析隐私面单的优势和不足。

（2）请思考如何使用 NFC 技术解决由快递面单导致的隐私泄露问题，并给出初步的技术方案。

三、任务实施

（1）网上调查并结合实际，分析隐私面单的优势和不足。

（2）针对 NFC 技术的非接触式智能卡功能和隐私面单的不足进行分析。

（3）给出初步的技术方案，进行展示。

四、任务评价

序号	评价内容	评价标准	分值	完成情况
1	分析隐私面单的优势	分析正确、条理清晰	30	
2	分析隐私面单的不足	分析正确、条理清晰	20	
		理论联系实际	20	
3	NFC 技术方案	选择一个功能切入，分析正确	30	
	合计		100	

拓展训练

　　无线通信技术在顺丰的发展历程中起到了关键作用，特别是在近年的数字化转型中，实时追踪与定位、自动化仓储管理、智能路线规划、无人驾驶车辆与无人机配送等方面都取得了巨大的成就。

　　实训要求：通过实地调研或网络搜索，分析无线通信技术在快递领域的具体应用情况，并在课堂上进行展示、交流。

职业素养

无线通信技术助力催生新的产业形态

　　当前，我国的通信基础设施建设、网络覆盖率、网民规模及结构和互联网应用等都走在全球前列。截至目前，我国已建成全球规模最大的光纤和移动通信网络，同时与新兴技术深度融合，共同催生新的产业形态，推动形成新的经济模式，有力推动产业结构优化升级，推动社会和经济的高质量发展。未来，无线通信的速度和稳定性将进一步提高，为各个领域尤其是物流领域带来更多的创新和改变。

　　我们要对无线通信技术推动智慧物流发展充满信心，积极进取，直面挑战，勇于进一步探索无线通信技术在物流领域中的应用前景，促进无线通信技术在物流领域的创新和应用。

课后练习

一、单项选择题

1. （　　）技术是一种短距离的高频无线通信技术，允许电子设备之间进行非接触式点对点数据传输和交换数据。

  A．蓝牙   B．ZigBee   C．NFC   D．UWB

 2．（ ）不属于 NFC 技术的特点。

  A．安全性较高 B．方便快捷 C．具有物理属性 D．成本低

 3．（ ）技术是一种无线数据与语音通信的开放性全球规范，以低成本的短距离无线连接为基础，可为固定的或移动的终端设备提供廉价的接入服务。

  A．蓝牙   B．ZigBee   C．NFC   D．UWB

二、多项选择题

1．ZigBee 网络中的三种拓扑结构设备类型包括（ ）。

  A．ZigBee 协调器   B．ZigBee 路由器

  C．ZigBee 终端设备   D．ZigBee 控制器

2．ZigBee 技术支持的无线网络拓扑结构有（ ）。

  A．星形结构 B．树状结构 C．条状结构 D．网状结构

3．NFC 的业务模式有（ ）。

  A．卡模拟模式 B．读卡器模式 C．点对点模式 D．线对线模式

三、简答题

1．蓝牙技术具有哪些特点？

2．NFC 技术在物流领域中的应用有哪些？

3．NFC 的通信模式有哪些？

项目六　互联技术

—— 项目目标 ——

知识目标

◇ 掌握以太网的分类及特点。

◇ 熟悉以太网的组网设备及常用方案。

◇ 掌握广域网的概念、组成和层次结构。

◇ 熟悉广域网的传输技术、接入技术和通信协议。

◇ 掌握物联网的概念、特征和体系架构。

技能目标

◇ 能根据企业提出的信息需求，为企业选取合适的数据传输方式。

◇ 初步具备小型局域网设计的能力，能利用当前流行的通信手段，改变企业传统的数据传输方式，优化作业流程。

◇ 初步具备物联网系统的设计思路，能够将所学知识应用于实际场景中。

素质目标

◇ 通过探索互联技术的应用，培养自主学习能力和探究精神。

◇ 通过理解互联技术的发展，培养创新意识、科学精神。

案例导入

零漫游实现全覆盖

广西某医药公司是一家以医院销售为主、零售药店和第三终端并重发展的区域性医药流通企业。柳州某医药物流配送中心总投资 3 亿元，总建筑面积 16.6 万 m²，是柳州乃至全广西地区医药运输和配送的重要物流中心之一。

在新物流中心，如何利用无线网络提升物流环节的生产效能是物流园网络建设的核心问题。但仓库环境复杂，对无线网络部署提出了挑战。近 6 000m² 的仓库区域货架林立，堆码玻璃及液体货物后，扫描枪因无线信号遮挡无法正常工作，同时仓库内移动扫描需要无线信号不停切换漫游，影响效率；收发货区货品临时堆放会遮挡信号，通常有 30 ～ 50 人进行条码扫描且经常移动，存在设备信号干扰及漫游问题。

根据客户仓库场景需求，技术方为客户推荐了仓储物流无线解决方案，将"1 分 48 零漫游技术"引入仓库货架高立的场景。通过智分基站和智分单元，将 48 个无线天线均匀分布在仓库区顶部，每根天线的实际覆盖半径为 7 ～ 8m。

方案既可以确保在货架林立的场景下实现信号覆盖，又可以让终端在各个天线之间零漫游，数据连接不中断，很好地解决了仓库场景的问题。

针对收发货区的场景需求，技术方推荐使用了仓储物流无线解决方案的"同频组网技术"。10 台 AP（Access Point，无线接入点）进行同频组网，使用相同的 SSID、MAC 地址和信道，很好地解决了高密度布放情况下的信号干扰问题；而由于 10 台 AP"长得完全一样"，扫描枪认为是工作在同一个 AP 下，不会自主进行 AP 间的切换，实际切换过程由 AC（Access Control，无线控制器）控制完成，这使得扫描枪感知不到 AP 的切换，实现了信号的零漫游。

仓库、货场、配送中心、物流园区、转运中心、港口码头、货运机场等物流作业场所是智慧物流系统中重要的节点，同时也是物流信息产生、汇聚和分发的节点。这些场所在物理空间上的覆盖面积从数千平方米至数平方千米，区域范围内的网络连通是确保信息及时收发和资源实时共享的重要基础，也是智慧物流环境下各种业务顺利实施的必要条件。

思考：

1. 案例中提到了哪些互联技术？这些技术对该医药物流配送中心有什么影响？
2. 除了案例所提到的技术，我们在实际使用中还有哪些技术可以进行数据传输？

任务一 局域互联技术应用

任务目标

通过此任务学习，掌握以太网的分类及特点，熟悉以太网的组网设备及常用方案，理解无线局域网的概念、特点和组网方式；初步具备小型局域网设计的能力；同时，培养学生的探究精神、创新意识及团队合作精神。

相关知识

一、局域网技术

以太网（Ethernet）是一种计算机局域网组网技术。局域网经过了多年的发展，尤其是快速以太网（100Mbit/s）和吉比特以太网（1Gbit/s）、10 吉比特以太网（10Gbit/s）进入市场后，以太网已经在局域市场中占据了绝对优势。现在，以太网几乎成为局域网的同义词，因此本任务中主要讨论以太网技术。

（一）局域网概述

以太网由若干个网络节点和将其连接到网络上的设备以及传输站点间信息的各种传输介质组成，是现实世界中最普遍的一种计算机网络。以太网有两类：第一类是标准以太网，第二类是交换以太网，使用了一种称为交换机的设备连接不同的计算机。

（二）以太网组网

1. 以太网的拓扑结构

以太网的标准拓扑结构为总线型拓扑。但快速以太网为了减少冲突，使用交换机进行网络连接和组织。如此一来，以太网的拓扑结构就成了星形。但在逻辑上，以太网仍然是使用总线型拓扑和 CSMA/CD 的总线技术。

（1）总线型。总线型结构中，各工作节点（包括服务器与工作站）均连在一条总线上，传输介质通常采用同轴电缆，如图 6-1 所示。总线型结构的优点是所需的电缆较少，价格便宜。但管理成本高，不易隔离故障点，采用共享的访问机制，易造成网络拥塞。

早期以太网多使用总线型的拓扑结构，通常在小规模的网络中不需要专用的网络设备。但是，由于它的固有缺陷，已经逐渐被以集线器和交换机为核心的星形网络所代替。

（2）星形结构。星形结构中，网络由各节点以中央节点为中心相连接，各节点与中央节点以点对点方式连接，传输介质可采用电缆或光缆，如图 6-2 所示。星形结构中，任何两节点之间的数据通信都要通过中央节点，一般为集线器或交换机，集中执行通信控制策略。与总线型相比，其结构简单、管理方便、可扩充性强、组网容易。但需要专用的网络设备作为网络的核心节点，需要更多的网线，对核心设备的可靠性要求高。

（3）树形结构。星形拓扑可以通过级联的方式扩展成更大的规模。图 6-3 所示是由星形拓扑结构所扩充形成的树形结构。其特点是一个星形拓扑的末端节点又是其他星形拓扑的中央节点。

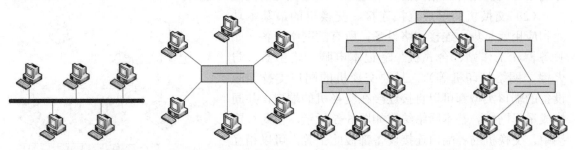

图 6-1　总线型拓扑结构　　　图 6-2　星形拓扑结构　　　图 6-3　树形拓扑结构

2. 以太网的组网设备

以太网的组网设备主要包括网卡（NIC）、中继器（Repeater）、集线器（Hub）、网桥（Ethernet Bridge）、交换机（Switcher）和路由器（Router）等。现在常用的主要是网卡、交换机和路由器。

（1）网卡。网卡是网络接口卡（Network Interface Card，NIC）的简称，又称为网络适配器（Network Adapter）。网卡是连接联网设备（计算机等）和网络传输介质的网络接口设备，它的基本功能是实现通信信号与数据的收发，以及为数据收发而做的相关工作，如数据格式的转换与通信规程控制等。

（2）交换机。网络交换机是结合了集线器和网桥的优点而发明的具有革命性意义的网络设备，它不仅大幅提高了网络的性能，同时组网的便捷性也很好。

交换机和集线器外部特征相似，但内部构成和工作原理完全不同。集线器内部仅相当于一条总线，对外提供多个网络端口，所有的端口共享网络带宽，各端口采用竞争的方式获得数据发送权。交换机内部是复杂的交换矩阵电路，所有的外部端口连接在交换电路上实现有针对性、选择性的端口之间的数据包交换，每个网络端口独享网络带宽，因此交换机的网络数据传输能力远大于集线器。

（3）路由器。路由器提供多个网络端口，但不同的是路由器的多个网络端口可能是不一致的，即每个网络端口采用的物理层、数据链路层技术不一样，由此可以用来互连不同技术形态的物理网络，但每个端口上升到网络层时必须采用相同的协议。

路由器的一个作用是连通不同的网络，另一个作用是选择信息传送的线路。选择通畅快捷的近路，能大大提高通信速度，减轻网络系统通信负荷，节约网络系统资源，从而让网络系统发挥更大的效益。它的处理速度是网络通信的主要瓶颈之一，它的可靠性则直接影响着网络互联的质量。

3. 以太网的组网方式

根据不同的网络规模，以太网的组网方式主要有以下几种。

（1）两台计算机直连。如果仅仅是两台计算机之间互连，可以使用双绞线跳线将两台计算机的网卡连接在一起，如图6-4所示。

图6-4　两台计算机直连示意图

在使用网卡将两台计算机直连时，计算机跳线要用交叉线，并且两台计算机的网卡最好选用相同的品牌和相同的传输速率，以避免可能的连接故障。

（2）交换机的星形直接连接。交换机的最基本功能和应用就是集中连接网络设备，所有的网络设备（如服务器、工作站、台式机、笔记本电脑、路由器、防火墙、网络打印机等），只要交换机的端口支持相应设备的端口类型都可以直接连接在交换机的端口，共同构成星形网络。基本网络结构如图6-5所示，在此种连接中，交换机的各端口连接设备都彼此平等，可以相互访问（除非做了限制）。

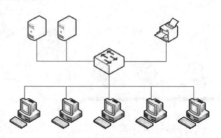

图6-5　单一交换机的组网示意图

（3）交换机的级联与堆栈。图6-5所示的仅是一个最基本的星形以太网架构，实际的星形企业网络比图示要复杂许多。如果用户数比较多，如上百个甚至上千个，就必须依靠交换机的级联或者堆栈来扩展连接。

（4）千兆以太网的组网。千兆以太网的关键设备是千兆以太网交换机。在千兆以太网组网中，网络带宽分配是其重点，需要根据具体网络的规定与布局，选择合适的两级或三级网络结构。

（5）万兆以太网的组网。在企业网中采用万兆以太网可以更好地连接企业网骨干路由器，这样大大简化了网络拓扑结构，提高了网络性能。同时，万兆以太网技术提供了更多的功能，能够大幅提升服务质量。接入交换机选择千兆交换机，使数据中心服务器以1Gbit/s的速率接入以太网；核心交换机选择万兆交换机，与边缘路由器之间保持10Gbit/s的连接速率。

（6）基于路由器的大型局域网。现代企业的网络规模越来越大，经常会划分为若干个子网，甚至子网之间在物理位置上也相距甚远。针对这种情况，可以使用路由器构成企业内部的大型局域网。

目前，移动终端的种类越来越多，如笔记本电脑、智能手机、PDA、移动数据采集终端等。无线局域网能够构成一个开放、灵活的无线网络环境，充分满足移动终端接入的需求，进一步提高网络的泛在连接能力。

二、以太网技术在物流中的应用

以太网是物流现代化的重要基础，在物流领域有着非常广泛的应用，主要有物流企业内部局域网、物流自动化控制网和物流数据中心通信网等。

（一）物流企业内部局域网

随着企业业务的发展，网络规模不断扩大，应用信息交换量也随之增加，使得物流企业网络首先在核心发生通信瓶颈现象。改善物流园区局域网的网络数据交换性能，往往是扩充核心交换机的交换性能，增加边缘设备到核心的数据通信带宽，使得应用软件的性能和效率得到提高。因此在设计物流园区局域网的原则上，首先应该考虑满足网络规模所要求的核心设备数据交换处理能力，以及边缘设备到核心的链路带宽。千兆以太网的发展充分满足了企业信息交互的需求。图 6-6 为物流企业内部局域网构建的示例。

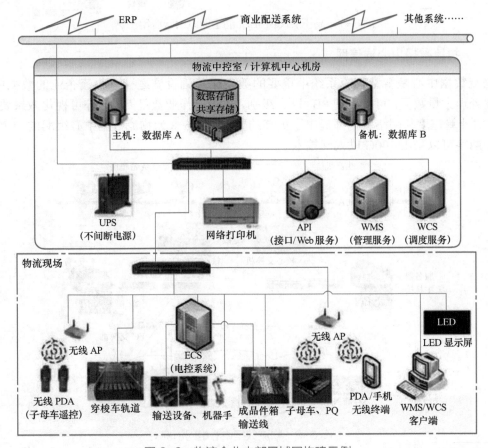

图 6-6　物流企业内部局域网构建示例

（二）物流自动化控制网

由于信息技术的飞速发展，通信已经成为实时控制领域的关键，建立一个统一、开放的通信标准的需求迫在眉睫，但是已有的现场总线并不能满足这一需求。虽然同一种现场总线是具有互换性和互操作性的，但是不同现场总线之间的兼容性是较差的，通信是比较困难的，中间还需要网关来实现两种协议的转换。这样会造成成本较高、设备复杂，非常不便。工业以太网能够较好地解决这些问题。所以，物流自动化系统中逐渐采用工业以太网技术完成工业控制任务。图6-7为基于PROFInet的工业以太网应用示例。

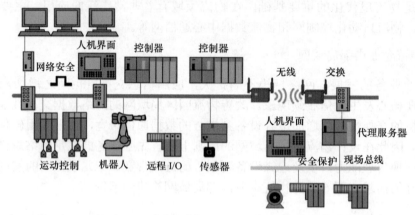

图6-7　基于PROFInet的工业以太网应用示例

（三）物流数据中心通信网

物流数据中心是智慧物流系统中重要的数字化基础设施之一。物流企业的数据中心每天需要处理大量数据，可能要到PB[⊖]以上级别，日运行作业数过万。另外可视化效果要准确、美观，对计算速度和网络带宽都提出了更高的要求。图6-8为物流数据中心组网的一个示例，其骨干网络可以采用100G以太网技术。

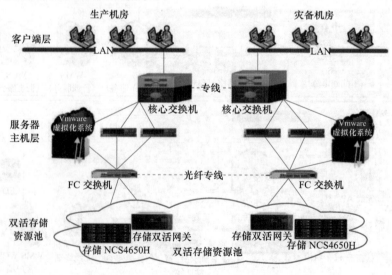

图6-8　物流数据中心组网示例

⊖ 拍字节，1PB=1024TB。

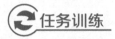
任务训练

一、任务背景

某物流设备公司现有员工 50 人，办公集中于写字楼的单独一层。整个公司包括行政部、市场部、技术部三个业务部门，各部门在开放的大开间办公区域内分布。该区域采用隔断式办公家具组成工位，满足各方面业务人员的办公空间要求，各业务人员按所属部门集中分布。公司除大开间办公区域之外，另有总经理办公室 1 间、财务室 1 间、中心机房 1 间和会议室 1 间。在大开间区域，每一个固定工位已经布设好电源插座 1 个、电话插座 1 个，能满足基本的办公事务需求。在独立的办公室，每个办公室已经布置好电源插座 4 个、电话插座 2 个。请为该公司进行小型局域网络的设计。

二、任务要求

根据企业情况完成用户组网需求分析，并确定网络规划方案，画出网络拓扑图。

三、任务实施

（一）确定用户需求

该公司属于集中式办公区域，整体结构简单，由于只有 50 名员工，规模不大，对于网络系统的构建也较为简单，属于小型的局域网系统。

1. 用户的基本需求

公司建设小型办公网络系统主要为了实现以下功能：

（1）实现企业各种信息资料的有效管理与共享。

（2）实现企业内部文书、科技、人事、财务档案的有效管理。

（3）同一部门可以互访，不同部门之间保证业务进行隔离，并要求网络有高可用性。

（4）进行企业生产状况、项目进展、行政管理事务的任务安排。

2. 环境分析

（1）该公司目前尚未进行网络系统的建设，需要单独设计布线系统并进行相应施工。

（2）公司所处写字楼有完善的物业服务系统，各种电力设施、设备已经布设到位，强、弱电接地设施也已经具备，在进行本网络系统建设时可以直接使用。

3. 网络规划建设时应遵循的原则

根据用户的网络应用需求分析，该公司在网络规划建设时应遵循如下几项原则：

（1）满足目前并能适应未来 5 年内的发展需求。

（2）有清晰、合理的层次结构，便于维护。

（3）采用先进、成熟的技术，降低系统风险。

（4）网络信息流量合理，不产生瓶颈。

（5）满足当前主流网络设计的原则，能够与其他网络互联。

（6）有较好的扩展性，便于将来升级。

4. 网络建设应具体达到的要求和目标

（1）实现公司内部 100Mbps 到桌面的网络数据传输。

（2）为了实现同一部门间的互访，使用 VLAN（虚拟局域网）技术。

（3）采用 TCP/IP 协议对网络进行规划。

（4）考虑到方便移动 PC 工作的需要，在会议室采用无线局域网覆盖区域。

（5）实现互联网资源的应用。

（二）确定网络规划方案

公司内部规模不大，但也分成多个部门，每个部门独立形成一个子网；同时为了便于网络后期扩展，内部网络系统的结构拓扑采用二层星型拓扑结构构建小型局域网。网络系统的拓扑采用接入级交换机加核心级交换机的组合模式。

核心交换机组成网络系统的主干，在各部门之间进行有效的数据转发，保证网络的总体性能。考虑到经济性，并结合将来网络的扩展需求，由于经理办公室、行政部和财务部用户数量较少，可将三个部门的计算机连接到同一个可管理的部门级交换机，具体的网络拓扑图如图 6-9 所示，通过 VLAN 技术将三个部门划分成三个虚拟子网。市场部和技术部分别配置一台可管理部门级交换机。

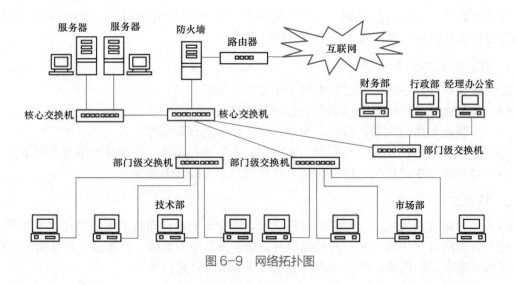

图 6-9　网络拓扑图

四、任务评价

序号	评价内容	评价标准	分值	完成情况
1	确定用户需求	分析正确、条理清晰	30	
2	确定网络规划方案	正确选用组网采用的拓扑结构	20	
		形成文字方案，叙述得当	20	
3	画出网络拓扑图	正确、规范地画出网络拓扑图	30	
		合计	100	

拓展训练

　　某小型软件企业要建设一个内部办公网络。企业办公环境包括：总经理办公室、软件开发部、市场部、综合部和一个会议室。其中，软件开发部共有 4 个信息点；其他办公区域每个房间设 2 个信息点，共 8 个信息点。从公司软件开发的业务来看，使用 100Mbps 快速以太网络较为合适，设备价格适中，也可以跟上技术发展的潮流，使选择的网络技术在几年内不会过时。

　　实训要求：根据企业情况完成用户组网需求分析，并确定网络规划方案，画出网络拓扑图。

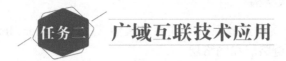

任务二　广域互联技术应用

任务目标

　　通过此任务学习，掌握广域网的概念，了解广域网的组成、层次结构，理解广域网的传输技术、接入技术、通信协议等，了解物流信息系统的网络架构和设计原理，进一步了解广域网在物流行业中的应用，并能够把所学知识运用在物流各环节；同时，培养学生的团队合作精神、创新意识、沟通及实践能力。

相关知识

一、广域网概述

（一）广域网的概念

　　广域网（Wide Area Network，WAN）也称远程网，所覆盖范围从几十公里到几千公里，能连接多个城市或国家，或横跨几个大洲提供远距离通信，形成国际性的远程网络。

　　互联网（Internet）是目前最大的广域网，但两者并不等价。互联网是以不同类型、不同协议的网络"互联"为主要特征；广域网包括大大小小不同的子网，子网可以是局域网，也可以是小型的广域网。

（二）广域网的组成

　　从网络的系统组成角度分，广域网可分为骨干网、城域网、接入网，如图 6-10 所示。

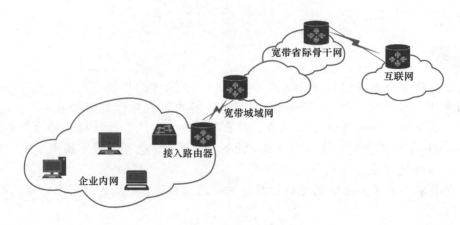

图 6-10　广域网的组成

（三）广域网的层次结构

广域网技术主要体现在开放系统互联参考模型（Open System Interconnect，OSI）的下三层，即物理层、数据链路层和网络层。

（1）物理层。物理层描述了数据终端设备（Data Terminal Equipment，DTE）和数据通信设备（Data Circuit-terminating Equipment，DCE）之间的接口。连接到广域网的设备通常是一台路由器，被认为是一台 DTE，而连接到另一端的设备（如调制解调器）为服务提供商提供接口，即 DCE。物理层描述了连接方式，连接大致可分为专线连接、电路交换连接、包交换连接三种类型，都使用同步或异步串行连接。

许多物理层标准定义了 DTE 和 DCE 之间接口的控制规则，如 RS-232、V.35、X.21 等。

（2）数据链路层。数据链路层定义了传输到远程站点的数据封装形式，并描述了在单一数据路径上各系统间的帧传送方式。在每个广域网连接上，数据在通过链路前都被封装到帧中。广域网的数据链路层协议有两种类型：面向字节和面向比特。

（3）网络层。网络层协议规定了怎样分配地址，怎样把包从网络的一端传到另一端。广域网的网络层协议有 CCITT 的 X.25 协议和 TCP/IP 协议簇中的 IP 协议等。

二、广域网传输技术

（一）帧中继

帧中继（Frame Relay，FR）技术是在 X.25 分组交换技术的基础上发展起来的一种快速分组交换技术，是对 X.25 的改进。帧中继采用包交换和虚电路相结合的技术，充分利用网络资源，能够支持比 X.25 网络传输更高的带宽，并提供更大的吞吐量，适合突发性业务。

帧中继省略了 X.25 的一些通信管理功能，不提供窗口技术和数据重发技术，而是依靠高层协议提供纠错功能。帧中继技术仅实现数据传输过程中物理层和链路层的功能，将流量控制、纠错等对数据分组处理的过程留给智能端设备完成，简化了结点设备之间的传输进程。

帧中继技术在每对设备之间都预先定义好一条帧中继通信链路，且该链路配置有一个专门的链路识别码作为专线传输。帧中继服务通过帧中继虚电路实现，每条帧中继虚电路都

以数据链路识别码（DLCI）标识自己，DLCI 的值一般由帧中继服务提供商指定。

（二）数字数据网

数字数据网（Digital Data Network，DDN），是利用光纤数字电路和分组交换设备连接组成的数字数据传输网。

DDN 传输具有传输时延短、用户可选用的传输带宽范围大、信息传输质量高等优点，适合广域网中传输的信息量大、实时性要求高的业务，如视频。

其优势包括：① DDN 是同步数据传输网，用户电路连接的建立必须在入网设备上预先设定，根据用户需要提供永久或半永久连接的专线电路，但不具备交换功能；② DDN 传输速率高、传输质量好、网络时延小，最高传输速率可达 150Mbit/s；③ DDN 为全透明网。

（三）异步传输技术

异步传输模式（Asynchronous Transfer Mode，ATM）把需要传输的数据划分为大小固定的数据单元，称作信元，由 48Byte 的数据加上 5Byte 的头部信息，构成长度为 53Byte 的信元。通过使用大小固定的信元，ATM 网络能提供数据分组大小固定的通信模式。

ATM 采用虚电路方式传输数据，既可以使用永久虚电路（PVC），也可以使用交换虚电路（SVC）。SVC 是一种逻辑上的点对点连接，通过 ATM 交换机来选择发送者和接收者间的最优路径。

ATM 交换机是 ATM 网络重要的传输设备，通过在网络传输数据之前，就建立起虚电路连接。在广域网中针对时间延迟要求严格的数据，非常适合采用 ATM 技术。

三、广域网接入技术

接入网络由业务结点接口（SNI）和用户网络接口（UNI）以及它们之间的一系列传送实体组成，是传送电信业务，提供传送承载能力的设施系列。

接入网络的功能是负责将业务信息透明地传送到用户网络中，即用户通过接入网络，灵活地接入到不同的业务结点上。

（一）DSL 接入

数字用户线路（Digital Subscriber Line，DSL）是以双绞线为传输介质的点对点传输技术。利用软件和电子技术结合，使用在电话系统中没有被利用的高频信号传输数据。

xDSL 是 DSL 的统称，支持任意数据格式或字节流数据业务。x 是不同种类的数字用户线路技术的统称，表示不同的数据调制方式。

按上行和下行速率是否相同，DSL 又分为对称 DSL 技术和非对称 DSL 技术，如表 6-1 所示。一般在速率非对称型 DSL 技术中，下行信道的速率要大于上行信道的速率。

表 6-1 DSL 分类

类型	名称	类型	名称
对称 DSL	SDSL（单线 / 对称数字用户线路）	非对称 DSL	ADSL（非对称数字用户线路）
	HDSL（高速数字用户线路）		VDSL（甚高速数字用户线路）
			RADSL（速率自适应数字用户线路）

（二）Cable Modem 接入

线缆调制解调器（Cable Modem，CM）是实现有线电视网络接入互联网的重要设备。Cable Modem 接入是在混合光纤同轴电缆网（Hybrid Fiber Coaxial，HFC）上实现的宽带接入技术。Cable Modem 本身不单纯是调制解调器，它集 Modem、调谐器、加解密设备、桥接器、网络接口卡、虚拟专网代理和以太网集线器的功能于一体。HFC 网络中的用户端系统，主要由 Cable Modem、计算机和应用软件组成。Cable Modem 接入方式如图 6-11 所示。

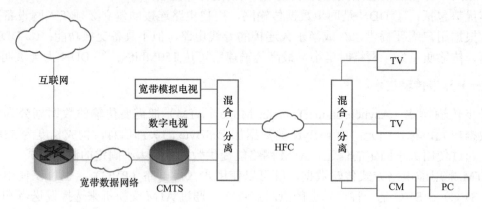

图 6-11　Cable Modem 接入方式

（三）光纤接入

光纤接入网（Optical Access Network，OAN）是一种光纤传输网络，完全使用光纤作为传输介质。光纤接入分为无源光网络接入、有源光网络接入、光纤＋局域网三类。

1. 无源光网络

无源光网络（Passive Optical Network，PON）接入技术是一种点到多点的光纤接入技术。"无源"指光分配网络（Optical Distribution Network，ODN）中，不含有任何有源电子器件及电子电源，全部由光分路器（Splitter）等无源器件组成。

PON 分为三种：APON（ATM PON）、EPON（Ethernet PON）、GPON（Gigabit-capable PON）。

2. 有源光网络

有源光网络（Active Optical Network，AON）是指信号在传输过程中，从局端设备到用户分配单元之间采用光电转换设备，有源光电器件以及光纤等有源光纤传输设备进行传输的网络。

有源光器件包括光源（激光器）、光接收机、光收发模块、光放大器（光纤放大器和半导体光放大器）等。有源光网络的电信终端设备（CE）和远端设备（RE）主要通过有源光传输设备相连，骨干传输网采用同步数字传输（Synchronous Digital Hierarchy，SDH）和准同步数字传输（Plesiochronous Digital Hierarchy，PDH）。用户端设备主要完成业务的收集、接口适配、复用和传输功能，电信终端设备主要完成接口适配、复用和传输功能。有源光网络的拓扑结构通常是星形或环形网络拓扑结构。

有源光网络的优势是其传输容量大、传输距离远，不加中继器传输距离可达 70～80km，用户信息隔离度好，用户信息的传输方式都是点对点传输，技术成熟。

3. 光纤 + 局域网

此种方式适用于网络接入区域为住宅小区、智能大厦、现代写字楼的局域网区域，实现万兆到小区、千兆到大楼、百兆到桌面的宽带接入。

根据光纤深入用户的程度，光纤 + 局域网分为五种：光纤到路边（Fiber to the Curb，FTTC）、光纤到小区（Fiber to the Zone，FTTZ）、光纤到楼（Fiber to the Building，FTTB）、光纤到楼层（Fiber to the Floor，FTTF）、光纤到户（Fiber to the Home，FTTH）。

四、广域网通信协议

广域网通信协议指互联网上负责路由器与路由器之间连接的数据链路层协议，常用的包括：高级数据链路控制协议（High-level Data Link Control，HDLC）、帧中继协议（Frame Relay，FR）、点对点协议（Point to Point Protocol，PPP）、以太网上的点对点协议（Point-to-Point Protocol over Ethernet，PPPoE）

（一）HDLC 协议

HDLC 协议是面向比特，同步传输数据的链路层协议，主要用于在网络的结点之间全双工、点对点地完成数据传输服务。

HDLC 协议工作在 OSI 网络模型的第二层。物理层负责收发物理信号，网络层的数据在第二层通过 HDLC 协议进行封装，增加数据链路层控制信息，形成在物理网络上传输的数据帧，帧结构如图 6-12 所示。

位 8	8	8	≥0	16	8
帧定界符	地 址	控 制	信 息	校验和	帧定界符

图 6-12 HDLC 协议的帧结构

帧定界符是 01111110；地址字段用于标识一个终端；控制字段用作序列号、确认、查询与结束；信息是传送的内容；校验和采用循环冗余校验（CRC）。

HDLC 协议有三种类型的帧：信息帧（I 格式）、监督帧（S 格式）、无编号帧（U 格式）。

（二）FR 协议

帧中继（FR）是一种数据包交换技术，可以使终端站之间动态共享网络介质和可用带宽。

FR 网络中传输的数据帧，通过"虚电路"技术把数据分组传输到目的地。帧中的虚电路是源端点到目的端点间的逻辑链路，它能提供终端设备之间的双向通信路径，数据链路连接标识符（Data Link Connection Identifier，DLCI）进行唯一标识。

FR 采用多路复用技术，将大量虚电路复用为一个物理虚电路，以实现跨网络远程传输，从而降低终端设备连接和网络建设的复杂性。

FR 网络提供两种业务：

（1）永久虚电路（Permanent Virtual Circuit，PVC）：由网络管理器建立，提供专用点对点连接。

127

（2）交换虚电路（Switched Virtual Circuit，SVC）：建立在呼叫到呼叫（Call by Call）的基础上，采用与建立 ISDN 通信相同的信令。

（三）PPP 协议

点对点协议（PPP）是为了点对点之间的数据传输提供的一种封装方法，支持 IP、IPX 和 AppleTalk 等各种网络层协议，替代了原来非标准的链路层协议（SLIP）。PPP 支持异步的物理线路传输，也支持同步的物理线路传输，支持链路的配置、质量检测和网络层协议的复用。同时，PPP 支持多种配置参数选项的协商，如 IP 地址的动态分配和管理等。

（四）PPPoE 协议

PPPoE 提供了在以太网环境下 PC 主机和远端宽带接入服务器 BRAS 建立点到点的连接关系的一种方法。

PPPoE 链路的建立要经过 PPPoE 的发现阶段（PPPoE Discovery Stage）和 PPPoE 的会话阶段（PPPoE Session Stage）。发现阶段是主机在广播式的网络上搜寻宽带接入服务器 BRAS，并在多个可能的宽带接入服务器中确定其一，建立点到点关系的过程。会话阶段则是 PPP 的 LCP、认证、NCP 的会话过程。与 PPP 不同的是，PPPoE 的数据报文被封装成以太网帧进行传送。

五、广域互联技术在物流领域的应用

（一）实时追踪与监控

广域互联技术可以实现物流过程中的实时追踪与监控。通过 GPS、GIS、RFID 等技术，可以实时获取货物的位置和状态信息，实现对货物的精准控制。这不仅提高了物流的效率，也提高了货物的安全性。

（二）智能调度与优化

广域互联技术可以通过大数据分析和人工智能技术，对海量的物流数据进行处理和挖掘，实现智能调度和优化。例如，通过分析历史数据和市场变化趋势，可以对未来的物流需求进行预测，提前安排调度计划，降低运营成本。

（三）自动化操作

广域互联技术可以实现物流操作的自动化。例如，无人仓库、无人配送车、无人机等自动化设备的应用，可以大幅提高物流运作的效率和准确性。同时，自动化操作也可以降低人力成本，提高企业的竞争力。

（四）供应链协同管理

在物流领域，供应链的协同管理至关重要。通过 WAN 技术，企业可以与供应商、分销商等合作伙伴实现信息共享和协同作业，这有助于提高整个供应链的透明度和效率，降低库存成本和缺货风险。

广域互联技术的广泛应用，正在深刻地改变物流行业的运作模式。未来，随着技术的不断进步和应用范围的不断扩大，广域互联技术将在物流领域发挥越来越重要的作用。

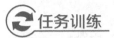 任务训练

一、任务背景

京东物流：天狼货到人系统助力，仓储物流数字化转型

在电子商务蓬勃发展的推动下，我国仓储行业快速发展，智能机器人逐渐成为大型仓储物流中心必不可少的关键组成部分。在 3C、服饰、工业品、医药、汽车等行业中，品类多、人员少、差错高、空间小等仓储问题日益凸显，如何通过技术创新改变物流高成本、低效率的现状，实现企业降本增效，是国内物流企业不得不面临的难题。针对此类难题，京东物流基于拥有的自建物流体系优势，探索并实践出一套较为有效的实施方案。

天狼系统是京东物流自主研发的密集存储系统，由多种自动化设备、软件系统组合而成，可以解决仓储物流行业存储能力不足、出入库效率不高等痛点，并缓解仓储占地及人力问题。京东物流不断优化天狼系统，进行了两次版本迭代升级，第三代天狼系统如图 6-13 所示。

第三代天狼系统的硬件部分包括水平搬运的穿梭车、垂直搬运的提升机和兼具拣货、盘点于一体的工作站；软件部分则由自主研发的仓储管理系统 WMS、控制系统 WCS 和监控系统 3D SCADA 组成智能调度系统，借助 5G 网络快速、精准地下达任务，最大限度地发挥设备效率，实现高效、精准、密集。

图 6-13　天狼智能仓储拣选系统

第三代天狼系统的行走速度和加速度都达到国内领先水平，穿梭车行走速度 4m/s，加速度 $2m/s^2$；提升机升降速度 5m/s，加速度 $7m/s^2$；工作站自动供箱，效率达 600 箱 /h，拣货效率提升 3 ~ 5 倍。在设备运行精度及识别精准方面，穿梭车定位精度 ±3mm，提升机定位精度 ±1mm，拣货准确率可达 99.99%。同时，穿梭车采用超薄车身，减少占有空间；提升机超高立柱可达 20m，单位面积存储密度提升 3 倍以上。通过提升拣货效率和存储密度，系统能够更好地服务外部客户。

二、任务要求

根据案例材料，分析天狼系统是如何结合广域网技术实现物流网络优化的。

三、任务实施

通过分组讨论，分析材料内容，形成各自观点，并在课堂上进行展示、交流。

四、任务评价

序号	评价内容	评价标准	分值	完成情况
1	观点贴合	分析正确、条理清晰	30	
2	团结协作	小组成员参与度高，沟通顺畅，积极查阅资料、提炼观点	25	
		敢于展示，善于分享	25	
3	评价他人	客观评价其他小组的观点	20	
	合计		100	

拓展训练

　　依靠企业转型升级，山东某物流公司进行网络平台大数据研发，树立通过科技创新建立线上线下运营的发展思路，全力打造"互联网＋大数据＋云计算＋网络货运＋全方位物流与汽车后市场服务"一体化智慧交通运输管理系统平台。公司发挥地处临沂、枣庄、济宁、泰安四市交界的区位优势和高铁、高速、国省干道交织的交通优势，大力推进货运物流产业数字化转型，加快"智慧物流""云上货运"建设步伐。

　　该公司以数字化改革为契机，以园区平台为载体，打造全开放、共享式智慧货物运输管理服务系统，推动货运"一键式"运营、"一网式"管理、"一站式"服务。

　　（1）搭建智慧货运平台，实现货运"一键式"运营。打造"汽运"网络货运平台，同步研发汽运APP，精准提升客、货服务效能。

　　（2）搭建安全监管平台，实现货运"一网式"管理。自主研发汽运网络货运大数据监控平台，为货运司机提供驾驶监控预警、道路应急救援、货物运输跟踪等服务，全面提升道路运输安全技术水平。

　　（3）搭建集成服务平台，实现货运"一站式"服务。打造集货运餐饮、住宿、仓储、法律服务、金融服务及车辆检测、年审、保险、维修、交易于一体的汽运数字产业园，全面构建货运后市场全业态服务保障体系。

　　（4）打造诚信安全品牌，提高服务质量。为践行诚信安全发展观，承诺因平台车辆原因造成的货物损失在平台投保单程货物险的情况下，平台先行赔付给货主，切实做到诚信经营；对车辆加强安全管理，通过建设机动车检测每年度按照要求严格落实各项检测，确保平台运营车辆技术状况保持良好状态，降低安全事故的发生概率；通过培训学习加强对驾驶员的技能和思想教育，牢固树立安全生产重于泰山和没有安全就没有一切的思想意识；强化安全生产主体责任，对营运车辆要求足额购买商业险，切实做好安全生产最后一道防线。

　　实训要求： 分析该案例中，广域互联技术在物流领域的应用主要体现在哪些方面。

任务目标

通过此任务学习，掌握物联网的基本概念、特征和体系架构，了解物联网技术在物流中的应用，初步具备物联网系统的设计思路；同时，培养学生的创新意识，关注时代的发展，能创新性地应用所学技术。

相关知识

一、物联网概述

物联网技术（Internet of Things，IoT）被誉为信息科技产业的第三次革命。物联网的出现推动了现代社会智慧化程度的不断提高，"智慧生活""智慧城市""智慧地球"等概念也不断被提出。在物流领域，物联网技术推动着现代物流向智慧物流发展，是智慧物流系统建设的基础支撑技术之一。

（一）物联网概念

"物联网"是指把所有物品通过射频识别等信息传感设备与互联网连接起来，实现智能化识别和管理。物联网到现在为止还没有统一的概念，不同行业、不同专家对其的认识和理解也不尽一致。简单来说，物联网就是"物物相连的互联网"，具有两层含义。第一，物联网的核心和基础仍然是互联网，是在互联网基础上延伸和扩展的网络；第二，其用户端延伸和扩展到了任何物品与物品之间，进行信息交换和通信。所以物联网的本质就是将 IT 基础设施融入物理基础设施中，也就是把感应器嵌入到电网、铁路、桥梁、隧道、公路、建筑、供水系统等各种物理实体中，实现信息的自动提取。

物联网概念不是凭空杜撰出来的，也不是某单项新技术突破引申出来的。物联网的发展有坚实基础，是现代信息技术发展到一定阶段的必然产物，是多项现代信息技术的殊途同归与聚合应用，是信息技术系统性的创新与革命。RFID、（无线）传感网、M2M 和两化融合是物联网发展的四大支撑技术，如图 6-14 所示。RFID技术在物联网中主要起"使能"（Enable）作用；传感网，尤其是无线传感网的发展，提高了感知世界的能力

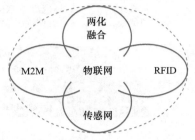

图 6-14　物联网发展的四大支撑技术

和范围，这也是"感知中国"提法的主要依据之一；M2M 全称是 Machine to Machine，即机器与机器之间的对话，侧重于末端设备的互联和集控管理；两化融合是指信息化和工业化的高层次的深度结合，即以信息化带动工业化、以工业化促进信息化，走新型工业化道路，其核心是信息化支撑，追求可持续发展模式。

（二）物联网的特征

全面感知、可靠传输和智能处理是物联网的三大典型特征。

1. 全面感知

全面感知指利用 RFID、传感器、定位器和二维码等手段随时随地对物体进行信息采集和获取。感知包括传感器的信息采集、协同处理、智能组网，甚至信息服务，以达到控制、指挥的目的。

2. 可靠传输

可靠传输是指通过各种电信网络和因特网融合，对接收到的感知信息进行实时远程传送，实现信息的交互和共享，并进行各种有效的处理。在这一过程中，通常需要用到现有的电信运行网络，包括无线和有线网络。由于传感器网络是一个局部的无线网，因而无线移动通信网、5G 网络是作为承载物联网的一个有力的支撑。

3. 智能处理

智能处理是指利用云计算、模糊识别等各种智能计算技术，对随时接收到的跨地域、跨行业、跨部门的海量数据和信息进行分析处理，提升对物理世界、经济社会各种活动和变化的洞察力，实现智能化的决策和控制。

（三）物联网的体系架构

物联网典型体系架构分为三层，自下而上分别是感知层、网络层和应用层，如图 6-15 所示。

图 6-15 物联网的体系架构

1. 感知层

感知层是实现物联网全面感知的核心能力，是物联网中包括关键技术、标准化方面、产业化方面亟待突破的部分。其关键在于具备更精确、更全面的感知能力，并解决低功耗、小型化和低成本的问题。

2. 网络层

网络层主要以广泛覆盖的移动通信网络作为基础设施，是物联网中标准化程度最高、

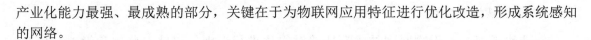

产业化能力最强、最成熟的部分，关键在于为物联网应用特征进行优化改造，形成系统感知的网络。

3. 应用层

应用层提供丰富的应用，将物联网技术与行业信息化需求相结合，实现广泛智能化的应用解决方案，关键在于行业融合、信息资源的开发利用、低成本高质量的解决方案、信息安全的保障及有效商业模式的开发。

二、物联网技术在物流中的应用

物联网的概念已经非常普及，但在物流领域的应用仍然有一定难度。受终端传感器高成本的影响，二维码成为现阶段溯源的主要载体，技术的阶段性突破将不断促进物联网的发展。长期来看，低成本的传感器技术将实现突破，RFID 和其他低成本无线通信技术是未来的发展方向，物联网技术将在物流行业得到广泛的应用。物联网主要有以下四个物流应用场景。

（一）货物仓储

在传统的仓储中，往往需要人工进行货物扫描以及数据录取，工作效率低下；同时仓储货位有时候划分不清晰，堆放混乱，缺乏流程跟踪。将物联网技术应用于传统仓储中，形成智能仓储管理系统，能提高货物进出效率、扩大存储的容量、减少人工的劳动力强度以及人工成本，且能实时显示、监控货物进出情况，提高交货准确率，完成收货入库、盘点调拨、拣货出库以及整个系统的数据查询、备份、统计、报表生产及报表管理等任务。

例如，在仓储中，通过在物流托盘、货箱上贴 RFID 标签，可在电子地图上呈现该物品所处位置；给贵重资产贴上 RFID 标签可实现对标签货物的实时追踪监管，有效防止资产丢失。

（二）运输监测

通过物流车辆管理系统对运输的货车以及货物进行实时监控，可完成车辆及货物的实时、定位跟踪，监测货物的状态及温湿度情况，同时监测运输车辆的速度、胎温胎压、油量油耗、车速等车辆行驶行为以及刹车次数等驾驶行为；在货物运输过程中，将货物、司机以及车辆驾驶情况等信息高效地结合起来，提高运输效率、降低运输成本与货物损耗。

例如，连接传感器的定位标签，可以实时监测运输过程中货物的状态（温度、压力、湿度等），并伴有报警功能；定位标签还可以连接 GPS/BDS 和 GPRS，实现运输途中车辆、货物的定位和数据上传；通过设备对司机、车辆状态数据进行收集，及时发现司机疲劳驾驶、车辆超载超速等问题，提早警报，预防事故；通过车辆内部安装的温控装置，对车内的温湿度情况进行实时监控，确保全程冷链不掉链。

（三）农产品溯源

通过传感器能够追溯到农产品从种植、运输到交付环节的所有信息，包括种植条件、农药使用、农产品品质、运输温度等；同时通过区块链记录货物从发出到接收过程中的所有步骤，确保了信息的可追溯性，从而避免丢包、错误认领事件的发生。

（四）智能快递终端

智能快递柜是基于物联网技术，能够对物体进行识别、存储、监控和管理，与 PC 服务器一起构成的智能快递投递系统。PC 服务端能够将智能快递终端采集到的信息数据进行处理，并实时在数据后台更新，方便使用人员进行快递查询、调配以及终端维护等操作。

快递员将快件送达指定的地点，将其存入快递终端后，智能系统即可自动向用户发送通知，包括取件地址以及验证码等信息，用户可以随时到智能终端取走货物，简单快捷地完成取件服务。

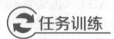任务训练

一、任务背景

某蔬菜种植基地计划利用物联网技术，实时远程获取温室大棚内部的空气温湿度、土壤水分温度、二氧化碳浓度、光照强度等数据及视频图像，通过模型分析，远程或自动控制湿帘风机、喷淋滴灌、内外遮阳、顶窗侧窗、加温补光等设备，保证温室大棚内环境最适宜作物生长，为作物高产、优质、高效、生态、安全创造条件。同时，该系统还可以通过手机、PDA、计算机等信息终端向农户推送实时监测信息、预警信息、农技知识等，实现温室大棚集约化、网络化远程管理，充分发挥物联网技术在农业生产中的作用。请完成该蔬菜大棚远程监控系统的整体设计。

二、任务要求

根据蔬菜种植基地的需求，完成蔬菜大棚远程监控系统的整体设计，列出系统的组成部分，并阐述系统每部分所需的设备和工作原理。

三、任务实施

（1）分小组进行实训，每组 4～6 人。

（2）各组根据任务背景，通过查阅资料、企业调研等方式，完成蔬菜大棚远程系统的设计，列出系统组成部分，并阐述系统每部分所需的设备和工作原理。

（3）各组完成实训报告并展示。

四、任务评价

序号	评价内容	评价标准	分值	完成情况
1	分析用户需求	分析正确、条理清晰	10	
2	系统组成部分的设计	正确设计并列出系统的组成部分	30	
3	描述系统每部分所需的设备和工作原理	能够描述系统每部分所需的设备和工作原理	40	
		形成文字方案，叙述得当	20	
		合计	100	

某仓库为维护仓库货物及仓库内工作人员的安全，计划安装一套智能安防报警系统，包括智能移动终端（智能手机或平板电脑等）、控制主机（智能网关）、红外探头、网络摄像机、可燃气体探测器、烟雾探测器、门磁、窗磁、玻璃破碎探测器、视频服务器、紧急按键、门禁和可视对讲等。安防报警系统的组成示意图如图6-16所示。

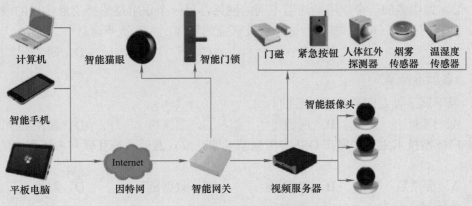

图6-16　安防报警系统的组成示意图

　　实训要求：请通过查阅资料、走访市场、企业调研等方式，根据安防报警系统的组成示意图，分析系统的工作原理和设计意图，形成实训报告。

📖 职业素养

以数字技术推进创新体系变革

　　当今时代，以大数据、互联网、云计算、物联网、区块链和智能机器人等工具体系为代表的生产力迅猛发展，内在要求社会生产方式和生活方式随之发生根本变革，全面创新成为新时代的核心主题。创新驱动发展，科技引领未来。党的二十大对"加快实施创新驱动发展战略"做出部署，强调"加快实现高水平科技自立自强""增强自主创新能力"。

　　科技基础能力是国家综合科技实力的重要体现，是国家创新体系的重要基石，是实现高水平科技自立自强的战略支撑。在数字经济赋能的背景下，广大青年须坚定理想信念，积极发挥创新潜力，增强"数字素养"，积极参与数字经济建设，只有不断提升自身的综合能力，才能更好地适应时代的发展。

课 后 练 习

一、单项选择题

1. 网络由各节点以中央节点为中心相连接，各节点与中央节点以点对点方式连接的拓扑结构是（　　）。

　　A．总线型　　　　　B．星形结构　　　　C．树形结构　　　　D．环形结构

2．下列说法错误的是（　　）。

　　A．总线型结构的优点是所需的电缆较少，价格便宜

　　B．交换机和集线器外部特征相似，内部构成和工作原理也相同

　　C．星形拓扑可以通过级联的方式很方便地扩展到更大的规模

　　D．路由器的一个作用是连通不同的网络，另一个作用是选择信息传送的线路

3．物联网技术（IoT）被誉为信息科技产业的第（　　）次革命。

　　A．一　　　　　　　B．二　　　　　　　C．三　　　　　　　D．四

二、多项选择题

1．以下属于以太网的组网设备的有（　　）。

　　A．网卡　　　　　　B．网桥　　　　　　C．交换机　　　　　D．路由器

2．广域网技术主要体现在 OSI 参考模型（即开放式通信系统互联参考模型）的下三层，包括（　　）。

　　A．会话层　　　　　B．物理层　　　　　C．数据链路层　　　D．网络层

3．光纤接入分为（　　）三类。

　　A．无源光网络接入　　　　　　　　　B．有源光网络接入

　　C．光纤＋局域网　　　　　　　　　　D．局域网

4．物联网典型体系架构分为三层，分别是（　　）。

　　A．感知层　　　　　B．网络层　　　　　C．应用层　　　　　D．协议层

三、简答题

1．根据不同的网络规模，以太网的组网方式主要有几种？

2．广域互联技术在物流领域的应用有哪些？

3．物联网的特征是什么？

项目七　数据存储与处理技术

项目目标

知识目标

◇ 掌握物流大数据的概念、特征及作用。

◇ 掌握物流大数据的未来方向和意义。

◇ 熟悉数据库技术、数据仓库与数据挖掘及其作用。

◇ 理解数据库系统的组成。

◇ 掌握数据库数据组织的模型。

◇ 掌握数据库系统的基本设计步骤。

◇ 熟悉大数据在物流领域的应用情况。

技能目标

◇ 能根据物流企业的实际情况，进行数据库项目的需求分析。

◇ 能使用 ER 图等手段，进行数据库的概念模型设计。

◇ 能将 ER 图转换为关系模型，完成数据库的设计。

素质目标

◇ 通过探索物流大数据的应用，培养自主学习能力和探究精神。

◇ 通过理解物流大数据的发展，培养创新意识、科学精神。

◇ 通过熟悉数据库系统的设计和数据分析，培养理性思考问题的习惯。

◇ 通过分组设计物流企业数据库管理系统，培养团队合作精神和细致、严谨的工作态度。

案例导入

中储智运

中储智运成立于 2014 年，是一家以"无车承运人"为基础产品、以数字驱动为核心的互联网运力平台，其物流网络遍布全国。该平台主要包括智慧物流交易系统及智慧物流分析预测系统。

智慧物流交易系统通过大数据、云计算技术及核心算法能够第一时间实现车货资源的精准定位与智能匹配，实现网上议价、网上交易、货运全程追踪管理、运价结算等功能。智慧物流分析预测系统可以收集和处理高维、多变、强随机性的海量动态货运业务数据，并在此基础上，结合某一地区的天气、温度、社会事件等，通过复杂的核心算法获得未来一段时间的预测需求数据。该系统通过物流大数据实时公布热门路线的货量、运力、空车分布、发货频次、车辆类型等信息，为智慧物流交易系统提供数据支撑。

中储智运运输的货物品类涉及各行业领域。作为全国第一批"无车承运人"试点企业，中储智运利用大数据算法等核心技术赋能货主企业，帮助货主企业进行风险控制，保证业务结算流程，结合智能调度进行运力维护。基于大数据技术的优势，中储智运帮助货主企业降低了综合成本，司机找货时间减少，极大提高了货主企业的运行效率。

思考：

1. 案例中提到的物流大数据有什么特点？物流大数据帮助企业解决了什么问题？

2. 物流大数据在物流领域中有哪些应用？

任务目标

通过此任务学习，掌握物流大数据技术的概念、特征，以及大数据技术在物流中的作用，理解物流大数据的未来发展方向和意义。

相关知识

一、物流大数据的概念

21 世纪是信息与技术的时代，随之发展的还有大数据及其相关技术，计算机、信息技术以及通信等各行各业所产生的数据呈指数爆炸型增长。大数据与人工智能、云计算、区块链、数字孪生等新技术的交汇融合，持续加速了技术创新。

从字面上看，大数据似乎仅仅代表了大规模数据（Large Data）和海量数据（Massive Data）。事实上，大数据的概念随着技术的发展而发展，有多种定义。

有人认为大数据是指无法在一定时间内用常规软件工具对其内容进行抓取、管理和处理的数据集合。也有人认为大数据技术是指从各种各样的数据中快速获得有价值信息的能力，包括大规模并行处理数据库、数据挖掘、分布式文件系统、分布式数据库、云计算平台、互联网及可扩展的存储系统等。

从上述概念可以看出，大数据技术与传统的数据分析技术有很大区别，具体表现在数据规模、数据类型、数据处理模式以及数据处理工具、方法、技术等方面。大数据是现有数据库管理工具和传统数据处理方法很难处理的大型、复杂的数据集，大数据技术的范围包括大数据的采集、存储、传输、分析、挖掘、建模和可视化等。

如今，大街小巷、工作场所、港口场站和楼层通道等场所安装了大量微小但带有处理功能的传感器，这些传感器记录下的大量数据形成了大数据资源，具有海量、多源、结构多样、随时间不断变化的特点。各种传感器记录的数据纷繁复杂，需要进行转换、清洗、抽取和集成，并通过相关性关联与聚类，采用一致性的结构来存储数据。因此，数据预处理技术及过程是数据分析与挖掘的重要前提。

而物流大数据，是大数据在物流行业的具体运用，是指物流服务的供给、需求，物流活动过程的各种相关数据会以大数据的形式出现，反映整个物流行业的业态。物流与社会经济息息相关，物流大数据也会反映出社会经济发展的状态。

二、物流大数据的特征

IBM 公司提出大数据技术具有"5V"特点：海量（Volume）、高速（Velocity）、多样（Variety）、低价值密度（Value）和真实（Veracity），如表 7-1 所示。"海量"表示数据采集、存储和计算的量都非常大，起始计量单位至少是 PB（大约 1000TB）、EB（大约 100 万 TB）或 ZB（大约 10 亿 TB）。"高速"表示数据增长速度快、处理速度快、时效性要求高，个性化推荐算法尽可能要求实时完成推荐，这是大数据区别于传统数据的显著特征。"多样"表示大数据的来源、种类和结构多样化，包括结构化、半结构化和非结构化数据，具体表现为网络日志、音频、视频、图片、地理位置信息等多种类型的数据。"低价值密度"表示随着互联网、物联网的广泛应用，信息感知无处不在，但价值密度相对较低，如何结合业务逻辑并通过强大的机器算法来挖掘数据价值是大数据时代最需要解决的问题。"真实"表示大数据技术对数据的准确性和可信赖度要求高。

表 7-1 物流大数据技术的特点

特点名称	特点描述
海量	数据采集、存储和计算的量都非常大
高速	数据增长速度快、处理速度快、时效性要求高
多样	数据的来源、种类和结构多样化
低价值密度	数据的价值密度相对较低
真实	数据的准确性和可信赖度要求高

大数据技术的战略意义不在于掌握庞大的数据信息，而在于对这些含有意义的数据进行专业化处理。换言之，大数据技术的价值在于提高对数据的"加工能力"，通过"加工"实现数据的"增值"。

大数据在物流企业中的应用贯穿了各个环节。在物流决策中，大数据技术应用于竞争环境分析、物流供给与需求匹配、物流资源优化与配置等。在竞争环境分析方面，为了达到利益最大化，需要与适合的电商、物流等企业合作，运用大数据技术对竞争对手进行全面分析，预测其行为和动向，从而了解在某个区域或某个特殊时期应该选择的合作伙伴。在物流供给与需求匹配方面，需要运用大数据技术分析特定日期、特定区域的物流供给与需求情况，从而进行合理的配送管理。在物流资源优化与配置方面，大数据技术应用于运输资源、存储资源等的优化。物流市场有很强的动态性和随机性，需要运用大数据技术采集并分析实时市场变化情况，从海量数据中提取当前的物流需求信息，同时对已配置和将要配置的资源进行优化，实现对物流资源的合理利用。

　　大数据技术在物流客户管理中的应用主要表现在客户满意度分析、客户忠诚度分析、客户需求分析、潜在客户分析、客户的评价与反馈分析等方面。物流业务具有突发性、随机性、不均衡性等特点。通过大数据技术可以有效地了解消费者的偏好，预判消费可能，提前做好货品调配，合理规划物流路线方案，从而提高物流高峰期间物流的运送效率。海量数据改变商业模式如图7-1所示。

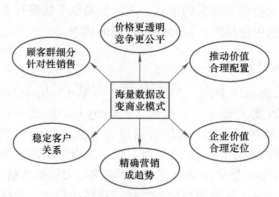

图 7-1　海量数据改变商业模式

三、物流大数据的作用

1. 有利于物流企业做出智能化的决策和建议

　　提高物流的智能化水平，通过对物流数据的跟踪和分析，物流大数据应用可以根据情况为物流企业做出智能化的决策和建议。在物流决策中，大数据技术应用涉及竞争环境分析、物流供给与需求匹配、物流资源优化与配置等。

2. 降低物流成本

　　由于交通运输、仓储设施、货物包装、流通加工和搬运等环节对信息的交互和共享要求较高，因此可以利用大数据技术优化配送路线、合理选择物流中心地址、优化仓库储位，从而大大降低物流成本，提高物流效率。

3. 提高用户服务水平

　　随着网购人群的急剧膨胀，客户越来越重视物流服务的体验。通过对数据的挖掘和分析，以及合理地运用这些分析成果，物流企业可以为客户提供更好的服务和更多的信息，进一步巩固与客户之间的关系，增加客户的黏性，避免客户流失。在竞争环境分析中，为了达到利益的最大化，需要对竞争对手进行全面的分析，预测其行为和动向，从而了解在某个区域或是在某个特殊时期应该选择的合作伙伴。

四、物流大数据的发展方向

1. 智慧物流智能化更为灵敏

　　长期以来，物流对商业的发展是巨大的掣肘。物流的高效运作对整个社会的生产力和效率的提升是有利的。智慧物流将以用户需求倒逼产业链各环节强化联动融合，深刻影响生产和流通模式变革，逐步完善智慧物流生态体系，往更高效、更快捷的方向发展。同时随着各类智能技术的快速迭代，物流各环节实现智能化，推动物流产业向智能化转型升级，但要警惕过度智慧化的问题，避免导致生产成本上升。

2. 智慧物流覆盖面将更为广泛

我国物流行业发展迅速，特别是电商行业的蓬勃发展推动物流发展加速。现阶段智慧物流在物流垂直领域应用仍未足够广泛，如危险品等物品配送环节，智慧物流应用较少。未来智慧物流覆盖面将更趋广泛，可能实现应用场景的全覆盖，甚至包括生产环节。

3. 智慧物流企业发展大有可为

目前我国物流企业众多，但行业集中度低，头部企业仅占据小部分市场份额，而中小企业发展情况则参差不齐，物流行业发展较为混乱，企业发展有待整合，能够率先发展并应用智慧物流技术的企业有望脱颖而出。

4. 智慧物流将带来劳动力合理分配

智慧物流的应用将促进产业分工和资源分配重塑，包括节约人力资源和减少人工决策。在物流的各环节和各垂直领域，智慧物流带来劳动力的合理分配成为必然趋势。

任务训练

一、任务背景

亚马逊（Amazon）是网络上最早开始经营电子商务的公司之一，总部位于华盛顿州的西雅图。亚马逊成立于1995年，起初只经营线上的书籍销售业务，现在已成为全球商品品种最多的网上零售商之一，在亚马逊名下，也包括了Alexa Internet、a9、lab126和互联网电影数据库（Internet Movie Database，IMDB）等子公司。

亚马逊坚持走自建物流方向，将集成物流与大数据紧紧相连，帮助其在营销方面实现更大的价值。由亚马逊强大技术支持的智能物流系统是其价值链扩张的重要部分，使其在整条产业链上建立竞争优势。

亚马逊平台为客户提供数百万种商品，公司依托物流集成服务，通过物流中心、桔子机器人、外部卖家和拣货流程等系列服务，提高产品市场率和顾客满意度。

在亚马逊大数据计算开发的参与人员中，包括消费者、亚马逊公司自身和其他进驻卖家三大组成部分。亚马逊属于整合平台的提供商，并涵盖了价值链的多个环节，同时担任了服务商和运输者等多个角色。亚马逊在智能物流方面的创举，对其营销能力的增强起到了辅助作用。亚马逊凭借着对顾客购买数据的多方位采集和挖掘，能够获得大量关于目标客户的信息。最后，在第三方卖家方面，亚马逊从数据的角度去研究商家需求，并与消费者数据相结合，同物流集成思想相结合，提高平台精准营销的能力。

二、任务要求

根据案例材料，并查找更多资料，分析亚马逊是如何使用大数据提升其在产业链上的竞争优势的。

三、任务实施

（1）分小组完成任务，每组 3～4 人。

（2）通过讨论，分析材料内容，形成各自观点。

（3）形成报告，并在课堂上进行展示、交流。

四、任务评价

序号	评价内容	评价标准	分值	完成情况
1	观点贴合	分析正确、条理清晰	30	
2	团结协作	小组成员参与度高，沟通顺畅，积极查阅资料、提炼观点	25	
		敢于展示，善于分享	25	
3	评价他人	客观评价其他小组的观点	20	
		合计	100	

拓展训练

　　商业零售连锁企业沃尔玛拥有庞大的数据仓库系统。为了能够准确了解顾客在其门店的购买习惯，沃尔玛对其顾客的购物行为进行购物篮分析，以了解顾客经常一起购买的商品有哪些。沃尔玛的数据仓库集中了各门店详细的原始交易数据。在这些原始交易数据的基础上，沃尔玛利用数据挖掘工具对这些数据进行分析和挖掘。一个意外的发现是，与纸尿裤一起购买最多的商品竟是啤酒！这是数据挖掘技术对历史数据进行分析的结果，反映数据内在的规律。那么这个结果符合现实情况吗？是否有利用价值呢？

　　于是，沃尔玛派出市场调查人员和分析师对这一数据挖掘结果进行调查与分析，揭示了隐藏在"纸尿裤与啤酒"背后的一种行为模式：在美国，一些年轻的父亲下班后经常要到超市买纸尿裤，而他们中有 30%～40% 的人同时也会为自己买一些啤酒。了解到纸尿裤与啤酒一起被购买的机会很多，于是沃尔玛在各个门店内将纸尿裤与啤酒并排摆放在一起，结果是纸尿裤与啤酒的销售量双双增长。

　　实训要求：分析该案例中，沃尔玛实现尿裤与啤酒销售量双双增长的原因是什么？大数据起到了什么作用？

物流数据存储与处理技术应用

任务目标

　　通过此任务学习，掌握数据库技术、数据仓库与数据挖掘及其作用；理解数据库系统的组成；了解数据库数据组织的模型；掌握数据库系统的基本设计步骤；能根据物流企业的实际情况，进行数据库项目的需求分析；能使用 ER 图等手段，进行数据库的概念模型设计；能将 ER 图转换为关系模型。

一、物流大数据存储与管理

当大量的数据采集完成后，需要对数据进行存储。数据的存储分为持久化存储和非持久化存储。其中，持久化存储是指把数据存储在磁盘中，关机或断电后数据不会丢失；非持久化存储是指把数据存储在内存中，读写速度快，但是关机或断电后数据会丢失。对于持久化存储而言，最关键的概念是文件系统和数据库系统，常见的有分布式文件系统 HDFS、对应的分布式非关系型数据库系统 HBase，以及另一个非关系型数据库系统 MongoDB。而支持非持久化的系统（如 Redis、Berkeley DB、Memcached），则为存储数据库提供了缓存机制，可以大幅提升系统的响应速度，降低持久化存储的压力。

（一）数据库

1. 数据库的定义

数据库是指存储在一起的相关数据的集合。这些数据是结构化的，无有害的或不必要的冗余，并为多种应用服务；数据的存储独立于使用它的程序；对数据库插入新数据，修改和检索原有数据均能按一种公用的和可控制的方式进行。若干条数据组成了数据表，而若干组数据表则构成了数据库。

2. 数据库的特点

（1）数据结构化。结构化的数据是指二维表形式的数据，可以使用关系型数据库表示和存储。

（2）数据的共享性高、冗余度低。数据可以被多个用户、多个应用程序共享使用。数据共享节约存储空间，避免数据之间的不相容性与不一致性。

（3）数据独立性高。数据独立性是指应用程序和数据结构之间相互独立、互不影响。

（4）数据由 DBMS 统一管理和控制。DBMS 必须提供安全性、完整性保护等功能。

3. 数据的组织方式

（1）数据项。数据项是可以定义数据的最小单位，也称元素、基本项、字段等。数据项与现实世界实体的属性相对应，数据项有一定的取值范围，称为域。数据项示例如图 7-2 所示。

供应商编号	供应商名称	联系人	地址	电话
GYS001	ABC 有限公司	张三	广西贵港	191×××× 2900

数据项

图 7-2　数据项示例

（2）记录。记录由若干相关联的数据项组成。记录是应用程序输入—输出的逻辑单位。对于大部分数据库系统而言，记录是处理和存储信息的基本单位。记录示例如图 7-3 所示。

供应商编号	供应商名称	联系人	地址	电话
GYS001	ABC 有限公司	张三	广西贵港	191×××2900

记录

图 7-3　记录示例

（3）表。在关系型数据库中，表是一系列二维数组的集合，用来代表和存储数据对象之间的关系。表由纵向的列和横向的行组成。对于特定的表，列的数目一般事先固定，个列之间可以由列名来识别，而行的数目可以随时、动态变化。

（4）数据库。数据库是比文件更大的数据组织。数据库是具有特定联系的数据的集合，也可以看作具有特定联系的多种类型的记录的集合。数据库的内部构造是文件的集合，这些文件之间存在某种联系，不能孤立存在。

（二）数据模型

1. 数据模型的组成

数据模型是模型的一种，是现实世界数据特征的抽象，通常由数据结构、数据操作和数据的约束条件三个要素组成。

（1）数据结构。数据结构用于描述系统的静态特性，包括数据的结构和数据间的联系。数据结构有层次结构、网状结构和关系结构三种类型。

（2）数据操作。数据操作用于描述系统的动态特性，是数据库中各种数据操作的集合，包括操作及相应的操作规则，如数据的检索、插入、删除和修改等。

（3）数据的约束条件。数据的约束条件是一组完整性规则的集合，是给定的数据模型中数据及其联系所具有的制约和依存规则，用以限定符合数据模型的数据库状态以及状态的变化，保证数据的正确、有效、相容。

数据结构是数据模型的基础，数据操作和数据的约束条件都建立在数据结构上。不同的数据结构具有不同的操作和约束条件。

2. 数据库中的数据模型

数据库中的数据模型可以直接描述数据库中数据的逻辑结构，也被称为结构数据模型，是具体的 DBMS 所支持的数据模型。它通常包括一组严格定义的形式化语言，用来定义和操作数据库中的数据。此模型既要面向用户，又要面向系统，主要用于 DBMS 的实现。按数据结构划分，结构数据模型可以分为以下三类：

（1）层次模型。层次模型采用树形结构表示实体及实体间的联系；没有父节点的节点为根节点，根节点只有一个；除根节点以外的其他节点有且只有一个父节点，如图 7-4 所示。典型的层次模型系统是 IBM 公司 1969 年推出的信息管理系统（Information Management System，IMS）。

（2）网状模型。网状模型用网状结构表示实体及实体间的联系，用于设计网状数据库。网状模型与层次模型的区别在于，在网状模型中一个以上的节点可以没有父节点，一个子节点可以有多个父节点，如图 7-5 所示。

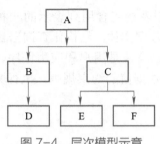

图 7-4 层次模型示意

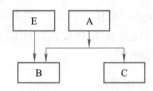

图 7-5 网状模型示意

（3）关系模型。关系模型用最简单的二维表结构表示实体及实体间的联系。每个表保存企业或组织业务活动中所涉及的一个特定实体（或者两个实体之间的某种联系）的所有实例的各种属性值数据，如表 7-2 所示。

表 7-2 关系模型示例（订单表）

订单代号	客户代号	订购日期	运费
D001	K001	23/12/03	300
D002	K002	23/12/10	50
D003	K001	24/04/05	100
D004	K002	24/04/20	80
D005	K003	24/12/20	100

层次模型、网状模型和关系模型是三种重要的结构数据模型，它们各有优点和缺点，具体如表 7-3 所示。

表 7-3 各种结构数据模型的优缺点比较

名称	优点	缺点
层次模型	存取方便且速度快；结构清晰，容易理解；数据修改和数据库扩展容易实现；检索关键属性十分方便	结构"呆板"，缺乏灵活性；同一属性数据要存储多次，数据冗余大；不适合拓扑空间数据的组织
网状模型	能明确且方便地表示数据间的复杂关系，数据冗余小	网状结构的复杂性增加了用户查询和定位的困难；需要存储用于数据间联系的指针，使得数据量增大；数据的修改不方便
关系模型	结构特别灵活，概念单一，满足所有布尔逻辑运算和数学运算规则的查询要求；能搜索、组合和比较不同类型的数据；增加和删除数据非常方便；具有更高的数据独立性、安全性和保密性	数据库较大时，查找满足特定关系的数据费时；对空间关系的建立无法实现

二、数据库技术设计与应用

（一）关系数据库概述

1. 关系数据库

关系数据库是建立在关系数据库模型基础上的数据库，它借助于集合代数等概念和方法处理数据库中的数据。在关系数据库中，现实世界中的各种实体以及实体之间的各种联系均用关系模型表示。数据被组织成一组拥有正式描述性的表格，这些表格中的数据能以许多不同的方式被存取或重新召集，使用方便。每个表格包含用列表示的一种或多种数据类型（例如整型、日期型等），每行包含一个唯一的数据实体。结构化查询语言（Structured Query Language，SQL）就是一种基于关系数据库的语言，是用户和应用程序、关系数据库的接口，它可以定义关系数据库中的关系模式，制定数据值的约束规则，执行数据的检索、修改、插入等操作。

2. 关系数据模型

关系数据模型简称关系模型，它建立在严格的数学概念之上，其数据结构简单、清晰，存取路径透明，程序和数据具有高度的独立性。而且，它的数据语言非过程化程度较高，用户性能好，具有集合处理能力，并有定义、操纵、控制一体化的优点，提高了程序员的生产效率，广受使用者欢迎。因此，数据库厂商开发了许多基于关系模型的数据库系统，如小型数据库系统 FoxPro、Access 等，大型数据库系统 Oracle、Informix、Sybase、SQL Server 等，关系数据库已成为应用最广泛的数据库系统之一。关系模型主要涉及以下几个基本概念。

（1）关系。关系模型的数据结构是一个由"二维表框架"（关系模式）组成的集合，所以关系模型是"关系框架"的集合。每个二维表称为关系，表 7-4 所展示的客户表就是一个关系，它的关系模式（二维表框架）就是客户（客户代号，姓名，性别，联系方式）。

表 7-4　客户表

客户代号	姓名	性别	联系方式
K001	李四	男	181×××1234
K002	王五	女	178×××2100
K003	张三	男	165×××1900
K004	陈一	男	156×××2300
K005	刘二	女	187×××6450

（2）元组。即表格中的一行。表 7-4 客户表中的一条客户信息记录即一个元组。

（3）属性。即表格中的一列。表 7-4 客户表中有四个属性，属性名分别为客户代号、姓名、性别、联系方式。

（4）关键字。即可唯一标识元组的属性或属性集，也称为关系键或主码。表 7-4 客户表中客户代号可以唯一确定一个客户，为客户关系的关键字。

（5）域。即属性的取值范围。例如性别的域是（男，女）。

（6）分量。即每一行对应的列的属性值，即元组中的一个属性值。例如客户代号的值 K001、K002、K003、K004、K005 等均是客户代号每一行的分量。

（7）关系模式。即对关系的描述，一般表示为关系名（属性1，属性2……属性 n），例如：订单（订单代号，客户代号，订购日期，运费）。

在关系模型中，实体和实体间的联系是用关系表示的。例如客户与订单是两个实体，客户与订单具有下单的关系，就可以用关系表示为如下形式：

实体：客户（客户代号，姓名，性别，联系方式）；订单（订单代号，客户代号，订购日期，运费）。

联系：下单关系（订单代号，客户代号）。

3. 关系模型的优缺点

关系模型的优点主要有以下几个：①与非关系模型数据库不同，关系数据库的关系模型具有较强的数学理论依据。②数据库的数据结构简单、清晰，用户易懂、易用，不仅可以用关系描述实体，而且可以用关系描述实体间的联系。③关系模型的存取路径对用户透明，具有更高的数据独立性、更好的安全性和保密性；同时，简化了程序员的编程和数据库系统的设计、开发工作。

关系模型的缺点：由于存取路径对用户透明，其查询效率往往不如非关系模型，因此，为了提高性能，必须对用户的查询表示进行优化，这增加了开发数据库管理系统的负担。

（二）关系数据库的设计

1. 三个世界的划分

由于计算机不能直接处理现实世界中的具体事物，因此人们必须将具体事物转换成计算机能够处理的数据，而实现这个目的的最佳手段就是数据库技术。数据库本质上是模拟现实世界中某应用环境（一个企业、单位或部门）所涉及的数据的集合，它反映了数据本身的内容，而且反映了数据之间的联系。在数据库中用数据模型从抽象层次上描述现实系统的静态特征、动态行为和约束条件，为数据库系统的信息表示与操作提供一个抽象的框架。

为了把现实世界中的具体事物抽象、组织为某一 DBMS 支持的数据模型，在实际的数据处理过程中，首先将现实世界的事物及联系抽象成信息世界的信息模型，然后抽象成计算机世界的数据模型，即数据要经历现实世界、信息世界和计算机世界三个不同世界的两级抽象和转换。数据的抽象和转换过程如图 7-6 所示。

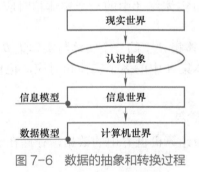

图 7-6　数据的抽象和转换过程

信息模型并不依赖于具体的计算机系统，也不是某一个 DBMS 所支持的数据模型，它是计算机内部数据的抽象表示，是概念模型；概念模型经过抽象，转换成计算机上某一 DBMS 所支持的数据模型。所以，数据模型是现实世界的两级抽象的结果。

2. 信息世界中的基本概念

（1）实体。客观存在并且可以相互区别的"事物"称为实体。实体可以是可触及的对象，如一个学生、一本书、一辆汽车；也可以是抽象的事件，如一堂课、一次比赛等。

（2）属性。实体的某一特性称为属性，如学生实体有学号、姓名、年龄、性别、系等属性。属性有"型"和"值"之分，"型"即属性名，如姓名、年龄、性别是属性的型；"值"即属性的具体内容，如（990001，张立，20，男，计算机），这些属性值的集合表示了一个学生实体。

（3）实体型。若干个属性型组成的集合可以表示一个实体的类型，简称实体型，如学生（学号，姓名，年龄，性别，系）就是一个实体型。

（4）实体集。同型实体的集合称为实体集，如所有的学生、所有的课程等。

（5）键。能唯一标识一个实体的属性或属性集称为实体的键，如学生的学号。由于学生的姓名可能有重名，不能作为学生实体的键。

（6）域。属性值的取值范围称为该属性的域，如身份证号的域为18位整数；姓名的域为字符串集合；年龄的域为某个整数（例如18）；性别的域为（男，女）。

（7）联系。在现实世界中，事物内部以及事物之间是有联系的，这些联系同样也要抽象和反映到信息世界中。在信息世界中，这些联系将被抽象为实体型内部的联系和实体型之间的联系。实体型内部的联系通常是指组成实体的各属性之间的联系；实体型之间的联系通常是指不同实体集之间的联系。不同实体集之间的联系通常有三种类型，如图7-7所示。

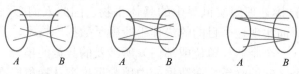

图7-7　不同实体集之间的联系

第一种是一对一联系。实体集 A 中的一个实体至多与实体集 B 中的一个实体相对应，反之亦然，则称实体集 A 与实体集 B 为一对一联系，记作1:1，如班级与班长、观众与座位、病人与床位等。

第二种是一对多联系。实体集 A 中的一个实体与实体集 B 中的多个实体相对应，反之，实体集 B 中的一个实体至多与实体集 A 中的一个实体相对应，记作1:n，如班级与学生、公司与职员、省与市等。

第三种是多对多联系。实体集 A 中的一个实体与实体集 B 中的多个实体相对应，反之，实体集 B 中的一个实体与实体集 A 中的多个实体相对应，记作 m:n，如教师与学生、学生与课程、工厂与产品等。

3. 计算机世界中的基本概念

信息世界中的实体抽象为计算机世界中的数据，存储在计算机中。在计算机世界中，常用的主要概念如下：

（1）字段。对应属性的数据称为字段，也称为数据项。字段的命名往往和属性名相同，如学生有学号、姓名、年龄、性别、系等字段。

（2）记录。对应于每个实体的数据称为记录，如学生（990001，张立，20，男，计算机）为一个记录。

（3）文件。对应于实体集的数据称为文件，如所有学生的记录组成一个学生文件。

4. 三个世界中各术语的对应关系

现实世界是设计数据库的出发点，也是使用数据库的最终归宿。信息世界的信息模型和计算机世界的数据模型是现实世界事物及其联系的两级抽象，其中的数据模型是实现数据库系统的基础。我们把三个世界中各术语的对应关系联系起来，就形成了如图7-8所示的对应关系。

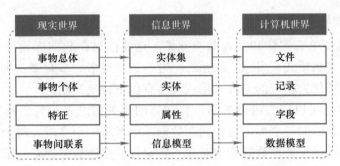

图 7-8 三个世界中各术语的对应关系

5. 概念模型 E-R 图

E-R 图也称实体－联系图（Entity Relationship Diagram），提供了表示实体类型、属性和联系的方法，是用来描述现实世界的概念模型。

E-R 图用矩形表示实体型，在矩形框内写明实体名；用椭圆表示实体的属性，并用无向边将其与相应的实体型连接起来；用菱形表示实体型之间的联系，在菱形框内写明联系名，并用无向边分别与有关实体型连接起来，同时在无向边旁标记联系的类型（1:1、1:n 或 $m:n$）。例如客户与订单的实体型、属性与实体型之间的关系（下单）就可以用图 7-9 表示。

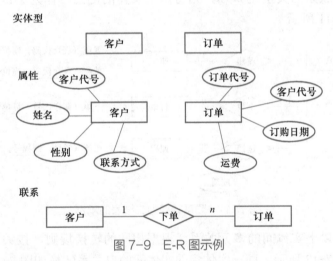

图 7-9 E-R 图示例

设计 E-R 图应遵循以下原则：

（1）针对特定用户的应用，确定实体、属性和实体间的联系，做出反映该用户视图的局部 E-R 图。

（2）综合各个用户视图的局部 E-R 图，做出反映数据库整体概念的总体 E-R 图。在综合局部 E-R 图时，删除局部 E-R 图中的同名实体，以便消除冗余，保持数据的一致性。

（3）在综合局部 E-R 图时，还要注意消除那些冗余的联系。冗余信息会影响数据的完整性，使维护工作复杂化，但有时也要折中考虑，有时必要的冗余会提高数据的处理效率。

（4）综合局部 E-R 图时也可以在总体 E-R 图中增加新的联系。

6. 概念模型转换成数据模型

在 E-R 图的模型中有实体和关系两类元素，这些信息在数据库设计中将用数据库关系模型中的二维表（关系模式）表示。联系有一对一、一对多、多对多三种，将"实体"和不同种类的"联系"转化为相应的二维表形式具体有以下转换策略：

（1）实体的信息可以用二维表表示。将实体的相关信息表示为二维表时，实体具体的某个属性对应二维表中的一个列，每一列在数据库中对应一个字段。每个实体的信息在二维表中对应一行，每一行在关系数据库中对应一条记录。实体的键就是二维表的关键字。实体转换为二维表的示例如图 7-10 所示。

图 7-10　实体转换为二维表的示例

（2）联系也可以用二维表表示。一个联系可以转换为一张二维表，二维表的列由两部分构成：两个相关实体的键和联系自己本身属性。二维表的关键字的选取原则：若联系的类型是 1:1，则选取任意一个实体的键作为关键字；若联系的类型是 $1:n$，则选取 n 端实体的键作为关键字；若联系的类型是 $m:n$，则将两个实体的键同时作为关键字。联系转换为二维表的示例如图 7-11 所示。

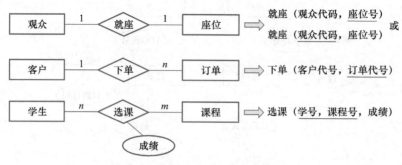

图 7-11　联系转换为二维表的示例

（3）对于 3 个以上实体间的多元关系，根据相同的转换规则，按关系的不同类型进行相应的转换，如图 7-12 所示。同一实体集的实体间的自关系转换如图 7-13 所示。

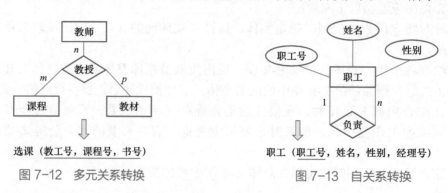

图 7-12　多元关系转换　　　　图 7-13　自关系转换

7. 数据库设计的步骤

数据库设计是指根据用户的需求，在某一具体的数据库管理系统上，设计数据库的结构并建立数据库，它是信息系统开发和建设中的核心技术。数据库应用系统具有复杂性，还要支持相关程序运行，因此数据库设计是一个复杂的工程，不可能一蹴而就，而是一个"反复探寻，逐步求精"的过程。按规范设计法划分，可将数据库设计分为四个阶段，分别为系统需求分析阶段、概念结构设计阶段、逻辑结构设计阶段、物理结构设计阶段；而一个完整的数据库系统的开发过程还需增加数据库实施阶段、数据库运行与维护阶段。数据库设计的步骤如图 7-14 所示。

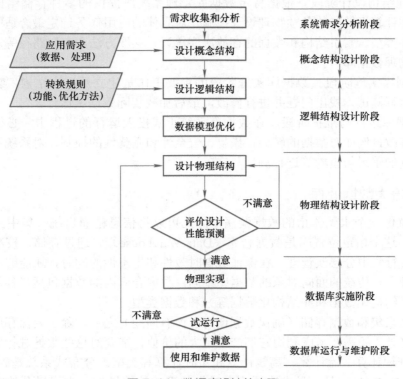

图 7-14　数据库设计的步骤

（1）系统需求分析阶段。系统需求分析的重点是调查与分析用户的业务活动和数据的使用情况，明确所用数据的种类、范围、数量以及它们在业务活动中交流的情况，确定用户对数据库系统的使用要求和各种数据的约束条件等。

系统需求分析是在用户调查的基础上进行的，是一件较为困难的事。一方面，很多用户不明白计算机能为自己做什么、不能做什么，提出准确、合理的要求较为困难，而且用户的要求在设计数据库时常常会发生变化；另一方面，部分软件企业设计人员的专业知识不够，很难正确理解客户的需求。因此，双方必须不断深入沟通和交流，才能逐步实现用户的实际需求。用户调查的方法主要有跟班作业、开调查会、专访、询问、问卷调查和查阅文献等。

（2）概念结构设计阶段。针对用户要描述的现实世界（可能是一个仓库、一个运输企业等），通过对其中各处的需求描述进行分类、聚集和概括，建立抽象的概念数据模型（信息模型）。这个概念数据模型应反映现实世界各部门的信息结构、信息流动情况、信息间的互相制约关系以及各部门对信息存储、查询和加工的要求等。所建立的模型应避开数据库在计算机上的具体实现细节，用一种抽象的形式表示出来。

例如 E-R 图中，第一步要明确现实世界各部门所含的各种实体及其属性、实体间的联系以及对信息的制约条件等，从而给出各部门内所用信息的局部描述（在数据库中称为用户的局部视图）；第二步将前面得到的多个用户的局部视图集成一个全局视图，即用户要描述的现实世界的概念数据模型。

（3）逻辑结构设计阶段。逻辑结构设计阶段的主要工作是将现实世界的概念数据模型设计成数据库的一种逻辑模式，即某种特定数据库管理系统所支持的逻辑数据模型。这一步设计的结果是"逻辑数据库"。例如，将 E-R 图转换为关系数据库管理系统支持的关系模型。

（4）物理结构设计阶段。根据特定数据库管理系统所提供的多种存储结构和存取方法等依赖于具体计算机结构的各项物理设计措施，对具体的应用任务选定最合适的物理存储结构（包括文件类型、索引结构和数据的存放次序等）、存取方法和存取路径等。这一步设计的结果是"物理数据库"。

（5）数据库实施阶段。数据库实施阶段的主要工作是建立数据库结构，装入试验数据对应用程序进行测试，找出问题并进行修改，最后加载实际数据试运行。

（6）数据库运行与维护阶段。在数据库系统正式投入运行的过程中，必须不断地对其进行调整与修改，例如对数据的转储、恢复、安全性和完整性的控制，对系统性能的监控与改善，对数据的重组与重构等进行测试与完善。

三、物流大数据处理

大数据就像一个永无休止的数据漩涡，因此可以将信息精简后统一集中到一个指定位置进行管理，这个指定位置就是数据仓库（Data Warehouse）。通过存储、校准、整合及输出，对数据进行集中分层次管理，在保证数据时效性和生态性的同时，还能够对数据完成不同程度的处理。与传统的面向对象的数据库不同，数据仓库内的数据包括多种数据结构（结构化数据、半结构化数据和非结构化数据等）和数据类型。

完成数据采集和数据存储（确保数据读写也没有问题）之后，除了要保存原始数据、做好数据备份之外，还需要考虑利用它们产生更大的价值，需要对这些数据进行处理。大数据处理分为批处理计算、流计算、离线计算和实时计算等类型。分布式系统基础架构 Hadoop 的编程模型 MapReduce 是一种非常适合离线批处理的计算框架。为了提升效率，下一代的管理框架 YARN 和更迅速的计算框架 Spark 也在逐步成型之中。在此基础上，人们又开发了 Hive、Pig、Spark SQL 等工具，进一步简化了某些常见的查询。Spark Streaming 和 Storm 则在映射和规约思想的基础上提供了流计算框架，进一步提升了数据处理的实时性。

任务训练

一、任务背景

某企业有物资、销售和人事三个管理部门，物资管理部门负责产品生产所需的零件采购以及对全部零件的保管，销售管理部门负责产品的销售，人事管理部门负责管理职工的人事关系。具体业务梳理结果如下：

（1）物资管理部门：供应商提供产品和零件，每个供应商可以供应多个产品和零件，每个零件可以由多个供应商供应。零件存放在仓库，产品直接销售。一种零件可以放多个仓库，一个仓库可以放多种零件。仓库由多人管理，领导从职工中择优选出。

（2）销售管理部门：产品由顾客下订单购买，每个顾客能下多张订单，每张订单由多个订单项构成，每个订单项对应一个产品。顾客通过收款账支付，每个顾客可能收到多个收款账。

（3）人事管理部门：每个职工只属于一个部门，由一个部门领导，而且每个职工负责一项产品的销售，或者多个职工生产某几项产品。

二、任务要求

（1）绘制三个部门的 E-R 图和综合 E-R 图。
（2）将综合 E-R 图转换为关系数据库管理系统支持的关系模型。

三、任务实施

（一）概念结构设计

对三个部门的需求描述进行分类、聚集和概括，先找实体，分析各自的属性，然后确定实体型之间的关系，绘制三个部门的局部 E-R 图，并绘制综合 E-R 图，如图 7-15～图 7-18 所示。

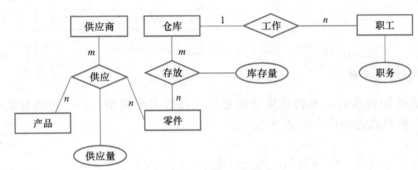

图 7-15 物资管理部门局部 E-R 图

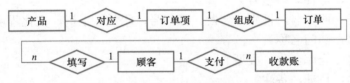

图 7-16 销售管理部门局部 E-R 图

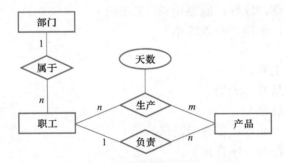

图 7-17 人事管理部门局部 E-R 图

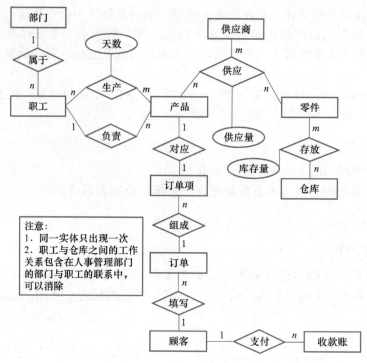

图 7-18　综合 E-R 图

（二）逻辑结构设计

将综合 E-R 图转换为关系数据库管理系统支持的关系模型，每个实体和联系都对应一个关系，用关系模式的形式表示如下：

实体：

供应商（供应商号，供应商名，地址，电话，信誉度）

产品（产品号，产品名，价格）

零件（零件号，零件名，型号）

职工（职工号，职工名，性别，年龄，部门号，职务，工资，文化程度）

部门（部门号，部门名称）

仓库（仓库号，仓库名称，类型）

订单（订单号，日期，备注）

订单项（订单项号，描述）

顾客（顾客号，名称，地址，联系电话，E-mail）

收款账（收款账号，金额，收款缘由）

联系：

属于（部门号，职工号）

生产（职工号，产品号，天数）

负责（职工号，产品号）

供应（供应商号，产品号，零件号，供应量）

存放（仓库号，零件号，库存量）

对应（订单项号，产品号）

组成（订单项号，订单号）

填写（顾客号，订单号）

支付（顾客号，收款账号）

（三）物理结构设计和实施

根据特定 DBMS（例如 Visual FoxPro）所提供的存储结构和存取方法，设计数据文件类型、索引结构和数据的存放次序、数据的存取方法和数据的存取路径等，然后利用具体的数据库管理系统在计算机中加以实现。

四、任务评价

序号	评价内容	评价标准	分值	完成情况
1	物资管理部门 E-R 图	图片结构清晰，需求描述分类得当、聚集和概括得当，实体正确，属性正确	20	
2	销售管理部门 E-R 图	图片结构清晰，需求描述分类得当、聚集和概括得当，实体正确，属性正确	20	
3	人事管理部门 E-R 图	图片结构清晰，需求描述分类得当、聚集和概括得当，实体正确，属性正确	20	
4	综合 E-R 图	三个部门实体型关系逻辑清晰，图片结构清晰	20	
5	逻辑结构设计	关系模型的实体和联系齐全，描述正确	20	
合计			100	

拓展训练

在简单的教务管理系统中，有如下语义约束：一个学生可选修多门课程，一门课程可被多个学生选修；一个教师可讲授多门课程，一门课程可由多个教师讲授；一个系可有多个教师，一个教师或学生只能属于一个系。请用 E-R 图进行概念模型设计，然后将其转换为关系数据库管理系统支持的逻辑模型（用关系模式表示）。

实训要求：

（1）用 E-R 图表示实体。

（2）给每个实体设计三个以上的基础属性。

（3）绘制出综合 E-R 图。

（4）将概念模型转换为关系数据库管理系统支持的逻辑模型。

任务三　**物流大数据的应用**

任务目标

通过此任务学习，了解大数据技术在物流管理领域的应用，并掌握大数据在车货匹配、选址物流中心、运输路线优化、调配仓库储位、物流各方面的预测等方面的应用。

相关知识

在如今的信息化时代，大数据逐渐成为现代社会基础设施的一部分，就像物流领域中的公路、铁路、港口、水电、通信网络等设施一样不可或缺。在物流的各个环节都有大数据的影子。大数据在物流行业的应用主要体现在以下方面：

一、车货匹配

通过对运力进行大数据分析，可以科学匹配公共运力的标准化需求和专业运力的个性化需求。通过对货主、司机和任务的精准画像，可实现智能化定价，为司机智能推荐任务，并根据任务要求指派配送司机。

从客户方面来讲，大数据平台会根据任务要求，如车型、配送公里数、配送预计时长、附加服务等自动计算运力价格并匹配最符合要求的司机，司机接到任务后会按照客户的要求提供高质量服务。

从司机方面来讲，大数据平台可以根据司机的个人情况、服务质量、空闲时间自动匹配合适的任务，并进行智能化定价。基于大数据实现车货高效匹配，不仅能减少空驶带来的损耗，还能减少污染。

二、选址物流中心

物流中心选址问题要求物流企业在充分考虑自身的经营特点、商品特点和交通状况等因素的基础上，使配送成本和预定成本等之和达到最小。针对这一问题，可以利用大数据中的分类树方法来解决。

三、运输路线优化

运输路线优化是一个典型的非线性规划问题，它一直影响着物流企业的配送效率和配送成本。物流企业运用大数据来分析商品的特性和规格、客户的不同需求（时间和金钱）等问题，可以快速对这些影响配送计划的因素做出反应（比如选择哪种运输方案、哪种运输线路等），制定最合理的配送线路。而且企业还可以通过配送过程中实时产生的数据，快速地分析出配送路线的交通状况，对事故多发路段做出提前预警。精确分析整个配送过程的信息，使物流的配送管理智能化，提高物流企业的信息化水平和可预见性。

运用大数据分析能为物流企业搭建起沟通的桥梁，最优化定制物流运输路径。例如，美国 UPS 公司使用大数据优化运输路线，可实时分析 20 万种可能路线，在 3 秒内找出最佳路径，使配送人员不需要自己思考运输路径是否最优。UPS 通过大数据分析，规定卡车在运输过程中尽量避免左转。根据往年的数据显示，执行了尽量避免左转的政策后，UPS 的货车在行驶路程减少 2.04 亿千米的前提下，多送出了 35 万件包裹。

四、调配仓库储位

合理地安排商品储存位置对于仓库利用率和搬运分拣的效率有着极为重要的意义。对于商品数量多、出货频率快的物流中心，储位优化即意味着工作效率和效益的提升。哪些货物放在一起可以提高分拣率，哪些货物储存的时间较短，都可以通过大数据的关联模式法分析出商品数据间的相互关系来合理地安排仓库位置。

五、物流预测

（一）物流市场预测

商品进入市场后，并不会一直保持最高的销量，随着时间的推移，消费者行为和需求发生变化，商品的销量也不断变化。过去企业更多是通过采用问卷调查和以往经验来寻找客户的来源。而当调查结果总结出来时，往往已经过时了，延迟、错误的调查结果只会让管理者对市场需求做出错误的估计。而大数据能够帮助企业完全勾勒出其客户的行为和需求信息，通过真实而有效的数据反映市场的需求变化，从而对产品进入市场后的各个阶段做出预测，进而合理地控制物流企业库存和安排运输方案。

（二）库存预测

互联网技术和商业模式的改变直接带来了从生产者到顾客的供应渠道变化，这样的改变从时间和空间两个维度为物流行业创造新价值奠定了坚实的技术基础。运用大数据分析商品品类，系统会自动分解用来促销和引流的商品。同时，系统会自动根据以往的销售数据进行建模和分析，以此判断当前商品的安全库存，并及时给予预警，而不再是根据往年的销售情况来预测当前的库存状况。总之，使用大数据技术可以降低库存量，从而提高资金利用率。

（三）设备修理预测

如果运输车辆在路上抛锚，就需要再派一辆车，会造成延误和重复装载负担，并消耗大量的人力、物力。使用大数据技术监测车辆的各个部位，能够及时地进行防御性修理，节省维修成本。

任务训练

一、任务背景

日日顺是海尔旗下的场景生态品牌，旗下有日日顺物流、日日顺乐家、日日顺乐农等企业平台。日日顺物流先后经历从企业物流到物流企业，再到平台企业的三个转型阶段，依托先进的管理理念和物流技术，整合全球一流的网络资源，搭建起开放的专业化、标准化、智能化大件物流服务平台，为家电、家具、卫浴、健身器材及互补行业的用户提供全品类、全渠道、全流程、一体化的物流服务。

日日顺物流以数字化为驱动力，在大件物流智能化领域先行先试，获得众多荣誉，曾入选十大"国家智能化仓储物流示范基地"，牵头承担国家重点研发计划"智慧物流管理与智能服务关键技术"项目等。日日顺物流先后在山东青岛、浙江杭州、广东佛山、山东胶州等地建立了众多不同类型的智能仓。

位于即墨智慧物流园区的无人仓是连接产业端到用户端的全流程、全场景区域配送中心，服务于包括青岛、烟台、日照、威海等城市在内的半岛地区 B2B、B2C 用户（以 B2C 为主）。据介绍，即墨智慧物流园区总占地面积为 15.8 万 m^2，仓库总面积为 7.8 万 m^2。

智能无人仓项目的规划和实施由科捷智能完成，所处理的最小存货单位数量超过 1 万个，覆盖海尔、海信、小米、统帅等绝大部分家电品牌，实现全品类家电的存储、拣选、发货无人化。

智能无人仓能够在黑灯环境下实现 24 小时不间断作业，除了依靠上述智能设备，还依靠一颗"智慧大脑"——中央控制系统。中央控制系统掌握着无人仓内所有数据，设备运营参数、电机运转参数等都被抽取到上位系统进行建模，实现数字孪生，打破了原来的信息孤岛，通过一套系统就可以管理整个仓库。

智能无人仓内的所有智能装备都通过三维数字孪生技术进行管理，中央控制系统获取所有运营实时数据，集监控、决策、控制于一体，对全仓进行调配安排，充分发挥设备的集群效应，智慧运行所有环节。中央控制系统还运用可视化数据全程监控日日顺物流的所有智慧仓库、网点、干线班车线路、区域配送线路等环节的作业数据，全面覆盖货物的整个配送过程，更好地服务客户。

二、任务要求

根据案例材料，分析物流大数据在物流领域中的应用。

三、任务实施

通过分组讨论，分析材料内容，形成各自观点，并在课堂上进行展示、交流。

四、任务评价

序号	评价内容	评价标准	分值	完成情况
1	观点贴合	分析正确、条理清晰	30	
2	团结协作	小组成员参与度高，沟通顺畅，积极查阅资料、提炼观点	25	
		敢于展示，善于分享	25	
3	评价他人	客观评价其他小组的观点	20	
		合计	100	

拓展训练

小张在一家传统的物流仓储企业工作，该企业大部分业务单据都是采用手工方式进行处理的。作为一名仓管员，小张常常因各种单据上的数据不一致而向其他部门沟通求证，有时候核准一张单证的数据就要花费小张一天的时间，效率低下，而且耽误作业时间导致被投诉。为此他想通过数据库技术解决这个问题，请为小张想出一个恰当的方案。

实训要求：方案中要求说明数据库管理系统有什么特点，重点说明解决了哪些问题，给企业带来了哪些好处。

探索物流大数据的新领域，培养科学精神

在物流领域，科学精神是指以数据为基础，运用科学方法和技术，通过不断探索新领域，寻找创新解决方案，从而提高效率、降低成本、优化运营的一种理念。

基于数据的决策：科学精神强调基于数据的决策过程。在物流中，大量的实时和历史数据可以提供对运输、库存、供应链等方面的深入洞察。探索新领域的科学精神要求企业不仅要收集大数据，还要充分利用数据来指导决策，从而更准确地预测需求、优化资源分配，实现更智能的物流运作。

整合跨学科知识：探索新领域的科学精神要求团队整合跨学科的知识。在物流大数据中，数据科学、物流管理、信息技术等多个领域的知识都是必不可少的。通过跨学科合作，团队能够更全面地理解问题，并寻找创新性的解决方案。

持续的创新和实验：科学精神鼓励持续的创新和实验。在物流大数据领域，团队应该不断尝试新的技术、算法和方法，以发现潜在的优化空间。这可能包括利用机器学习来预测需求、采用实时监控系统来提高运输效率，或者通过数据分析来优化库存管理。

快速响应和敏捷性：探索新领域的科学精神要求企业保持快速响应和敏捷性。在物流中，市场需求和运营环境可能会不断变化，因此团队需要及时调整策略和技术应用，以适应变化并取得竞争优势。

共享知识和经验：科学精神倡导共享知识和经验。在物流大数据项目中，成功的实践和学到的教训应该被团队内部分享，以促进整个团队的学习和成长。这有助于建立一个具有创新能力和协作精神的团队文化。

综合而言，探索新领域的科学精神是一种推动创新和优化的态度，通过合理利用大数据和科学方法，不断寻找改进的机会，从而在竞争激烈的物流市场中取得优势。

课后练习

一、单项选择题

1.（　　）是指二维表形式的数据，可以使用关系型数据库表示和存储。

　A．结构化的数据　　　　　　　　　B．半结构化的数据

　C．关系型数据　　　　　　　　　　D．非关系型数据

2.（　　）是可以定义数据的最小单位，也称元素、基本项、字段等。

　A．数据项　　　　B．记录　　　　C．表　　　　D．数据库

3.用最简单的二维表结构表示实体及实体间的联系是（　　）。

　A．层次模型　　　B．关系模型　　　C．网状模型　　　D．非关系模型

4.采用树形结构表示实体及实体间的联系的是（　　）。

　A．层次模型　　　B．关系模型　　　C．网状模型　　　D．非关系模型

5. E-R 图用（　　）表示实体型，在矩形框内写明实体名；用（　　）表示实体的属性，并用无向边将其与相应的实体型连接起来；用（　　）表示实体型之间的联系。

  A．矩形   B．正方形   C．椭圆形   D．菱形

二、多项选择题

1. 物流大数据的特点有（　　　）。

  A．海量   B．高速   C．多样   D．高价值

2. 数据模型是模型的一种，是现实世界数据特征的抽象，通常由（　　　）等要素组成。

  A．数据结构   B．数据操作   C．数据库   D．数据的约束条件

3. 数据结构划分，结构数据模型可以分为（　　　）。

  A．层次模型   B．关系模型   C．网状模型   D．非关系模型

三、简答题

1. 什么是物流大数据？物流大数据有哪些特征？

2. 谈谈物流大数据的作用。

3. 谈谈结构数据模型中的关系模型的优缺点。

4. 简述关系模型的优缺点。

5. 简述数据库设计的步骤。

6. 简述大数据在物流行业的应用主要体现在哪些方面。

项目八　智能分析与计算技术

项目目标

知识目标

- ❖ 掌握云计算的主要目标。
- ❖ 了解人工智能在不同领域的应用。
- ❖ 了解当前仿真模拟技术的发展趋势，包括技术创新、应用领域的拓展等。
- ❖ 掌握边缘计算系统的安全性要求和相关技术。

技能目标

- ❖ 能够捕捉云计算领域的新趋势，对新兴技术有敏锐的洞察力。
- ❖ 能够就人工智能历史发展进行深入讨论，理解技术决策对发展的影响。
- ❖ 初步掌握常用的仿真模拟工具和平台，了解其特点和适用范围。
- ❖ 能够独立分析和解决边缘计算实践中的问题。

素质目标

- ❖ 通过探索智能分析与计算技术的应用，培养自我学习的能力和习惯。
- ❖ 通过理解人工智能技术的发展，激发求真求实意识。
- ❖ 通过分小组合作完成任务训练，树立团队互助、合作进取的意识。

案例导入

云战略的全球化发展

　　云计算行业的开端较难精准定义。虽然 2006 年谷歌首次提出了"云计算"的概念，亚马逊也推出了亚马逊云科技（Amazon Web Service，AWS），但直到 2008 年，整个行业才迎来了正式的"万家灯火"，而国内云计算标杆阿里云也是从 2008 年开始筹办和起步的。

　　随后几年间，世界级的供应商都无一例外地参与到云市场的竞争中，出现了 IBM、VMWare、微软和 AT&T 等第二梯队。其中，微软在 2010 年前后加入，但仍显迟钝；谷歌则在 2011 年宣布转型推出 GCP，开始了公有云市场中的同台竞技。

　　其中，IBM 以 340 亿美元的价格拿下了红帽（Redhat），IBM 认为收购红帽可以打破现在格局，改变云市场的一切；微软以 75 亿美元的价格买下了 GitHub，并将这一开源方面的优势接入微软的 IaaS 领域；Salesforce 则斥资 65 亿美元收购了云服务公司 Mulesoft，拥有超过 1200 家客户，其中 45% 是全球 500 强企业。

思考：

1. 什么是云计算？

2. 除了案例所提到的例子，我们在实际生活中还有哪些地方使用了云计算技术？

任务 · 云计算技术应用

任务目标

通过此任务学习，培养学生对先进技术的敏感性，提升在科技领域的竞争力；通过学习云计算的产生与发展，理解科技创新对社会的影响，并对未来技术趋势保持敏感；深入研究云计算的基础支撑，有助于培养学生扎实的技术基础，为未来职业发展打下坚实基础，使其能够参与并推动科技创新，应对不断变化的科技挑战。

相关知识

一、云计算发展方向

云计算（Cloud Computing）是分布式计算的一种，指的是通过网络"云"将巨大的数据计算处理程序分解成无数个小程序，然后通过多部服务器组成的系统进行处理和分析这些小程序得到结果并返回给用户。简单地说，就是简单的分布式计算，解决任务分发，并进行计算结果的合并。

云计算的发展涵盖了多个方面，主要体现在提供更加灵活、可靠、高效、安全的计算资源和服务上，以下是云计算发展的主要方向：

1. 弹性和灵活性

云计算致力于提供弹性的计算资源，使企业和组织能够根据实际需求快速调整其计算能力。例如，Netflix 公司（见图 8-1）提供了大量获奖的电视剧、电影、动漫、纪录片等内容，利用云计算实现了高度的弹性，能够在高流量时自动扩展服务器数量，而在低谷时自动缩减。这种灵活性允许企业在面对不断变化的业务需求时能够迅速适应，提高效率并降低成本。

图 8-1　Netflix 公司

2. 成本效益和自动化

通过云计算，企业可以避免昂贵的硬件投资，按需计算支付资源的费用，实现成本效益。

例如，Spotify 公司（见图 8-2）通过云计算优化了其音乐流媒体服务，能够根据用户使用情况调整计算资源，从而更有效地控制成本。同时，云计算的自动化特性，如 AWS Lambda 提供的无服务器计算，简化了基础设施管理，让开发者更专注于核心业务逻辑。

3. 安全性和全球性覆盖

云计算服务提供商在安全性方面采用先进的加密和身份验证技术，确保用户数据的保密性和完整性。例如，Google Cloud（见图 8-3）使用硬件安全模块（HSM）来加密敏感数据。此外，全球性覆盖也是云计算的目标之一，Microsoft Azure 和其他云服务提供商在全球建设多个数据中心，以确保用户在任何地方都能够获得高性能和低延迟的服务。这使得企业可以将其应用程序和数据部署在离用户更近的地方，提高访问速度同时确保数据的可用性。

图 8-2　Spotify 公司

图 8-3　Google Cloud

二、云计算的基础支撑

（一）云计算技术基础

深入研究其基础构建，有助于把握云计算的核心概念、原理与技术框架。同时，深刻理解云计算技术基础还有助于解决云计算中的挑战，如安全性、性能优化等问题。因此，对云计算技术基础的全面分析，对于在云端开发、部署和管理应用以及制定战略性决策都至关重要。

1. 硬件基础

在云计算技术基础中，硬件基础是实现云服务的关键组成部分，下面主要介绍云计算涉及的主要硬件设备。

（1）服务器与数据中心架构。物理服务器是云基础设施的核心。数据中心内的服务器以集群的方式组织，通过虚拟化技术划分成多个虚拟机实例，为不同用户提供服务。

（2）存储设备。存储设备是云计算基础设施中的重要组成部分。数据中心通常采用高容量、高可靠性的存储设备，如硬盘阵列（RAID）、固态硬盘（SSD）等，以满足大规模数据存储和访问需求。

（3）网络设备。网络设备负责数据中心内部和外部的连接。高性能的网络设备确保数据中心内部各个组件之间和用户与云服务之间的高速、可靠连接，以实现数据传输和访问。

2. 网络技术基础

网络技术也是云计算的基础支撑，大量的数据处理和数据可视化对计算速度和网络带宽都提出了更高的要求。

（1）计算机网络通信协议。计算机网络通信协议是计算机网络中用于实现通信和数据交换的规则和约定。它们定义了数据的格式、传输方式、错误检测与纠正方法以及网络设备的工作方式。

1）TCP/IP 协议：传输控制协议 / 互联网络协议（TCP/IP）是互联网中最基本的协议族，包含一系列协议，用于在网络上进行通信。

2）HTTP/HTTPS 协议：超文本传输协议（HTTP）和其安全版本（HTTPS）用于在客户端和服务器之间传输超文本文档，是万维网的核心协议。HTTP 用于 Web 页面的传输，而 HTTPS 通过加密保护数据传输的安全性。

3）DNS 协议：域名系统（DNS）协议用于将域名映射到 IP 地址，使人们可以使用易记的域名访问网络资源。它提供了域名与 IP 地址之间的映射服务，实现了网络资源的可寻址性。

4）DHCP 协议：动态主机配置协议（DHCP）用于自动分配 IP 地址和其他网络配置信息给主机，简化了网络中主机的配置管理，使得设备可以动态获取网络配置。

（2）数据通信技术。数据通信技术是指通过各种手段和设备在计算机系统、网络以及其他信息技术设备之间传输数据的方法和技术。

1）模拟信号与数字信号：模拟信号是指连续变化的信号，可以表示为连续的波形。例如，模拟电话中的声音信号。数字信号是离散的信号，以二进制形式表示。计算机系统中的信息通常以数字形式传输。

2）调制与解调：调制是将数字信号转换为模拟信号的过程，以便在媒体中传输，常见的调制方法包括调幅、调频和调相。解调是将模拟信号还原为数字信号的过程，接收方使用解调器完成。

（3）宽带技术。宽带技术是一种数据传输技术，它通过使用高带宽的通信通道，能够同时传输多种类型的数据信号。相对于传统的窄带技术，宽带技术具有更大的数据传输能力，支持更高的数据速率。

1）光纤通信：使用光纤作为传输介质，通过光的折射和反射传输数据信号。它能提供非常高的数据传输速率，对于大型企业和数据中心等场景非常适用。光纤的带宽远高于传统的铜线。

2）无线宽带（WiFi）：使用无线信号传输数据，通常在局域网（LAN）环境中使用。提供便捷的无线连接，适用于家庭、办公室和公共场所。速度取决于无线标准和设备性能。

3）4G 和 5G 移动通信：基于无线移动通信标准，提供移动设备的宽带互联网接入，4G 提供较高的移动数据速度，而 5G 进一步提升了速度和连接稳定性，支持更多设备的同时连接。

（4）卫星通信技术。卫星通信技术是一种通过卫星传输数据和信息的技术，广泛应用于全球通信、广播、电视、军事通信和科学研究等领域。

1）全球卫星导航系统（Global Navigation Satellite System，GNSS）：能在地球表面或近地空间的任何地点为用户提供全天候的三维坐标和速度以及时间信息的空基无线电导航定位系统。其包括一个或多个卫星星座及其支持特定工作所需的增强系统。

2）北斗卫星导航系统（Beidou Navigation Satellite System，BDS）：中国自行研制的全球卫星导航系统，也是继 GPS、GLONASS 之后的第三个成熟的卫星导航系统。北斗卫星导航系统由空间段、地面段和用户段三部分组成，可在全球范围内全天候、全天时为各类用户提供高精度、高可靠定位、导航、授时服务，并且具备短报文通信能力，它已经初步具备区域导航、定位和授时能力，定位精度为分米、厘米级别，测速精度 0.2m/s，授时精度 10ns。

（二）云计算核心技术

1．虚拟化技术

虚拟化技术是一种资源管理技术，是将计算机的各种实体资源，如服务器、网络、内存及存储等资源，予以抽象、划分、转换后呈现出来，打破实体结构间的不可切割的障碍，使用户可以通过比原本的组态更好的方式来应用这些资源。

虚拟化技术的特点有以下几点：

（1）分区：在单一物理服务器上能同时运行多个虚拟机。

（2）隔离：在同一服务器上的虚拟机之间相互隔离。

（3）封装：整个虚拟机都保存在文件中，而且可以通过移动和复制这些文件的方式来移动和复制该虚拟机。

（4）独立：无须修改即可在任何服务器上运行虚拟机。

2．分布式技术

分布式是计算机系统，特别是云化的计算机系统的核心思想之一，分布式系统也是分布式计算和分布式存储的支撑主体。分布式技术是一种基于网络的计算机处理技术，与集中式相对应。分布式计算是和集中式计算相对立的概念，分布式计算的数据可以分布在很多区域。以下是分布式技术的一些关键方面：

（1）分布式计算：分布式计算是分布式技术的核心，涉及将一个计算任务分解成多个子任务，然后在多个计算节点上并行执行这些子任务。这样的分布式计算可以提高整个系统的计算速度和效率。

（2）分布式存储：分布式存储系统通过将数据分布存储在多个节点上来提供高可用性和可伸缩性。这有助于避免单点故障，并允许系统在需要时动态扩展存储容量。

（3）分布式数据库：分布式数据库系统将数据库分布在多个物理或逻辑位置上，以实现更高的性能和可用性。这种系统通常支持水平扩展，使其能够应对不断增长的数据量。

（4）分布式通信：分布式系统中的组件之间需要进行有效的通信，分布式通信技术包括消息传递、远程过程调用（RPC）和分布式对象技术等，以确保各个节点之间可以协同工作。

（5）分布式调度和管理：分布式系统需要有效地管理和调度各个节点的资源，以确保系统的负载均衡和性能优化。分布式调度器和管理器通常用于实现这一目标。

3．云安全技术

云安全通常包括两个方面的内涵：一是云计算安全，即通过相关安全技术，形成安全解决方案，以保护云计算系统本身的安全；二是安全云，特指网络安全厂商构建的提供安全服务的云，让安全成为云计算的一种服务形式。以下是关于云安全技术的一些关键方面：

（1）身份和访问管理（IAM）：在云环境中，有效的身份验证和访问控制至关重要。IAM技术涉及对用户、服务和资源的身份进行验证和管理，确保只有授权的实体能够访问特定的资源。这包括多因素身份验证、访问权限管理和单点登录等功能。

（2）数据加密与隐私保护：云安全技术采用数据加密方法，确保数据在传输和储存过程中得到保护，包括端到端加密、数据分类与标记、密钥管理和加密算法的使用，以保护敏感信息不受未经授权的访问。

（3）网络安全：在云环境中，网络安全技术确保网络基础设施的安全，包括网络防火墙、入侵检测和防御系统、虚拟专用网络（VPN）、安全套接层（SSL）、流量分析和监控等，以识别和防范网络攻击。

（4）容灾和备份：云安全技术包括数据备份、容灾计划和灾难恢复，以确保即使在意外事件发生时，数据和服务也能够迅速地恢复和继续运行。

三、云计算的实践与应用——腾讯云

腾讯云是腾讯公司旗下的产品，为开发者及企业提供云服务、云数据、云运营等整体一站式服务方案。具体包括云服务器、云存储、云数据库和弹性 web 引擎等基础云服务，腾讯云分析（MTA）、腾讯云推送（信鸽）等腾讯整体大数据能力，以及 QQ 互联、QQ 空间、微云、微社区等云端链接社交体系。这些正是腾讯云可以提供给这个行业的差异化优势，造就了可支持各种互联网使用场景的高品质的腾讯云技术平台。腾讯云架构示意如图 8-4 所示。

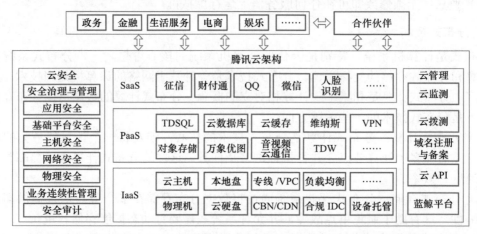

图 8-4　腾讯云架构

任务训练

一、任务背景

假设你是一家中型企业的 IT 顾问，该企业计划进行数字化转型，并考虑采用云计算技术来提升业务效率和创新能力。作为顾问，你被委托对企业现状进行分析并提出一个云计算方案，以满足企业的需求。

二、任务要求

请根据企业情况完成云计算概念介绍、企业现状分析、企业云计算应用建议、成本效益分析、实施计划和风险管理的任务。

三、任务实施

1. 企业现状分析

企业目前拥有传统的本地服务器和存储系统，IT 基础设施较为庞大但相对僵化，存在

问题包括资源利用率低、系统扩展难度大等。

2. 企业云计算应用建议

建议采用混合云模型，将一部分关键业务迁移到公有云，同时保留一些敏感数据在私有云中。

3. 成本效益分析

预计通过云计算，企业可以降低硬件设备投资，提高资源利用率，从而降低总体 IT 成本。

4. 实施计划和风险管理

提出渐进迁移的实施计划，先迁移非关键业务，逐步扩大规模。风险管理包括培训员工、备份数据、监控系统性能等方面。

四、任务评价

序号	评价内容	评价标准	分值	完成情况
1	企业现状分析	分析正确，条理清晰	20	
2	企业云计算应用建议	建议合理	20	
		形成文字方案，叙述得当	20	
3	成本效益分析	分析准确、全面	20	
4	实施计划和风险管理	建议合理，有参考价值	20	
合计			100	

拓展训练

假设你被一所大型教育机构聘请，要求对他们正在考虑采用的云计算技术的相关安排进行分析，该机构包括多个校区，拥有庞大的学生和教职员工群体。他们希望了解如何利用云计算技术来提高教学效率、降低成本、确保数据安全以及实现更好的资源管理。

实训要求： 请根据教育机构情况完成现状分析，提出应用建议与方案，提出相应的安全措施和管理策略，提出云计算技术的实施计划，并列出风险管理策略。

任务二　**人工智能技术应用**

任务目标

通过此任务学习，领悟人工智能技术起源、发展轨迹以及技术革新对社会的影响；深入学习人工智能技术的基础支撑，涉及数学、统计学、算法、机器学习等基础知识，有助于培养学生扎实的理论基础；通过实践探索人工智能在现实中的应用，培养解决实际问题的能力，探索创新解决方案，为未来在科技领域发展和应用人工智能技术打下坚实基础。

相关知识

一、人工智能技术的研究内容

人工智能（Artificial Intelligence，AI）是研究、开发用于模拟、延伸和扩展人的智能的理论、方法、技术及应用系统的一门新的技术科学。人工智能是新一轮科技革命和产业变革的重要驱动力量。以下是人工智能技术的主要研究内容：

（1）知识表示。在人工智能中，知识表示是将现实世界中的信息、事实、概念等抽象化和形式化的过程。知识表示是人工智能系统中的核心组成部分，对于构建智能系统和使其能够模拟人类的认知过程至关重要。常见的人工智能知识表示方法有语义网络表示和框架表示。

1）语义网络表示法：语义网络是知识的一种结构化图解表示，由节点和弧线或链线组成。节点用于表示实体、概念和情况等，弧线用于表示节点间的关系。

语义网络表示由下列四个相关部分组成：①词法部分：决定词汇表中允许有哪些符号，它涉及各个节点和弧线。②结构部分：叙述符号排列的约束条件，指定各弧线连接的节点对。③过程部分：说明访问过程，这些过程能用来建立和修正描述，以及回答相关问题。④语义部分：确定与描述相关的（联想）意义的方法，即确定有关节点的排列及其占有物和对应弧线。

2）框架表示法：心理学的研究结果表明，在人类日常的思维和理解活动中，当分析和解释遇到新情况时，要使用过去经验积累的知识。这些知识规模巨大而且以很好的组织形式保留在人们的记忆中。例如，当走进一家从未来过的饭店时，根据以往的经验，可以预见在这家饭店将会看到菜单、桌子等；当走进教室时，可以预见在教室里可以看到椅子、黑板等。

（2）知识推理。人工智能的知识推理是指基于已知的信息和规则，通过逻辑推断或模型学习，从而得出新的结论、信息或解决问题的过程。常见的人工知识推理的方法有：

1）基于规则的推理：在基于规则的推理中，系统使用预定义的规则集合来评估输入信息，然后根据这些规则推断出结论。

2）逻辑推理：逻辑推理是一种形式逻辑的推理方法，使用逻辑规则和命题逻辑等形式，从已知的事实中推断出新的结论。

3）模糊推理：在模糊推理中，系统考虑到信息的不确定性和模糊性，使用模糊逻辑来推断出结果。

4）概率推理：概率推理基于概率论，考虑不同事件发生的概率，并通过贝叶斯网络等方法进行推理。

（3）机器感知。人工智能的机器感知是指通过传感器和设备使计算机系统能够感知和理解外部世界的能力，它包括计算机视觉、语音识别、自然语言处理、触觉感知等多个领域。

二、人工智能技术的基础支撑

（一）人工智能技术基础

了解人工智能技术的基础是理解其工作原理的关键，包括对底层算法、数据结构、数学模型等方面的理解。深入了解技术基础有助于更好地适应新技术的涌现和变革，确保从业者在快速发展的领域中保持竞争力。

1. 人工神经网络

对于人工智能，科学家希望它可以直接模仿生物的神经元运作，因此设计了数学模型来模拟动物神经网络的结构与功能。所谓人工神经网络是一种仿造神经元运作的函数演算，能接受外界资信输入的刺激，且根据不同刺激影响的权重转换成输出的反应，或用以改变内部函数的权重结构，以适应不同环境的数学模型。

2. 机器学习

科学家发现，要让机器有智慧，并不一定要真正赋予它思辨能力，可以大量阅读、储存资料并具有分辨的能力，就足以帮助人类工作。

因此，人工智能有了另一种划分法：弱人工智能（Weak AI）与强人工智能（Strong AI）。弱人工智能只要求机器具有博闻、强记（可以快速扫描、储存大量资料）与分辨的能力；强人工智能则是希望建构出的系统架构可媲美人类大脑，可以思考并做出适当反应，真正具有人的智慧。

3. 自然语言处理

自然语言处理（Natural Language Processing，NLP）的研究，是要让机器"理解"人类的语言，是人工智能领域里的一项重要分支。自然语言处理可先简单理解分为进、出计算机两种。其一是从人类到计算机——让计算机把人类的语言转换成计算机可以处理的形式；其二是从计算机回馈到人——将计算机所演算的成果转换成人类可以理解的语言表达出来。

（二）人工智能技术的研究范式

1. 符号主义

符号主义，又称逻辑主义、心理学派或计算机学派，是一种基于逻辑推理的智能模拟方法，认为人工智能源于数学逻辑，其主要是利用物理符号系统及有限合理性原理来实现人工智能。

1997 年 5 月，名为"深蓝"的 IBM 超级计算机（见图 8-5）打败了国际象棋世界冠军卡斯帕罗夫，这一事件在当时也曾轰动世界，其实本质上"深蓝"就是符号主义在博弈领域的成果。

图 8-5　"深蓝"计算机

2. 连接主义

连接主义，又称仿生学派或生理学派，是一种基于神经网络和网络间的连接机制与学习算法的智能模拟方法。连接主义强调智能活动是由大量简单单元通过复杂连接后，并行运行的结果，其基本思想是生物智能由神经网络产生，通过人工方式构造神经网络，再训练人工神经网络产生智能。

3. 行为主义

行为主义，又称进化主义或控制论学派，是一种基于"感知—行动"的行为智能模拟方法，思想来源是进化论和控制论。其原理为控制论以及感知—动作型控制系统，该学派认为：智能取决于感知和行为，取决于对外界复杂环境的适应，而不是表示和推理，不同的行为表现出不同的功能和不同的控制结构。这一学派的代表作之一是六足行走机器人，如图 8-6 所示，是一个基于感知—动作模式模拟昆虫行为的控制系统。

图 8-6 六足行走机器人

三、人工智能技术的实践与应用——智慧物流

智慧物流是指通过智能软硬件、物联网、大数据、人工智能等智慧化技术手段，实现物流各环节精细化、动态化、可视化管理，提高物流系统智能化分析决策和自动化操作执行能力，提升物流运作效率的现代化物流模式。

随着人工智能技术的逐渐成熟，机器人行业的发展迎来了春天。其中，自动导向车（AGV）增势迅猛，产品层出不穷，在工业制造、仓储物流等领域得到广泛应用。AGV 作为物流自动化的主体，正朝着更加智能化、无人化的方向演变，如图 8-7 所示。

图 8-7 AGV

任务训练

一、任务背景

用语义网络表示下列命题：
（1）树和草都是植物。
（2）树和草都有根和叶。
（3）水草是草，它长在水中。
（4）果树是树，会结果。
（5）苹果树结苹果。

二、任务要求

根据任务描述完成命题间的语义网络结构。

三、任务实施

（1）分小组完成任务，每组 3～5 人。

（2）各小组根据任务背景绘制语义网络结构。

（3）完成的语义网络结构如图 8-8 所示。

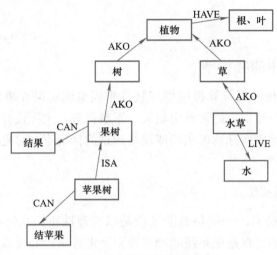

图 8-8 语义网络结构

四、任务评价

序号	评价内容	评价标准	分值	完成情况
1	语义网络的完整性	结构完整	20	
2	语义网络的准确性	正确地捕捉命题中的语义关系和实体之间的关联	40	
3	语义网络的一致性	整体表述一致	20	
4	语义网络的可解释性	语义网络表示的命题易于理解和解释	20	
		合计	100	

拓展训练

用语义网络表示以下事实：创新公司在科海大街 56 号，刘洋是该公司的经理，他 32 岁、硕士学位。

实训要求：根据任务描述完成命题间的语义网络结构。

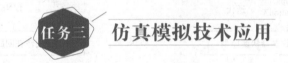

任务三 仿真模拟技术应用

任务目标

通过此任务学习，建立对仿真模拟技术发展的整体认知，掌握仿真模拟技术的基础支撑，涵盖数学建模、计算机科学、图形学等关键要素，为深入研究提供坚实基础；掌握仿真模拟技术的实践与应用，能够灵活运用这一工具解决实际问题，推动科技创新与行业发展。

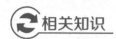 相关知识

一、仿真模拟技术研究类型

仿真模拟技术是一种使用计算机模型和软件来模拟现实世界事件和过程的方法。这种技术可以在不同的领域中应用，比如航空航天、军事训练、工程设计、医疗、游戏开发等，其主要优势在于能够在无需实际物理实验或现场测试的情况下，对复杂系统的行为进行预测和分析。

（一）物理仿真（模拟仿真）

物理仿真也称实体仿真。一般仿真的过程是以物理性质和几何形状相似为基础，其他性质不变的仿真，而物理仿真是在系统的物理模型上进行试验的技术。物理模型是用几何相似或物理类比方法建立的，它可以描述系统的内部特性，也可以描述试验所必需的环境条件。例如风洞试验，是将按比例缩小的飞机模型悬挂在具有亚音速或超音速气流的风洞内，测定飞机的各种气动系数，飞机模型和风洞就是物理模型。

（二）半物理仿真（混合仿真）

半物理仿真，又称为硬件在回路中的仿真（Hardware in the Loop Simulation），是指在仿真实验系统的仿真回路中接入部分实物的实时仿真，如图 8-9 所示。实时性是进行半实物仿真的必要前提。从系统的观点来看，半物理仿真允许在系统中接入部分实物，意味着可以把部分实物放在系统中进行考察，从而使部件能在满足系统整体性能指标的环境中得到检验，因此半物理仿真是提高系统设计可靠性和研制质量的必要手段。

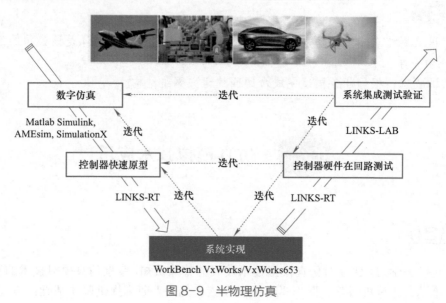

图 8-9　半物理仿真

（三）计算机仿真（数字仿真）

计算机仿真是指应用电子计算机对系统的结构、功能和行为以及参与系统控制的人的思维过程和行为进行动态性比较逼真的模仿。它是一种描述性技术，是一种定量分析方法，通过建立某一过程或某一系统的模式，来描述该过程或该系统，然后用一系列有目的、有条件的计算机仿真实验来刻画系统的特征，从而得出数量指标，为决策者提供关于这一过程或系统的定量分析结果，作为决策的理论依据。

二、仿真模拟技术的基础支撑

（一）仿真模拟技术基础

了解仿真模拟技术的基础是理解其工作原理的关键，包括对底层算法、数据结构、数学模型等方面的理解，有助于揭示仿真模拟系统如何从数据中学习、推断和做出决策。

1. 物理仿真技术支撑

物理仿真的技术支撑涉及数学建模、数值计算、计算机科学和图形学等多个学科领域。这些技术的协同作用推动了仿真技术的不断发展，使其在科学研究、工程设计和决策支持等方面取得了广泛的应用。

（1）数学建模是物理仿真的基础。通过将现实世界的物理过程抽象为数学方程，可以精确描述系统的行为。

（2）数值计算是实现物理仿真的关键技术。由于许多物理问题难以通过解析方法得到精确解，数值方法通过将时间和空间离散化，利用近似方法求解数学模型，实现了对复杂系统的模拟。数值计算技术的发展提高了仿真的准确性和效率。

（3）计算机科学领域里，高性能计算和并行计算为物理仿真提供了强大的计算能力。利用并行处理和分布式计算，可以加速大规模仿真，处理更复杂的物理模型，从而提高仿真的分辨率和精度。

（4）图形学技术在物理仿真中发挥着重要作用，通过实时渲染技术，仿真结果可以以直观的方式呈现给用户，帮助他们理解和分析模拟过程。

2. 半物理仿真技术支撑

半物理仿真的技术支撑是多领域融合的产物，涵盖物理建模、传感器技术、实时计算和控制系统等多个方面。

（1）物理建模是半物理仿真的核心。通过数学模型描述系统的物理特性，这些模型可以是基于第一原理的物理方程，也可以是经验模型。

（2）传感器技术在半物理仿真中扮演着关键角色。通过将实际物理系统连接到仿真环境中，传感器可以采集实时数据，反馈到仿真模型中。

（3）实时计算技术是半物理仿真的另一个支柱。由于要求与实际硬件交互，仿真系统需要能够在接近实时的速度下进行计算。

（4）控制系统的理论和实践是半物理仿真中不可或缺的一环。仿真环境通常需要与实际控制系统集成，以模拟实际系统的动态行为。

3. 计算机仿真（数字仿真）技术支撑

数字仿真的技术支撑包括建模与仿真软件、算法与数学方法以及数据处理和验证等。

（1）建模与仿真软件是数字仿真的核心。这类软件提供了建立模型、运行仿真、收集数据以及分析结果的工具。它们可以是通用的仿真平台，也可以是针对特定领域或行业的专业仿真软件。

（2）算法与数学方法是支撑数字仿真的重要组成部分。这包括从物理方程到统计方法的各种算法，用于建立系统模型、解决模型的数值问题，以及进行仿真过程中的计算。

（3）数据处理和验证是数字仿真不可或缺的部分。仿真结果需要与实际数据进行比对和验证，以确保模型的准确性和可靠性。同时，数据处理技术帮助分析和解释仿真结果，发现潜在规律或改进方向。

（二）仿真模拟技术的优点与缺点

1. 优点

（1）风险降低。仿真允许在虚拟环境中测试方案，减少了在现实环境中进行测试的风险。例如，在航空和医疗领域，通过仿真可以进行安全的培训和实验。

（2）成本效益。虽然初期投资可能较高，但长期来看，仿真可以节省成本。例如，在建筑和工程项目中，通过仿真可以避免昂贵的物理原型和试验。

（3）数据收集和分析。仿真提供了收集和分析数据的机会，特别是在现实生活中难以或不可能收集数据的情况下。

（4）教育和培训。在教育领域，仿真技术提供了一个实践和互动的学习环境，有助于提高学习效果。

（5）测试和优化。在产品开发过程中，仿真可以用来测试设计、优化性能和预测产品的行为。

2. 缺点

（1）准确性和可靠性问题。仿真的准确性依赖于模型的质量，如果模型不准确或数据不完整，仿真结果可能会产生误导。

（2）高成本和技术要求。初期设立仿真系统可能需要昂贵的软件、硬件和专业知识。

（3）复杂性和时间消耗。创建和维护复杂的仿真模型可能非常耗时，并需要专业知识。

（4）过度依赖。过度依赖仿真可能导致忽视现实世界的复杂性和不确定性，在某些情况下，仍然需要实际测试以验证仿真结果的准确性。

（5）道德和法律问题。在某些领域（如医疗仿真）可能涉及道德和法律问题，特别是与真实人体模型的使用有关的内容。

三、仿真模拟技术的实践与应用——物流领域

物流系统的复杂度越来越高，物流系统智能化与自动化水平也越来越高，需要智能仿真支撑。例如，供应链优化智能仿真。供应链优化是企业应用数据科学和机器学习中最严

峻的挑战之一，这一挑战在于供应链网络的复杂性，通常需要面对多层配送中心和供应商、多种产品、多个时间段、多种资源约束、多种目标和成本、多种运输选择，以及与产品需求和价格相关的多种不确定性。在传统的方法中，人们通常建立一个数学规划模型，通过使用优化和预测方法来解决。可以利用人工智能的强化学习（Reinforcement Learning）技术，将强化学习算法与随机供应网络仿真环境（包括供应商、工厂、仓库和零售商等）结合来取代原来仿真优化模型，强化学习模型可以学习如何优化库存和进行定价决策。

任务训练

一、任务背景

请使用仿真模拟技术来优化一个虚拟的物流仓储系统，该系统包括货物存储、取出，以及仓库内部的运作流程。通过仿真以提高仓储效率，降低成本。

二、任务要求

（1）设计一个包含不同存储区域的仓库模型，考虑货物的类型和仓库容量。

（2）实施仿真，尝试不同的存储策略，并分析其对仓储效率的影响。

（3）评价不同策略下的存储速度、仓库利用率等关键性能指标。

三、任务实施

1. 建立模型

（1）使用仿真软件（如 Witness、AnyLogic）建立仓储系统模型。

（2）设计不同存储区域，考虑货物的大小、重量等因素。

2. 设定参数

（1）设置货物的到达率、取出率，模拟真实的仓储场景。

（2）考虑仓库的工作时间和非工作时间。

3. 制定策略

（1）设计不同的存储策略，如按货物类型分类存储或按货物流动性调整存储位置。

（2）考虑最优的货物检索路径。

4. 运行仿真

运行模拟，记录关键性能指标，如存储时间、货物损耗率等。

5. 分析结果

（1）比较不同策略的仿真结果。

（2）分析仓库效率的提升和成本的降低情况。

四、任务评价

序号	评价内容	评价标准	分值	完成情况
1	仓库效率提升的程度	分析正确，条理清晰	20	
2	对比不同存储策略的利弊	建议合理	30	
		形成文字方案，叙述得当	30	
3	对关键性能指标的合理解释	分析全面，准确合理	20	
合计			100	

拓展训练

请使用仿真模拟技术来优化货代运输流程，任务涵盖货物调度、运输路径规划以及运输方式选择。通过仿真以提高货物运输效率，降低成本。

实训要求：

（1）设计一个包含不同运输方式（陆运、海运、空运）的货代运输模型。

（2）实施仿真，尝试不同的运输路径和调度策略，并分析其对运输效率的影响。

（3）评价不同策略下的运输成本、运输时间等关键性能指标。

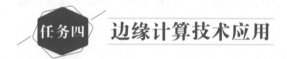

任务四 **边缘计算技术应用**

任务目标

通过此任务学习，解析边缘计算技术发展的动因和背景，以建立对该技术发展脉络的整体认知，掌握边缘计算技术的基础支撑，为深入研究提供扎实基础；通过实际案例与练习，培养应用边缘计算技术的实践能力，理解其在智能物联、实时数据分析等领域的广泛应用。

相关知识

一、边缘计算技术发展相关模型

边缘计算（Edge Computing）是一种在物理上靠近数据源头的网络边缘检测，融合网络、计算、存储、应用核心能力的开放平台，就近提供边缘智能服务的计算模式。简单点讲，边缘计算是将从终端采集到的数据，直接在靠近数据产生的本地设备或网络中进行分析，无须再将数据传输至云端数据处理中心。

与云计算相比，边缘计算的主要优势在于实时性、低延迟和高可靠性。边缘计算解决了与有限带宽和延迟相关的问题，在一些应用中计算必须非常迅速地进行。边缘计算的发展意味着边缘人工智能变得越来越重要，尤其是在处理延迟和数据隐私方面。

（一）分布式数据库模型

在传统的数据库系统中，数据是以集中的方式存储和管理的。然而，随着互联网和大数据时代的到来，传统方法已经无法满足对海量数据存储和访问的需求。这时分布式数据库系统便应运而生。分布式数据库系统将数据分散存储在多台服务器上，并通过网络连接来实现数据的共享和访问。分布式数据库系统可以提供更高的可用性、更高的性能和更好的扩展性，因此被广泛应用于各行各业的领域。

（二）对等计算模型

服务器是网络中最容易受到攻击的节点，一旦海量地向服务器发出服务请求，就能导致服务器瘫痪，以致所有客户都不能得到服务响应，为了解决这种问题，就出现了对等计算（P2P）模型，也称为点对点或者端对端。在 P2P 模型中网络的参与者共享它们所拥有的一部分资源，这些资源通过网络提供服务和内容，能被其他对等节点直接访问，网络的参与者既是服务提供者（Server），又是资源获取者（Client）。在 P2P 模型的交互形态中，每个节点既充当服务器，为其他节点提供服务，同时也享用其他节点提供的服务。该模型示意图如图 8-10 所示。

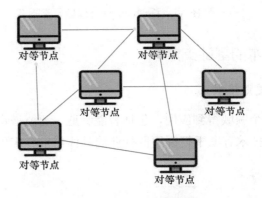

图 8-10　对等计算模型示意图

（三）内容分发网络模型

内容分发网络（Content Delivery Network，CDN）模型的基本思路是尽可能避开互联网上有可能影响数据传输速度和稳定性的瓶颈和环节，使内容传输更快、更稳定。通过在网络各处放置节点服务器所构成的，在现有的互联网基础之上的一层智能虚拟网络，CDN 系统能够实时地根据网络流量和各节点的连接、负载状况以及到用户的距离和响应时间等综合信息将用户的请求重新导向离用户最近的服务节点上。其目的是使用户可就近取得所需内容，解决网络拥挤的状况，提高用户访问网站的响应速度。

（四）移动边缘计算模型

传统的云计算是集中式的，也就是将数据、算力都集中在一起，从而为终端用户提供服务。获取分布在网络边缘的大量空闲计算能力和存储空间可以为移动设备执行计算密集型和延迟关键型任务提供足够的能力，这种模式被称为移动边缘计算（Mobile Edge Computing，MEC），也就是摆脱了传统的集中式方式，反而将计算转移到边缘设备上。长时间的传播延迟是云计算的一个关键问题，相反，具有近距离访问特性的 MEC 被广泛认为是实现下一代互联网各种愿景的关键技术。该模型示意图如图 8-11 所示。

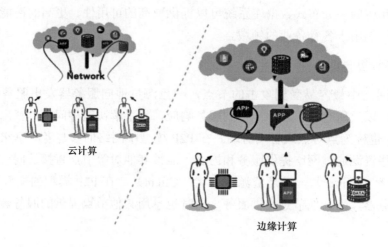

云计算

边缘计算

图 8-11　移动边缘计算模型示意图

二、边缘计算技术的基础支撑

（一）边缘计算的关键技术

边缘计算已经在多个领域得到应用，包括智能制造、智能城市、医疗保健、零售、农业等。了解边缘计算关键技术有助于把握不同行业的具体需求和应用场景，为解决实际问题提供更有效的技术方案。

1. 虚拟机和容器

虚拟机（Virtual Machine，VM）技术是虚拟化技术的一种，所谓虚拟化技术就是将事物从一种形式转变成另一种形式，具体而言是指在一个宿主计算机体系结构上进行客户机各种操作系统模拟运行，对宿主计算机、客户机体系结构无明确要求，例如可以在一个 x86 计算机上运行基于 ARM 体系结构而不需要做任何修改的系统。从这个角度来为虚拟机下定义，可知虚拟机主要是指虚拟技术运行的媒介，即通过软件模拟的具有完整硬件系统功能的、在一个完全隔离环境中运行的一个完整的计算机系统。

与传统云计算中的虚拟机技术不同，新兴的容器技术是一种内核轻量级的操作系统层虚拟化技术。它能够划分物理机的资源，创建多个与 VM 相比尺寸小得多的隔离用户空间实例。由于容器的轻量级特性，其能够在执行应用程序或服务时，提供简单的实例化。借助于容器技术的使用，能够实现边缘计算服务的便携式运行，为移动用户带来便利。此外，由于容器技术提供了快速打包的机制，服务器端也能非常方便地将服务部署到大规模互联的边缘计算平台。典型的容器结构如图 8-12 所示。

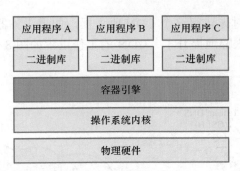

图 8-12 典型的容器结构

2. 软件定义网络

软件定义网络（Software Defined Network，SDN）本质上是软件化物理网络，即像升级软件、安装软件一样去管理现有物理网络。如此一来，各种应用程序就可以快速部署到网络上。如果把现有的网络看成手机，那么 SDN 的目标就是做出一个网络界的 Android 系统，可以在手机上安装升级，同时还能安装更多、更强大的手机 APP。SDN 系统架构如图 8-13所示。

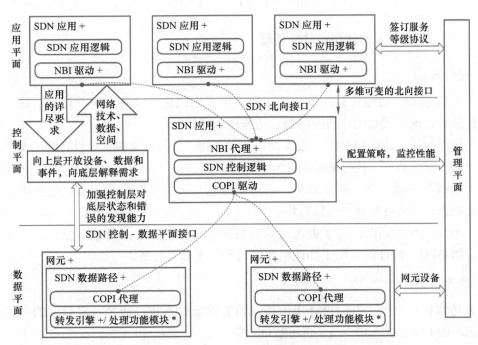

图 8-13 SDN 系统架构

3. 内容分发网络

内容分发网络（CDN）的目的是让用户能够更快速地得到请求的数据。简单来讲，CDN 就是用来加速的，它能够让用户就近访问数据，这样就可以更快地获取到需要的数据。举个例子，深圳的用户想要获取北京的服务器上的数据需要跨越一个很远的距离，这显然比北京的用户访问北京的服务器速度要慢，但如果在深圳建立一个 CDN 服务器，上面缓存着一些数据，深圳用户访问时先访问这个 CDN 服务器，如果服务器上有用户请求的数据就可以直接返回，这样速度就大幅地提升了。CDN 的工作过程如图 8-14 所示。

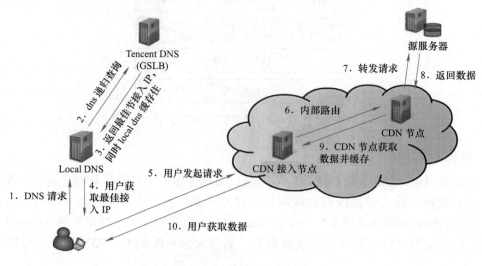

图 8-14　CDN 工作过程

（二）边缘计算技术的硬件和软件基础

1. 硬件基础

（1）边缘设备：边缘计算的核心是在物理世界中的边缘设备上进行计算。这些设备可以包括传感器、嵌入式系统、智能终端、边缘服务器等。

（2）边缘网关：边缘网关位于边缘设备和云之间，负责协调和管理设备与云端的通信。它可以处理一部分数据，执行简单的计算任务，并过滤掉一些不必要传输到云端的数据。

（3）边缘服务器：在一些场景中，边缘服务器也被部署在边缘位置，提供更强大的计算和存储能力，以支持复杂的边缘应用。

（4）专用硬件加速器：为了提高边缘设备的计算性能，一些场景可能会使用专用硬件加速器，如 GPU、TPU 等，用于加速机器学习和深度学习任务。

2. 软件基础

（1）边缘操作系统：专门设计用于边缘设备的操作系统，通常是轻量级的，以适应有限的资源，如 Linux 嵌入式系统、FreeRTOS 等。

（2）边缘计算框架：提供在边缘设备上进行分布式计算的框架，如 OpenFaaS、AWS Greengrass、Microsoft Azure IoT Edge 等。这些框架支持将计算任务从云端移动到边缘，从而提高响应速度。

（3）边缘数据库：为了支持本地数据存储和查询，边缘设备可能需要使用边缘数据库。一些数据库被优化用于在边缘设备上运行，如 Couchbase、SQLite 等。

（4）安全性和隐私保护软件：由于边缘计算涉及分布式环境和本地计算，安全性是一个重要关注点。软件基础包括用于加密、身份验证、访问控制等的安全解决方案。

（5）边缘应用程序开发工具：提供开发者所需的工具和 SDK，简化边缘应用程序的开发过程。这些工具包括语言支持、调试工具、模拟器等。

三、边缘计算技术的实践与应用——增强现实与虚拟现实

增强现实（Augmented Reality，AR）是真实环境视角与计算机其他感知输入，如声音、视频、图形或 GPS 数据的结合。而虚拟现实（Virtual Reality，VR）是一种可以创建和体验虚拟世界的计算机仿真系统，它利用计算机生成一种模拟环境，是一种多源信息融合的、交互式的三维动态视景和实体行为的系统仿真，并使用户沉浸到该环境中。AR/VR 技术可以大幅增强人们参观各处景点或参与盛会时的直观体验。当参观者在参观博物馆、艺术长廊、城市纪念碑、音乐盛会或体育赛事时，可以在自己的移动设备上使用相关的应用软件，捕获相关信息。之后应用根据捕获的信息将参观者正在参观的景象或经历的事件（可称之为兴趣点）的附加信息展现给参观者。

增强现实（AR）和虚拟现实（VR）是两种不同的虚拟体验技术，典型的应用案例是 Pokemon Go（采用 AR 技术）和 Oculus Rift（采用 VR 技术）。

Pokemon Go 利用增强现实技术，将虚拟精灵置于现实世界中。玩家通过移动设备看到真实环境，并在屏幕上看到虚拟精灵，通过移动和探索现实世界来捕捉它们。这个例子展示了 AR 技术如何融合虚拟和现实，创造出全新的娱乐体验。

相比之下，Oculus Rift 是一款虚拟现实头戴设备，完全将用户带入计算机生成的虚拟环境中。用户戴上头戴设备后，可以沉浸在虚拟的三维世界中，体验的身临其境的感觉。这个例子代表了 VR 技术如何提供一种完全不同于现实生活的交互和感知体验。这两个例子展示了 AR 和 VR 在娱乐、游戏和其他领域的创新应用。

🔄 任务训练

一、任务背景

进行简单的二进制数加法计算。

二、任务要求

给定两个 4 位的二进制数，执行它们的加法操作，并输出结果。

三、任务实施

计算 1010 和 1101 两个二进制数的和，并将结果用二进制表示。

二进制加法运算是指将两个二进制数相加并得到它们的和。二进制是计算机内部使用的一种数制，只有 0 和 1 两种数字。加法规则如下：

0+0=0，1+0=1，0+1=1，1+1=10，这里的 10 指的是二进制中的 10，也就是相当于十进制中的 2。相加的结果大于等于 2 时就要进位。

根据加法的规则，我们从最低位（个位）开始相加，最终计算结果为 10111。

四、任务评价

序号	评价内容	评价标准	分值	完成情况
1	计算步骤	根据计算规则，给出正确计算步骤	20	
2	解答过程	过程清晰	30	
		形成数学运算过程	30	
3	计算结果	计算结果正确	20	
合计			100	

拓展训练

给定两个4位的二进制数1111和1001，进行二进制加法计算，并输出结果。

实训要求：给出计算过程，得出计算结果。

职业素养

科技之梦，数字工匠

在当代中国，科技之梦如一轮明月高悬，照亮我们前行的路程。而在这场光辉之旅中，数字工匠精神如一盏明灯，指引着我们勇往直前。

数字工匠，不仅是对技术的掌握，更是一种精益求精的态度。将工匠的精神融入数字时代的创新之中，在追求卓越的道路上始终如一。正是这种精神，才赋予了科技之梦更加坚实的基石。数字工匠精神的核心在于追求卓越、追求品质。无论是在人工智能、大数据还是云计算领域，数字工匠们始终如一地追求技术的创新和产品的完美。他们注重细节，精益求精，不断提升自我，以最高标准迎接挑战。

同时，数字工匠精神也体现了社会责任和使命担当，不仅关注技术的发展，更关注科技的影响。在推动数字化进程的同时，积极践行社会责任，致力于技术创新的推广与应用，助力社会进步，造福人类。在科技之梦的征途上，数字工匠精神是我们前行的动力，是实现中国梦的重要保障。让我们继承和发扬数字工匠精神，以更加昂扬的姿态，迎接未来的挑战，共同书写中国科技创新的新篇章。

课后练习

一、单项选择题

1. 属于云计算技术基础中的网络技术基础的是（　　）。

   A．服务器　　　　B．存储设备　　　　C．DNS协议　　　　D．网络设备

2. （　　）也称为实体仿真。

   A．物理仿真　　　　B．混合仿真　　　　C．数字仿真　　　　D．计算机仿真

3．下列选项中，哪一项最准确地描述了增强现实（AR）和虚拟现实（VR）的定义？（　　　）

　　A．AR 是一种技术，通过计算机生成的信息将虚拟元素叠加在真实世界中，而 VR 是通过模拟虚构的环境使用户完全沉浸在其中

　　B．AR 和 VR 都是指完全虚构的数字环境，没有与真实世界的连接

　　C．AR 是通过在真实环境中添加虚拟元素来增强用户的感知，而 VR 是通过全封闭的虚构环境提供一种沉浸感

　　D．AR 和 VR 是相同的概念，可以互换使用，没有本质区别

二、多项选择题

1．以下属于仿真模拟技术的优点的有（　　　）。

　　A．风险较低　　　　B．节约成本　　　　C．可收集数据　　　　D．可互动

2．语义网络表示法由下列哪几个部分组成？（　　　）

　　A．词法部分　　　　B．结构部分　　　　C．过程部分　　　　D．语义部分

3．物理仿真技术的支撑有（　　　）。

　　A．数学建模　　　　B．数值计算　　　　C．物理建模　　　　D．传感器技术

4．与边缘计算技术发展相关的模型有（　　　）。

　　A．分布式数据库　　　　　　　　　　B．对等计算

　　C．内容分发网络　　　　　　　　　　D．移动边缘计算

三、简答题

1．请简要概括虚拟机的定义。

2．什么是计算机仿真？

3．云计算核心技术中的虚拟化技术特点有哪些？

项目九　数据交换与共享技术

项目目标

知识目标

◇ 掌握电子数据交换技术的概念和特点。

◇ 熟悉电子数据交换技术的组成。

◇ 了解电子数据交换技术的工作流程以及应用。

◇ 掌握电子商务扩展标记语言应用场景以及工作过程。

◇ 掌握区块链的概念、特征以及分类。

◇ 了解区块链技术的应用。

技能目标

◇ 能根据企业的需求，为企业选取合适的数据交换与共享技术。

◇ 初步具备应用各种数据交换与共享技术的能力。

素质目标

◇ 通过探索数据交换与共享技术的应用，培养自主学习能力和探究精神。

◇ 通过了解数据交换与共享技术的发展，培养创新意识、科学精神。

◇ 通过分小组完成任务训练，培养团队合作精神。

案例导入

智慧校园数据治理与共享交换服务平台

智慧校园数据治理与共享交换服务平台是一种将大数据、云计算等新一代信息技术与教育教学深度融合的解决方案。该平台旨在设计并构建校本数据中心，制定校本核心数据标准，统一业务系统的对接接口，规范业务系统的数据流向，如图9-1所示。通过这些措施，形成了"一数一源、同源共享"的数据中心架构，从而解决智慧校园的"数据孤岛"问题，为教学和管理的智慧化提供标准数据支撑。

某职业技术学院智慧校园领导小组以建设"网络无处不在，学习随时随地，管理智能规范，服务便捷高效，生活绿色和谐"的智慧校园为目标，通过顶层设计和分步建设的方式，实现了数据的自动汇聚与标准共享。这一方案有效地打通了业务系统之间的壁垒，并以网上办事大厅为中心开放应用系统和数据服务，从而有效提升了学校的办事效能和师生的获得感。该职业技术学院智慧校园数据治理与共享交换服务平台方案包含以下三方面内容：

（1）建设分布式云计算大数据平台。该平台采用分布式云和大数据操作系统，为上层云服务提供存储、计算和调度等方面的支持。其中包括：分布式文件系统，提供海量的、可靠的、可扩展的数据存储服务；任务调度模块，为集群系统中的任务提供调度服务，支持在线服务和离线任务；集群部署及监控模块，对集群的状态和上层应用服务的运行状态和性能指标进行监控；以及分布式系统底层服务，提供协调服务、远程过程调用、安全管理和资源管理的服务。

（2）建设数据中心平台。基于数据中心平台，实现数据采集、数据治理、共享交换和大数据分析。数据采集具备多种格式数据采集获取能力，对接数据库、日志、文件等各种数据源，支持批量、同步或实时的采集，并进行细粒度多周期的调度、更新和管理。数据标准化支持全过程的数据标准化，按照统一的数据格式进行标准化。数据质量管理根据预设的规则检测数据中的质量问题，发现脏数据可实现事中拦截，避免错误的数据流入下游应用。数据共享交换通过直接交换、共享交换、安全交换和数据 API 服务四种交换模式覆盖各种场景交换。

（3）数据标准建设。①制定标准：通过分析高校数据的国标、部标、行标，结合学校业务调研，梳理适用于学校的数据标准，并制定数据标准管理办法。②数据治理：依据数据标准，找出数据合规性、完整性、有效性等质量问题，开展有效治理，提高数据质量。③主题分析：建设符合学校实际情况的各类主题分析，包括综合校情分析、师资分析、学生分析、教师画像和学生画像等，通过数据服务业务、业务驱动数据的良性运转，形成面向不同管理层及师生个人的大数据分析，为各类决策分析提供更科学的依据。

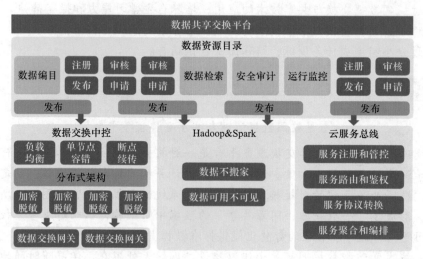

图 9-1　数据共享交换平台体系图

思考：

1. 案例中提到的智慧校园数据治理与共享交换服务平台对该院校有什么影响？
2. 我们在实际使用中还有哪些技术可以进行数据交换与共享？

任务一　电子数据交换技术应用

任务目标

通过此任务学习，掌握电子数据交换技术的概念及特点，熟悉电子数据交换技术的组成，了解电子数据交换技术的工作流程和应用；初步具备应用电子数据交换技术的能力；同时，培养学生的自学能力、创新意识及团队合作精神。

相关知识

电子数据交换（Electronic Data Interchange，EDI）技术是指按照协议的结构格式，将统一报文标准的信息，经过电子数据通信网络，在商业伙伴的电子计算机系统之间进行交换和自动处理的一种信息技术。使用 EDI 可以减少甚至消除贸易过程中的纸质文件，实现事务处理及贸易的自动化，改进工作质量和服务质量，是物流管理信息系统的重要组成部分。

一、电子数据交换技术的特点

1. 单证格式化

EDI 技术主要用于对贸易活动中产生的单证进行传递和交换，如对报价单、订货单、发票、货运单、装箱单、报关单等进行传递和交换。这些单证都有固定的格式，具有行业通用性，以保证数据在贸易伙伴之间不断交换和传递，并保持完整性和一致性。

2. 报文标准化

报文是指网络中交换和传输的数据单元，包含了将要发送的完整数据信息。企业间往来的电子单证都属于 EDI 报文的范围。通过 EDI 技术传输的报文都需要通过计算机自动处理，因而这些报文都符合国际标准或行业标准。EDI 技术现在采用的标准是联合国 UN/EDIFACT 的报文标准。EDI 技术的报文标准是每个具体应用数据的结构化体现，所有的数据都以报文的形式传输出去或接收进来。

标准报文、数据元素、数据段称为 EDI 标准三要素。①标准报文。一份报文可分成三个部分：首部、详细情况和摘要部分。报文以 UNH 数据开始，以 UNT 数据段结束。一份公司格式的商业单据必须转换成一份 EDI 标准报文才能进行信息交换。②数据元素。数据元素可分为基本数据元素和复合数据元素。基本数据元素是基本信息单元，用于表示某些有特定含义的信息，相当于自然语言中的字；复合数据元素由一组基本数据元素组成，相当于自然语言中的词。③数据段。数据段是标准报文中的一个信息行，由逻辑相关的数据元素构成，这些数据元素在数据段中有相应的固定形式、定义和顺序。

3. 处理自动化

EDI 技术传递信息的路径是信息从计算机传递到数据通信网络，再到商业伙伴的计算机，并由该计算机系统自动处理所接收的信息。因此，整个 EDI 传递过程是从计算机到计算机、从自动处理到自动处理的过程，其间没有人工干预。

4. 通信网络化

EDI 技术通过数据通信网络（一般是增值网络和专用网络）来传输信息和数据，将贸易活动所涉及的企业与政府机构都通过网络联系在一起。

5. 信息安全化

EDI 系统有相应的保密措施，EDI 系统传输信息通常采用密码进行加密，各用户掌握自己的密码，可打开自己的"邮箱"取出信息，外人却不能打开这个"邮箱"，有关部门和企业发给自己的电子信息均自动进入自己的"邮箱"。一些重要信息在传递时还可以进行加密处理，即把信息转换成他人无法识别的代码，接收方计算机按特定程序译码后还原成可识信息。EDI 技术与传真或电子邮件的区别如表 9-1 所示。

表 9-1　EDI 技术与传真或电子邮件的区别

比较项目	EDI 技术	传真或电子邮件
传输内容	格式化的标准文件	自由格式的文件
使用过程	计算机系统自动处理，不需要人工干预	需要人工干预
安全保密	安全保密性强	安全保密性弱
通信网络	增值网、互联网	互联网

二、电子数据交换系统的组成

一般来说，EDI 系统主要由 EDI 数据标准、EDI 软件及硬件和通信网络三个要素组成。

1. EDI 数据标准

为了使不同商业用户的计算机都能识别和处理 EDI 系统所传递和交换的信息，就必须制定一种各贸易伙伴都能理解和使用的协议标准，这就是 EDI 数据标准。20 世纪 60 年代起，国际上就开始研究 EDI 标准。目前，国际上流行的 EDI 数据标准是由联合国欧洲经济委员会制定颁布的 UN/EDIFACT。

2. EDI 软件及硬件

要实现 EDI，需要配备相应的 EDI 软件和硬件。EDI 软件能将用户数据库系统中的信息译成 EDI 的标准格式文件以供传输和交换，它主要包括转换软件、翻译软件和通信软件。EDI 硬件是软件得以运行的物质基础，主要包括计算机、调制解调器和电话线等。

3. 通信网络

通信网络是实现 EDI 的手段，用于传输 EDI 标准格式文件。EDI 通信方式有多种，其中点对点方式只在贸易伙伴数量较少的情况下使用。随着贸易伙伴数量的增多，许多公司逐渐采用第三方网络，即增值网络（Value-Added Network，VAN）方式。VAN 方式类似于邮局，为发送者与接收者维护邮箱并提供存储转送、记忆保管、格式转换、安全管制等功能。因此通过增值网络传送 EDI 文件，可以大幅度降低相互传送资料的复杂度和困难度，并提高 EDI 效率。

三、电子数据交换系统的工作流程

EDI 系统的工作流程主要包括映射、翻译、通信、接收和处理 EDI 文件等步骤，如图 9-2 所示。

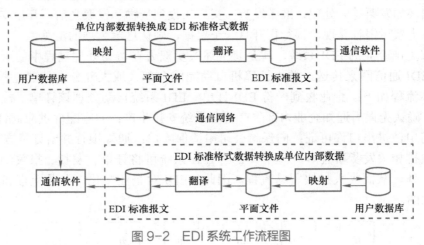

图 9-2　EDI 系统工作流程图

1. 映射

平面文件是指去除了特定应用格式的，可以迁移到其他应用程序上进行处理的电子记录。通过转换软件将用户文件（如单证、票据等）或数据库中的数据转换成 EDI 平面文件，或者将 EDI 平面文件转换成用户文件或数据，这一过程称为映射。

2. 翻译

通过翻译软件将上一环节的平面文件根据 EDI 标准转换为 EDI 标准报文，或者将 EDI 标准报文转换成 EDI 平面文件，这一过程称为翻译。

EDI 标准报文，即 EDI 电子单证，或称电子票据，是 EDI 用户之间进行贸易和业务往来的依据。它是按照 EDI 标准的要求，将单证文件（平面文件）中的目录项，加上特定的分隔符、控制符和其他信息，生成的一种包括控制符、代码和单证信息在内的 ASCII 文件。这种文件只有计算机才能阅读。

3. 通信

通信是指通过通信软件将上一环节生成的 EDI 标准报文组成 EDI 信件，然后接入通信网络中的 EDI 信箱系统，由 EDI 信箱系统按照通信协议的要求为 EDI 标准报文加上必要的辅助信息，并自动将报文投递到贸易伙伴的 EDI 信箱中。

4. 接收和处理 EDI 文件

接收和处理 EDI 文件是发送 EDI 文件的逆过程，是指用户通过通信网络接入 EDI 信箱系统后，打开信箱接收从贸易伙伴处发送的 EDI 报文，并通过 EDI 系统将报文翻译、映射还原成计算机系统可识别的文件或数据，最后对该文件或数据进行编辑、处理和回复。

在实际操作过程中，EDI 系统为用户提供的 EDI 应用软件包，包括应用系统、映射、翻译、格式校验和通信连接等全部功能。用户可将其看作一个"黑匣子"，不必关心里面的具体运行过程，操作简单方便。

四、电子数据交换技术的应用

一家传统企业的购货贸易流程如下：买方向卖方提出订单，卖方得到订单后进行内部的纸张票据（如发票等）处理，准备发货；买方在收到货物和发票之后，开出支票，寄给卖方；卖方持支票至银行兑现，银行再开具一个票据，确认这笔款项的汇兑。

而一家生产企业的 EDI 系统，就是将上述买卖双方在贸易处理过程中的所有纸面贸易单证通过 EDI 通信网来传送，并由计算机自动完成全部（或大部分）处理过程，如图 9-3 所示。具体流程如下：企业收到一份 EDI 订单，EDI 系统自动处理该订单，检查订单是否符合要求，确认无误后通知企业内部生产管理系统安排生产；向零配件供应商订购零配件；向有关部门申请进出口许可证；向保险公司申请保险单；通知银行并给订货方开具 EDI 发票；企业安排相关发货事宜等。一个真正的 EDI 系统可将订单、发货、报关、商检和银行结算合成一体，从而大大加快贸易流程。因此，EDI 对企业文化、业务流程和组织机构的影响是巨大的。

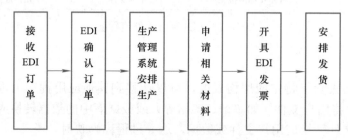

图 9-3　生产企业的 EDI 系统工作流程图

EDI 技术在物流中的应用覆盖面非常广，具体包括生产企业、批发企业、物流企业、零售企业等，相关作业则包括订购、进货、接单、出货、送货、配送、对账等。下面介绍 EDI 技术在生产企业、批发企业、物流企业和零售企业中的一些具体应用。

1. EDI 技术在生产企业中的应用

在生产企业中，其与贸易伙伴间的商业活动大致可以分为接单、出货、催款及收款等作业，其间往来的单据主要包括采购进货单、出货单、催款对账单及付款凭证等。EDI 技术在生产企业中的应用主要体现在：通过 EDI 系统接收客户传来的 EDI 订购单报文，并将其转换为企业内部的订单形式；待货物出库时，则通过 EDI 系统将出货单和催款对账单传递给客户。

2. EDI 技术在批发企业中的应用

在批发企业中，其与贸易伙伴间的相关业务主要包括向厂商采购商品及向客户提供商品，其间往来的单据则主要包括采购单、验收单、对账单及付款凭证或者订货单、出货单、催款单等。EDI 技术在批发企业中的应用体现在：通过 EDI 系统与厂商方交换传输商品的采购信息、送货与验收信息以及账款信息，以及与客户方交换传输商品的订购信息、出货与收货信息以及账款信息。

3. EDI 技术在物流企业中的应用

在物流企业中，其与贸易伙伴间的相关业务主要是接单、收货、送货、回报、对账等作业，其间往来的单据主要包括客户订单、收货单、送货单、回报单、对账单、收款单等。EDI 技术在物流企业中的应用主要体现在：通过 EDI 系统接收从客户处传送来的订单，并实时向客户传递收货信息、送货信息、货物在途情况信息，最后与客户相互传递账款信息。

4. EDI 技术在零售企业中的应用

在零售企业中，其与贸易伙伴间的商业活动主要包括订货、进货、对账和付款，其间往来的单据主要包括订购单、进货验收单、对账单和付款凭证。EDI 技术在零售企业中的应用主要体现在：通过 EDI 系统与供应商交换货物需求信息和货物供应信息，并实时交换送货信息、验货信息、付款信息和收款信息。

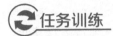 任务训练

一、任务背景

在现代商业环境中，电子数据交换（EDI）技术扮演着关键的角色，使企业能够高效、准确地交换业务文档。EDI 不仅提高了业务流程的自动化水平，还有助于减少错误和提高整体效率。本实训旨在让学生了解和应用 EDI 技术，从而培养其在商业环境中处理电子数据交换的能力。

二、任务要求

通过分组实践，完成 EDI 文档创建、系统配置和交易模拟。

三、任务实施

（1）分小组进行实训，每组 3 ~ 5 人。

（2）创建 EDI 文档：使用 EDI 工具或软件创建基本的 EDI 文档，如订单、发票等。

（3）配置 EDI 系统：配置 EDI 系统，包括建立连接、设置安全性和验证机制等。

（4）模拟 EDI 交易：参与模拟的 EDI 交易过程，包括发送和接收 EDI 文档，以模拟真实业务环境。

（5）问题解决：面对实训过程中遇到的问题和挑战，需要通过应用所学知识解决这些问题。

四、任务评价

序号	评价内容	评价标准	分值	完成情况
1	EDI 文档质量	创建的 EDI 文档准确、完整	20	
2	系统配置	成功配置 EDI 系统，并能正常运行	20	
3	模拟交易	正确、规范发送和接收 EDI 文档	30	
4	问题解决能力	快速定位、修复错误等能力	30	
	合计		100	

拓展训练

沃尔玛（Walmart）是 EDI 技术的早期采用者之一，它与宝洁（P&G）建立了一个 EDI 系统，用于自动化订单、发货通知和发票等业务。此系统是一个典型的供应链中采用的电子数据交换系统，旨在优化订单处理、库存管理和交易效率。这帮助双方提高了交易效率，减少了错误和延误，同时降低了库存成本。

（1）订单处理：沃尔玛和宝洁的 EDI 系统允许两者之间实现电子订单的自动化处理。当沃尔玛需要重新补充货物时，EDI 系统可以生成并发送订单到宝洁的系统，无须人工干预。这降低了订单处理的时间，提高了订单的准确性，减少了错误和漏洞。

（2）发货通知：宝洁可以使用 EDI 系统向沃尔玛发送发货通知，以便沃尔玛及时了解产品何时发货、何时到达。这种实时的信息流有助于沃尔玛优化库存管理，确保货物按时到达，并减少因库存不足或过剩而导致的问题。

（3）发票处理：EDI 系统还涵盖了发票处理方面。一旦货物到达，宝洁可以使用 EDI 向沃尔玛发送发票信息，避免了传统纸质发票的繁琐过程。这加速了财务交易的完成，并降低了潜在的错误。

（4）数据准确性和实时性：EDI 系统的一个主要优势在于其能够实现高度准确和实时的数据交换，消除手动数据输入的错误，缩短了交易周期，从而提高了整个供应链的效率。

（5）成本降低：采用 EDI 系统有助于降低与纸质文档处理相关的成本和减少人工处理的需求，同时提高了处理速度，降低了整体业务运营的成本。

（6）供应链可见性：EDI 系统提供了供应链中关键步骤的实时可见性，沃尔玛可以更好地了解订单状态、货物运输情况和付款进展，有助于更好地规划和管理供应链。

实训要求：如今像沃尔玛和宝洁这样的 EDI 系统应用有很多，请通过查阅资料、走访市场、企业调研等方式，选取一家企业 EDI 系统深入剖析，分析其系统的工作原理、设计思路和运行效果等，形成实训报告。

 电子商务扩展标记语言应用

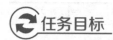

通过此任务学习，学生能复述电子商务扩展标记语言的概念，能说出电子商务扩展标记语言应用场景，能说出电子商务扩展标记语言系统的工作过程；初步具备应用电子商务扩展标记语言的能力；同时培养学生的自学能力、探究精神、创新意识及团队合作精神。

一、电子商务扩展标记语言概述

电子商务扩展标记语言（E-business Extension Markup Language，ebXML）是由联合国促进贸易和电子商务中心（UN/CEFACT）和组织结构化信息发展组织（OASIS）共同倡导的一个全球性电子商务标准。制定 ebXML 的目的是研究和确定技术基础，该基础基于 XML 标准化的全球实现，其目标是提供一个基于 XML 的开放式的技术框架，使 XML 能在电子商务数据交换的一致性和统一性方面被使用。EDI、XML 与 ebXML 的比较如表 9-2 所示。

表 9-2　EDI、XML 与 ebXML 的比较

比较项目	EDI	XML	ebXML
实施成本	昂贵	低廉	低廉
开放性	差	好	好
和其他标准兼容性	差	好	好
源代码	非自标识语言，难理解	标记语言，易理解	标记语言，易理解
能够解决商务问题	能	不能	能
能否定义商务流程	能	不能	能
供应链内部合作成员数	较少	较少	很多
厂商参与程度	较少	较少	很多
目标	B2B 电子商务	数据定义规范，与具体应用无关	全球统一的电子商务市场
发展前景	会逐渐被取代	很好	最成熟

在 ebXML 系统的模型中，首先要搭建应用框架，然后才能从事简单的商务交易。具体过程和步骤如下：

（1）建立一种描述商务处理流程和相关信息模型的标准机制。

（2）建立一种注册和存储商务处理流程与信息元模型的机制，用来共享和重用。

（3）发掘每个商务活动参与者的信息，其中包括：支持的商务过程、为支持商务过程提供的商务服务接口、各个商务服务接口之间交换的商务信息和支持的传输、安全和编码协议的技术结构。

（4）建立一种用来注册上述信息的机制，用来查询和检索。

（5）建立一种用来描述商业协议达成的执行机制，这一机制可以从上述第三项也就是参与者的信息中得到。

（6）为贸易伙伴之间提供互用的、安全和可靠的信息交换的标准商务信息服务框架。

（7）建立一种可用来配置各方信息服务的机制，并使商务处理流程和商业协议中的约束一致。

二、电子商务扩展标记语言应用场景演示

图 9-4 描绘了两个贸易伙伴 ebXML 应用的场景，其步骤如下：

第一步：公司 A 意识到可以通过互联网来注册 ebXML。

第二步：公司 A 在了解了 ebXML 注册的过程后，决定建立一个自己的 ebXML 应用。

第三步：公司 A 向 ebXML 注册处提交了其商务介绍信息。加入 ebXML 并不需要客户端软件的建立作为前提，ebXML 应用和相关软件可以通过商业的办法获得。公司 A 提交到 ebXML 注册处的商务介绍信息描述了公司 A 的 ebXML 能力和约束，以及公司支持的商务活动。这些商务活动是公司所从事商务过程和相关信息的 XML 版本。当与有关商务活动格式和用途确认后，公司 A 会收到一个确认信息。

第四步：公司 B 在 ebXML 注册处发现了公司 A 的商务活动。公司 B 发给公司 A 一个请求，要求使用 ebXML 来处理商务活动。

第五步：在双方开始商务活动之前，公司 B 直接向公司 A 的 ebXML 适应软件接口提交一个提议的商务安排。这个提议的商务安排描述了双方在商务活动和特定协议上达成的协定，同时包括了有关开展贸易、连续的计划和安全要求相关的信息。

第六步：公司 A 接受这个商务协定。于是公司 A 和公司 B 就可以利用 ebXML 进行商务活动。

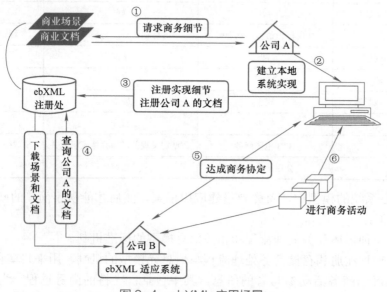

图 9-4 ebXML 应用场景

三、电子商务扩展标记语言系统的工作过程

电子商务扩展标记语言系统的工作过程主要由实现阶段、发现和检索阶段、运行阶段三部分组成。

（一）实现阶段

实现阶段是生成 ebXML 结构的过程。如果一个贸易伙伴想要通过 ebXML 进行交易，它必须首先获得 ebXML 说明，然后下载核心库和商务库。贸易伙伴同时可以请求得到其他贸易伙伴的商务过程信息（保存在其商业文档中）用来分析。图 9-5 说明了实现阶段 ebXML 注册处和贸易伙伴之间的基本关系。

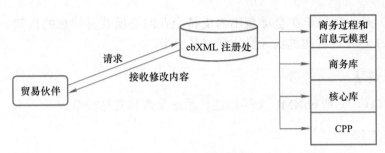

图 9-5　实现阶段——ebXML 注册处和贸易伙伴之间的基本关系

（二）发现和检索阶段

发现和检索阶段包含了发现与 ebXML 相关资源的所有方面。一个已经实现了 ebXML 商务服务接口的贸易伙伴现在可以开始进行发现和检索。可行的发现方法是请求获得另一个贸易伙伴的协作协议文档用来升级核心库，ebXML 商务服务接口必须支持升级过的或者是新的商务过程和信息元模型。正是在这个阶段贸易伙伴发现商务信息被另一个贸易伙伴请求。图 9-6 说明了发现和检索阶段 ebXML 注册处和贸易伙伴之间的基本关系。

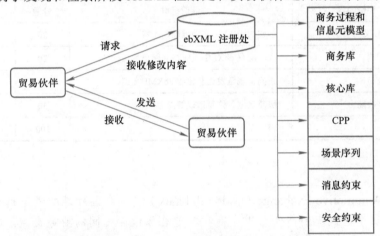

图 9-6　发现和检索阶段——ebXML 注册处和贸易伙伴之间的基本关系

（三）运行阶段

运行阶段是处理真实 ebXML 交易的过程。在运行阶段，使用 ebXML 消息服务在贸易伙伴之间交换 ebXML 消息，如图 9-7 所示。在运行阶段不能访问注册处，如果在运行时必须访问注册处的话，必须退回到发现和检索阶段。

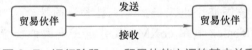

图 9-7　运行阶段——贸易伙伴之间的基本关系

任务训练

一、任务背景

随着电子商务的迅猛发展，标准化的电子商务交互变得至关重要。电子商务扩展标记语言（ebXML）是一种用于在全球范围内支持企业间交换业务信息的框架。本实训旨在使学生深入了解 ebXML，并通过实际操作掌握其应用。

二、任务要求

通过分组实践，完成 ebXML 文档创建、系统配置和交易模拟。

三、任务实施

（1）分小组进行实训，每组 3 ～ 5 人。

（2）创建 ebXML 文档：使用 ebXML 创建业务文档，如订单、发货通知等。

（3）配置 ebXML 系统：配置 ebXML 系统，包括参与者的注册、协议的设置等。

（4）模拟 ebXML 交易：参与模拟的 ebXML 交易过程，包括发送和接收 ebXML 文档，以模拟真实业务场景。

四、任务评价

序号	评价内容	评价标准	分值	完成情况
1	ebXML 文档质量	创建的 ebXML 文档准确、完整	20	
2	系统配置	成功配置 ebXML 系统，并能正常运行	20	
3	模拟交易	正确、规范发送和接收 ebXML 文档	30	
4	问题解决能力	快速定位、修复错误等能力	30	
	合计		100	

拓展训练

Global Automotive Exchange（简称 Globalex）是一个国际性的汽车行业电子商务平台，旨在促进全球汽车制造商、供应商和其他合作伙伴之间的业务交流。Globalex 采用了 ebXML 作为其电子商务交换标准，以便在汽车供应链中实现更加高效和协同的业务流程。同时，它成功展示了在复杂供应链环境中，采用标准化的电子商务框架是如何提高效率、降低成本并促进合作的。

（1）订单处理：Globalex 使用 ebXML 来规范和自动化订单处理。汽车制造商和供应商可以通过 ebXML 协议传递订单信息，确保订单的准确性和实时性。

（2）发货通知和跟踪：ebXML 被用于发送发货通知，以便各方能够实时追踪货物的运输情况。这有助于提高整个供应链的可见性和协同性。

（3）发票处理：Globalex 利用 ebXML 规范电子发票的交换。这减少了繁琐的纸质发票处理过程，提高了财务交易的效率。

（4）企业间集成：ebXML 在企业间集成方面发挥了关键作用，确保了 Globalex 平台上各种业务系统之间的协同工作。

实训要求：请通过查阅资料、走访市场、企业调研等方式，选取一家企业 ebXML 系统深入剖析，分析其系统的工作原理、设计思路和运行效果等，形成实训报告。

区块链技术应用

任务目标

通过此任务学习，掌握区块链的概念、特征及分类，了解区块链技术的应用；初步具备应用区块链技术的能力；同时，培养学生的自学能力、创新意识及团队合作精神。

相关知识

区块链（Blockchain）是分布式数据存储、点对点传输、共识机制、加密算法等计算机技术的新型应用模式。它本质上是一个去中心化的数据库，是一串使用密码学方法相关联产生的数据块，每一个数据块中包含了一批次网络交易的信息，用于验证其信息的有效性（防伪）和生成下一个区块。

一、区块链的特征

1. 去中心化

区块链技术不依赖额外的第三方管理机构或硬件设施，没有中心管制，除了自成一体的区块链本身，通过分布式核算和存储，各个节点实现了信息自我验证、传递和管理。去中心化是区块链最突出最本质的特征。

2. 开放性

区块链技术基础是开源的，除了交易各方的私有信息被加密外，区块链的数据对所有人开放，任何人都可以通过公开的接口查询区块链数据和开发相关应用，因此整个系统信息高度透明。

3. 独立性

基于协商一致的规范和协议，整个区块链系统不依赖其他第三方，所有节点都能够在系统内自动安全地验证、交换数据，不需要任何人为的干预。

4. 安全性

在区块链中，只要不能掌控全部数据节点的一半以上，就无法肆意操控修改网络数据，这使其本身相对安全，避免了主观人为的数据变更。

5. 匿名性

除非有法律规范要求，单从技术上来讲，各区块节点的身份信息不需要公开或验证，信息传递可以匿名进行。

二、区块链的分类

根据参与者的不同，区块链被分为公有链（Public Blockchain）、私有链（Private Blockchain）

和联盟链（Consortium Blockchain）三种基本类型，其对比如表 9-3 所示。

表 9-3　公有链、私有链及联盟链对比

项目	公有链	私有链	联盟链
网络结构	完全去中心	（多）可信中心	部分去中心（弱中心）
节点规模	无	有限	可控
准入机制	随时	机构内部节点	特定群里或有限第三方
记账方	任意参与节点	机构内部节点	预选节点
数据读取	任意	受限	受限
共识机制	PoW 或 PoS	Paxos、RAFT	PBFT、RAFT
激励机制	代币激励	无代币激励	无代币激励
代码开放	完全开源	不开源	部分开源或定向开源
典型场景	虚拟货币、支付	审计、发行	支付、结算

1. 公有链

公有链是指全世界任何人都可以随时进入系统读取数据、发送可确认交易、竞争记账的区块链。公有链是最早也是目前应用最广的区块链，完全去中心化，无须任何机构授予特权，其共识机制主要采用工作量证明（POW）、股份权益证明（POS）、委托权益证明（DPOS）等。公有链上的信息公开透明，全网节点可以进行审计，比较适合于虚拟货币、共享经济、产权交易等应用场景。公有链由于无准入门槛的特点，因此也被称为非许可链。公有链的三个主要特点是数据完全公开、去中心化、依靠加密技术来保证安全。

2. 私有链

私有链是指其写入权限由某个组织和机构控制的区块链，参与节点的资格会被严格限制。也就是说，私有链还存在一定的中心化控制，这是违背区块链原有的"去中心化"理念的，仅使用了区块链技术作为底层记账技术，记账权归私人或私人机构所有，数据访问和使用都有严格的权限管理。相比于中心化数据库，私有链最大的优势是提供安全、可追溯、不可篡改、自动执行的运算平台，可以同时防范来自内部和外部对数据的安全攻击；相比于公有链，私有链更加快速，成本更低。

在实际应用中，私有链一般用作企业、组织内部审计。基于私有链的应用包括迅雷链克等。

3. 联盟链

联盟链是指有若干个机构共同参与管理的区块链，每个机构都运行着一个或多个节点，其中的数据只允许系统内不同的机构进行读写和发送交易，并且共同来记录交易数据。它由某个群体内部指定多个预选节点为记账人，每个块的生成由所有的预选节点共同决定，其他节点可以参与交易，但不参与记账。联盟链介于公有链和私有链之间，可视为"部分去中心化"，公众可以查阅交易，但不能验证交易，或不能发布智能合约，需要获得联盟许可。相比于公有链，联盟链的交易成本大大降低，不需要高昂的激励机制、数据读取权限设置等级。联盟链适用于行业协会、高级机构组织、大型连锁企业对下属单位和分管机构的交易和监管。

基于联盟链的应用，如超级账本（Hyperledger）项目，是 Linux 基金会于 2015 年发起的推进区块链数字技术和交易验证的开源项目，加入成员包括荷兰银行（ABNAMRO）、埃森哲（Accenture）等十几家不同利益体；区块链联盟 R3，于 2015 年由区块链创业公司 R3CEV 发起，旨在构建银行同业的联盟链，目前有 40 多家银行或 IT 巨头参与，包括花旗银行、德意志银行、IBM、微软等。

由于私有链和联盟链都需要授权加入和访问，因此私有链和联盟链也被称为许可链。

三、区块链的应用

1. 金融领域

区块链在国际汇兑、信用证、股权登记和证券交易所等金融领域有着潜在的巨大应用价值。将区块链技术应用在金融行业中，能够省去第三方中介环节，实现点对点的直接对接，从而在大大降低成本的同时，快速完成交易支付。

比如 Visa 推出基于区块链技术的 Visa B2B Connect，它能为机构提供一种费用更低、更快速和更安全的跨境支付方式来处理全球范围的企业对企业的交易。要知道传统的跨境支付需要等 3～5 天，并为此支付 1%～3% 的交易费用。

2. 物联网和物流领域

区块链技术也可以在物联网和物流领域应用。通过区块链可以降低物流成本，追溯物品的生产和运送过程，并且提高供应链管理的效率。该领域被认为是区块链的一个很有前景的应用方向。

区块链通过节点连接的散状网络分层结构，能够在整个网络中实现信息的全面传递，并能够检验信息的准确程度。这种特性一定程度上提高了物联网交易的便利性和智能化。区块链 + 大数据的解决方案就利用了大数据的自动筛选过滤模式，在区块链中建立信用资源，可双重提高交易的安全性，并提高物联网交易便利程度，为智能物流模式应用节约时间成本。区块链节点具有十分自由的进出能力，可独立参与或离开区块链体系，不会对整个区块链体系有任何干扰。区块链 + 大数据解决方案就利用了大数据的整合能力，促使物联网基础用户拓展更具有方向性，便于在智能物流的分散用户之间实现用户拓展。

3. 公共服务领域

区块链在公共管理、能源、交通等领域都与民众的生产生活息息相关，但是这些领域的中心化特质也带来了一些问题，可以用区块链来改造。区块链提供的去中心化的完全分布式 DNS 服务通过网络中各个节点之间的点对点数据传输服务就能实现域名的查询和解析，可用于确保某个重要的基础设施的操作系统和固件没有被篡改，可以监控软件的状态和完整性，发现不良的篡改，并确保使用了物联网技术的系统所传输的数据没有经过篡改。

4. 数字版权领域

通过区块链技术，可以对作品进行鉴权，证明文字、视频、音频等作品的存在，保证权属的真实性、唯一性。作品在区块链上被确权后，后续交易都会进行实时记录，实现数字版权全生命周期管理，也可作为司法取证中的技术性保障。

5. 保险领域

在保险理赔方面，保险机构负责资金归集、投资、理赔，往往管理和运营成本较高。通过智能合约的应用，既无须投保人申请，也无须保险公司批准，只要触发理赔条件，实现保单自动理赔。一个典型的应用案例就是 LenderBot，是 2016 年由区块链企业 Stratumn、德勤与支付服务商 Lemonway 合作推出的，它允许人们通过 Facebook Messenger 的聊天功能，注册定制化的微保险产品，为个人之间交换的高价值物品进行投保，而区块链在贷款合同中代替了第三方角色。

6. 公益领域

区块链上存储的数据，高度可靠且不可篡改，天然适合用在社会公益场景。公益流程中的相关信息，如捐赠项目、募集明细、资金流向、受助人反馈等，均可以存放于区块链上，并且有条件地进行透明公开公示，方便社会监督。

任务训练

一、任务背景

随着区块链技术的崭露头角，其在多个领域的应用不断拓展，包括金融、供应链管理、医疗保健等。本实训旨在使学生深入了解区块链技术，并通过实际操作了解其应用及潜在问题。

二、任务要求

通过分组实践，完成区块链网络搭建、智能合约开发、区块链应用开发。

三、任务实施

（1）分小组进行实训，每组 3 ~ 5 人。

（2）搭建区块链网络：选择合适的区块链平台或工具，搭建一个本地的测试区块链网络。

（3）智能合约开发：使用智能合约开发工具，编写一个简单的智能合约以实现特定的业务逻辑，例如实现数字资产的转移。

（4）区块链应用开发：参与一个小规模的区块链应用开发项目，包括前端和后端的开发工作。

四、任务评价

序号	评价内容	评价标准	分值	完成情况
1	区块链网络搭建	成功搭建本地测试区块链网络	20	
2	智能合约开发	编写的智能合约的质量和正确性	20	
3	区块链应用开发	参与区块链应用开发项目功能的实现	30	
4	问题解决能力	快速定位、修复错误等能力	30	
		合计	100	

拓展训练

以太坊是一种开源的区块链平台，旨在构建去中心化的应用程序和智能合约。智能合约能实现自动执行合同条件的自定义计算机代码，无需中介，可用于构建各种去中心化应用。以太坊的灵活性和开放性使其成为区块链应用领域的领导者之一，在去中心化金融、数字身份、艺术和娱乐等方面取得了显著的成功，并不断演进以满足不断变化的市场需求。

实训要求：请通过查阅资料、走访市场、企业调研等方式，选取一家企业所使用的区块链平台深入剖析，分析其平台的工作原理、设计思路和运行效果等，形成实训报告。

职业素养

数据交换与共享技术促进可持续发展

数据，已经渗透到当今每一个行业和业务职能领域，成为重要的生产要素。数据将人与人、人与世界连接起来，构成一张繁密的网络，每个人都在影响世界，又在被他人影响。数据共享技术可以帮助实现资源的有效利用，通过共享数据，人们可以更好地了解资源的供需情况，优化资源分配，减少浪费，从而促进可持续发展。在大数据时代，推进数据交换与共享技术为实现可持续发展提供了重要的支持和推动力量，数据交换与共享技术将持续深化并渗透到社会的各个层面，影响各个行业和社会的方方面面。

随着技术的不断更新迭代和社会对数据利用的不断深入，我们需要共同努力，推动更加高效、安全和可持续的数据交换与共享生态系统的建立。

课后练习

一、单项选择题

1. EDI 系统主要由（　　）要素组成。

　　A．EDI 数据标准　　　　　　　　　　B．EDI 软件及硬件

　　C．通信网络　　　　　　　　　　　　D．计算机语言

2. 下列说法错误的是（　　）。

　　A．EDI 被人们通俗地称为"无纸贸易"

　　B．公有链的三个主要特点是数据完全公开、去中心化、依靠加密技术来保证安全

　　C．EDI 系统的工作流程主要包括映射、翻译、通信、接收和处理 EDI 文件等步骤

　　D．整个区块链系统需要依赖其他第三方和人为的干预

3. 电子数据交换技术的特点不包括（　　）。

　　A．单证格式化　　　B．报文标准化　　　C．人工处理　　　D．信息安全化

二、多项选择题

1. 以下属于区块链的特征的有（　　　　）。
   A．去中心化　　　　B．开放性　　　　C．独立性　　　　D．安全性
   E．匿名性

2. 根据参与者的不同，区块链被分为（　　　　）三种基本类型。
   A．公有链　　　　B．联盟链　　　　C．私有链　　　　D．网络链

3. （　　　　）称为 EDI 标准三要素。
   A．计算机系统　　B．标准报文　　　C．数据元　　　　D．数据段

4. 下列说法正确的有（　　　　）。
   A．私有链和联盟链也被称为许可链
   B．基于公有链的应用包括迅雷链克等
   C．私有链适用于行业协会、高级机构组织、大型连锁企业对下属单位和分管机构的交易和监管
   D．在实际应用中，私有链一般用作企业、组织内部审计

三、简答题

1. 公有链的主要特点有哪些？
2. 电子数据交换技术在物流中的应用有哪些？

参 考 文 献

[1] 朱海鹏. 物流信息技术：微课版 [M]. 2 版. 北京：人民邮电出版社，2023.

[2] 高连周. 物流信息技术应用 [M]. 北京：清华大学出版社，2016.

[3] 王道平，黄梦禧. 物流信息技术与应用 [M]. 2 版. 北京：科学出版社，2023.

[4] 谢金龙. 物流信息技术与应用 [M]. 4 版. 北京：科学出版社，2023.

[5] 米志强，杨曙. 物流信息技术与应用 [M]. 3 版. 北京：电子工业出版社，2023.

[6] 程艳，王性猛. GPS 与北斗导航技术在现代物流中的应用 [J]. 电子元器件与信息技术，2020，4(1)：29-30+37.

[7] 魏学将，王猛，李文锋. 智慧物流信息技术与应用 [M]. 北京：机械工业出版社，2023.

[8] 董健. 物联网与短距离无线通信技术 [M]. 北京：电子工业出版社，2013.

[9] 蔡自兴，蒙祖强，陈白帆. 人工智能基础 [M]. 4 版. 北京：高等教育出版社，2021.

[10] 方娟，陆帅冰. 边缘计算 [M]. 北京：清华大学出版社，2022.

[11] 刘瑞叶，任洪林，李志民. 计算机仿真技术基础 [M]. 2 版. 北京：电子工业出版社，2011.

[12] 崔升广. 云计算技术应用基础 [M]. 北京：人民邮电出版社，2023.

[13] 王兴伟，吴竞鸿. 物流信息技术应用 [M]. 合肥：安徽大学出版社，2022.

[14] 高春津，杨从亚. 物流信息技术 [M]. 天津：天津大学出版社，2008.

[15] 中国物品编码中心，中国标准出版社第四编辑室. 物流标准汇编 [M]. 北京：中国标准出版社，2010.

[16] 陈军，黄静华，安新源，等. 卫星导航定位与抗干扰技术 [M]. 北京：电子工业出版社，2016.

[17] 国家能源局. 物联网短距离无线通信技术应用与开发 [M]. 北京：电子工业出版社，2019.

[18] 张志勇，陈桂林，翁仲铭，等. 物联网：万物互联的技术及应用 [M]. 合肥：安徽大学出版社，2019.

[19] 林子雨. 大数据技术原理与应用：概念、存储、处理、分析与应用 [M]. 3 版. 北京：人民邮电出版社，2021.